中国工程院院士科技咨询项目资助

进藏高速公路与铁路桥梁灾害环境及对策研究

周建庭　任青阳　著

科学出版社
北　京

内容简介

进藏高速公路和铁路桥梁沿线不仅自然环境条件恶劣，地质构造条件也十分复杂，灾害种类繁多，规模巨大，灾害线路密度大，发生频次也高。本书结合川藏铁路、川藏高速公路等国家重大在建或拟建工程，开展了桥梁结构安全所面临的灾害环境调查研究，详细梳理了川藏公路沿线地形地貌特征，分析了川藏公路、铁路沿线地质灾害、地震、风灾害等灾害的时空分布特征及演化规律，构建了川藏公路、铁路环境灾害危险性评价的指标体系，分析了现有桥梁防灾减灾措施在青藏高原地区特殊地理气候条件下的局限性和不适宜性，提出了进藏高速公路和铁路桥梁面临的严峻挑战、战略思考与抗灾策略。

本书可供桥梁工程、道路工程、地质灾害防治等领域的相关高等院校、科研院所的教学、科研人员参考阅读。

图书在版编目(CIP)数据

进藏高速公路与铁路桥梁灾害环境及对策研究 / 周建庭, 任青阳著. —北京:科学出版社,2021.1

ISBN 978-7-03-065742-8

Ⅰ. ①进… Ⅱ. ①周… ②任… Ⅲ. ①高速公路-公路养护-研究②高速铁路-铁路桥-铁路养护-研究Ⅳ. ①U418②U448.13

中国版本图书馆 CIP 数据核字 (2020) 第 145120 号

责任编辑：朱小刚 / 责任校对：彭　映

责任印制：罗　科 / 封面设计：刘　洋

科学出版社出版

北京东黄城根北街16号

邮政编码：100717

http://www.sciencep.com

四川煤田地质制图印刷厂印刷

科学出版社发行　各地新华书店经销

*

2021年1月第　一　版　开本：B5（720×1000）

2021年1月第一次印刷　印张：15 3/4

字数：320 000

定价：149.00 元

（如有印装质量问题，我社负责调换）

前　言

西藏自治区位于青藏高原西南部，平均海拔 4000m 以上，是有着“世界屋脊”之称的青藏高原的主体部分，面积 120 多万平方千米，约占全国陆地总面积的 12.8%。目前国内进藏公路主要有青藏公路、新藏公路、滇藏公路、川藏北线、川藏南线，这些国道除青藏公路路况相对较好外，其他的大多都穿越高山峡谷，很容易遇到地质灾害，常常发生滑坡、崩塌、落石、泥石流、水毁等灾害，导致交通断行，难以保障连续通行。

目前规划的进藏高速公路主要有 3 条：京藏高速、川藏高速、滇藏高速。这些进藏高速公路地处盆地向青藏高原东缘的梯形过渡带，由东向西迅速升高，地貌单元跨度大；新构造运动强烈，断裂带数量多、活动频繁，地震烈度高；水系切割强烈，山高谷深；滑坡、崩塌、泥石流、水毁等地质灾害类型多、规模大；短距离内气候立体差异性大；环境敏感脆弱等。为了克服地形、大高差等困难，常需修建大量的桥梁隧道，线路常面对滑坡、崩塌、落石、泥石流、水毁等地质灾害，以及雨、雪、冰和峡谷风等恶劣的气象灾害，因此进藏高速公路在选线勘察、修建、养护及环境保护等方面面临巨大挑战。

目前的进藏铁路有青藏铁路和正在建设的川藏铁路，川藏铁路被列入国家“十三五”交通建设重点工程，它东起四川省会成都，经雅安、甘孜，进入西藏昌都境内，再经林芝、山南，终至西藏首府拉萨，全长 1800 多千米。铁路运输处于全天候的自然环境中，大风、洪水、雪害、塌方、滑坡等，无一不对运输安全造成危害。保障铁路安全运行，是设计进藏铁路必须面临且亟待解决的问题。

桥梁是交通线的咽喉，修建难度大、周期长、投资大，灾害后恢复困难。保障公路交通安全运行，其中保障桥梁的运行安全是重中之重。已开工的川藏高速雅安至康定段，桥隧比例达 80%，桥梁比例达 30%。已修建的进藏铁路，桥隧比例高于 80%，桥梁比例达 20%。因此如何提高桥梁的抗灾能力，保障安全运行，是选线、设计和建设进藏快速交通线必须面临且亟待解决的问题，面对气候灾害、地质灾害、结构自身性能随环境变化的力学特点等，需要进行宏观研究并提出对策，以提高抵抗能力。

本书基于结构安全性和服役安全性的考虑，分析了进藏公路和铁路沿线各灾害环境对桥梁结构的影响。

通过川藏公路灾害的现场调查及资料搜集，对川藏公路地质灾害形成的地质环境背景进行分析，明确了沿线地质过程与典型地质灾害发育关系；总结沿线地质灾害的时空分布特征及演变规律；基于川藏公路地质灾害发育的影响因素，建立了川藏公路地质灾害评价指标，对川藏公路地质灾害危险性进行评价；基于沿线潜在强震区地质构造和地质背景，分析了地震灾害对桥梁的破坏影响；基于沿线峡谷风环境的特征研究，分析了高山峡谷风灾害对桥梁工程的危害；研究了沿线气候、环境对桥梁结构耐久性能的影响。取得的主要研究成果如下：

(1) 详细梳理了川藏公路沿线地形地貌特征，分区段总结了川藏公路沿线地质过程，从内因和外因两个角度，分析了典型地质灾害形成的原因，明确了沿线地质过程与典型地质灾害发育关系。

(2) 在明确沿线地质灾害发育类型、规模及成因的基础上，分析了川藏公路、铁路沿线崩塌、滑坡、泥石流等地质灾害的时空分布特征及演化规律。

(3) 构建川藏公路、铁路地质灾害危险性评价的指标体系：以川藏公路、铁路沿线地质灾害为研究对象，根据沿线地质灾害的特点和对川藏公路的危害程度，选取灾害体、暴雨、年均降水量、路基位置、岩性条件、地貌类型、地震烈度、年均温度、植被覆盖率、地质构造作为地质灾害发育的主要影响指标，建立了川藏公路沿线地质灾害危险性评价的指标体系。

(4) 基于结构安全性和服役安全性的考虑，分析了地质灾害、地震灾害、峡谷风灾害和恶劣气候对川藏公路沿线桥梁结构的影响。

(5) 分析了现有桥梁防灾减灾措施在藏区特殊地理气候条件下的局限性和不适宜性，提出了进藏高速公路与铁路桥梁面临的严峻挑战、战略思考与抗灾策略。

研究进藏高速公路与铁路桥梁的灾害环境，提高抗灾能力，有利于保障公路交通安全运行，有利于确保藏区的经济发展，有利于反恐和救灾的快速响应，有利于确保国防兵力和物资运输，保障地区的稳定和国家的安全。

本书主要是从系统全面、整体统筹的角度，为提高进藏高速公路与铁路桥梁工程抗灾保通能力提供理论依据和建议，进一步为进藏快速交通线的勘探、设计、修建、运营与管理提供有益的参考。

在本书的编写过程中，得到了郑皆连院士、杨永斌院士的大力支持，在此深表感谢！同样感谢参加本书编写工作的徐略勤、郭增伟、郑丹。

本书主要得到了中国工程院院士科技咨询项目“提高进藏高速公路与铁路桥隧抗灾能力的深化战略研究”、国家重点研发计划重点专项子课题“高寒强震山区灾害链链生机理、放大效应与灾情评估”、“交通运输行业高层次技术人才培养项目”和“巴渝学者特聘教授”等项目的资助，在此表示感谢！

由于作者水平有限，书中难免会有不妥之处，恳请广大读者批评指正。

目　　录

第1章　进藏高速公路与铁路沿线典型灾害 …… 1
1.1　地质灾害 …… 1
1.1.1　崩塌 …… 1
1.1.2　滑坡 …… 7
1.1.3　泥石流 …… 13
1.1.4　碎屑流 …… 18
1.2　地震灾害 …… 21
1.2.1　地震灾害现状 …… 21
1.2.2　地震的危害 …… 31
1.3　峡谷风灾害 …… 33
1.3.1　峡谷风灾害现状 …… 33
1.3.2　峡谷风的危害 …… 37
1.4　其他灾害 …… 38
1.4.1　气候灾害 …… 38
1.4.2　水毁 …… 47
1.4.3　雪崩与冰害 …… 57
1.4.4　极端气温 …… 64
1.4.5　土地冻融 …… 66
1.4.6　干湿循环与风沙侵蚀 …… 69
1.4.7　有害离子的侵蚀 …… 71
第2章　进藏高速公路与铁路沿线地质过程 …… 72
2.1　进藏高速公路与铁路沿线地形地貌特征 …… 72
2.1.1　雅安到巴塘段地形地貌 …… 72
2.1.2　中段三江峡谷区地形地貌 …… 74
2.1.3　八宿到拉萨段地形地貌 …… 77
2.2　沿线地质过程 …… 79
2.2.1　成都-雅安段 …… 79
2.2.2　泸定-理塘段 …… 82
2.2.3　理塘-巴塘段 …… 85

2.2.4 三江断裂区……87
2.2.5 八宿-波密-东久段……88
2.2.6 东久-林芝-拉萨段……90
2.3 川藏公路西藏段的主要地质灾害……90
2.3.1 主要地质灾害……90
2.3.2 地质灾害特点……91
2.3.3 灾害成因分析……94
2.3.4 地质灾害形成条件与地质过程联系……95
第 3 章 进藏高速公路与铁路沿线地质灾害时空分布特征与演变规律……97
3.1 沿线地质灾害类型及时空分布特征……97
3.1.1 沿线地质灾害发育类型、规模及成因……97
3.1.2 地质灾害时空分布特征……98
3.2 沿线地质灾害演变过程与规律……102
3.2.1 地质灾害形成及诱发因素……102
3.2.2 地质灾害影响因素分析……104
3.2.3 滑坡灾害演变过程与规律……105
3.2.4 崩塌源危岩演变过程与破坏机理……107
3.2.5 泥石流灾害演变机制……110
第 4 章 进藏高速公路与铁路沿线地质灾害危险性评价……116
4.1 地质灾害危险性评价……116
4.1.1 自然灾害风险评价研究概况……116
4.1.2 国外对地质灾害风险评价的研究……117
4.1.3 我国对地质灾害风险评价的研究……119
4.1.4 地质灾害风险评价研究中存在的问题……120
4.1.5 地质灾害风险评价研究的发展方向……121
4.2 地质灾害风险评价方法及评价内容……122
4.2.1 基本概念组成……122
4.2.2 理论框架……123
4.2.3 概率分布方法……124
4.2.4 统计方法……125
4.2.5 地质灾害风险评价的内容……126
4.3 地质灾害评价指标体系……128
4.3.1 指标体系建立原则……128
4.3.2 评价指标因子的筛选……129
4.3.3 地质灾害危险性评价指标权重的确定方法……129
4.3.4 指标体系的建立……130

4.4 进藏高速公路地质灾害风险评价 …… 130
4.4.1 风险分析的技术方法 …… 130
4.4.2 地质灾害风险评价模型 …… 131
4.4.3 进藏高速公路地质灾害风险度分析 …… 131
第 5 章 进藏高速公路与铁路桥梁地震灾害 …… 137
5.1 地震 …… 137
5.1.1 地震的成因和基本概念 …… 137
5.1.2 地震分布与地震带 …… 141
5.1.3 地震灾害特点 …… 143
5.2 进藏高速公路与铁路桥梁沿线地震环境 …… 144
5.2.1 沿线地震灾害分布概况 …… 144
5.2.2 鲜水河潜在强震区安全风险分析 …… 146
5.2.3 理塘潜在强震区安全风险分析 …… 147
5.2.4 藏东南潜在强震区安全风险分析 …… 149
5.3 沿线地震灾害对桥梁安全的影响 …… 151
5.3.1 汶川地震对桥梁安全的影响 …… 151
5.3.2 高烈度山区地震对桥梁安全的影响规律 …… 155
第 6 章 进藏高速公路与铁路桥梁峡谷风灾害 …… 156
6.1 风灾害 …… 156
6.2 进藏高速公路与铁路桥梁沿线风环境 …… 157
6.2.1 风速风向 …… 158
6.2.2 风攻角 …… 160
6.2.3 风剖面 …… 161
6.2.4 紊流特性 …… 162
6.2.5 非平稳特性 …… 163
6.2.6 风速展向分布 …… 164
6.3 峡谷风灾害对桥梁安全影响 …… 165
6.3.1 基于状态空间的风荷载表达 …… 165
6.3.2 非平稳抖振响应分析 …… 168
6.3.3 桥梁结构响应结果分析 …… 175
第 7 章 进藏高速公路与铁路沿线桥梁结构耐久性影响因素 …… 179
7.1 混凝土的冻融破坏 …… 179
7.1.1 混凝土冻融破坏的特征 …… 179
7.1.2 混凝土冻融破坏的机理 …… 179
7.2 氯离子对混凝土结构的侵蚀 …… 183
7.2.1 氯离子对钢筋锈蚀的机理 …… 183

7.2.2 氯离子的侵入模型······186
7.2.3 影响混凝土中氯离子迁移过程的主要因素······188
7.3 硫酸盐对混凝土结构的侵蚀······188
7.3.1 混凝土硫酸盐侵蚀的机理······189
7.3.2 混凝土硫酸盐侵蚀的模型······190
7.3.3 混凝土硫酸盐侵蚀的影响因素······199
7.4 混凝土的碳化······202
7.4.1 混凝土碳化的机理······202
7.4.2 混凝土碳化的理论分析······203
7.4.3 混凝土碳化的影响因素······204
7.5 多重因素影响下桥梁结构混凝土的耐久性······205
7.5.1 应力作用下混凝土的抗冻性······205
7.5.2 考虑多种因素影响的混凝土抗冻耐久性损伤模型······206
7.5.3 混凝土的应力腐蚀······215
第 8 章 进藏高速公路与铁路桥梁现有抗灾措施适宜性······218
8.1 桥梁现有地质灾害防护措施的适宜性······218
8.2 桥梁现有地震灾害防护措施的适宜性······220
8.3 桥梁现有风灾害防护措施的适宜性······221
8.3.1 山区风场特征认识的局限性······221
8.3.2 高桥位大跨桥梁建设期的抗风安全······222
8.3.3 运营期桥梁附属结构构件的抗风安全······222
8.3.4 运营期的侧风行车安全······223
8.4 现有桥梁结构耐久性防护措施的适宜性······225
8.4.1 桥梁混凝土耐久性的机理研究不够深入······225
8.4.2 基于耐久性的桥梁混凝土设计规范不够全面······226
第 9 章 进藏高速公路与铁路桥梁面临的挑战和战略思考······230
9.1 进藏高速公路与铁路的桥梁面临的挑战······230
9.2 提高进藏高速公路与铁路的桥梁抗灾能力的战略思考······231
9.2.1 指导思想······231
9.2.2 战略思考——尽快实施“三布局”和“三标准”战略······231
9.2.3 技术思考——积极推动进藏高速公路与铁路桥梁灾害防范“四大工程”······233
第 10 章 内容归纳······238
参考文献······239

第1章 进藏高速公路与铁路沿线典型灾害

1.1 地 质 灾 害

我国是世界上地质灾害最严重、受威胁人口最多的国家之一，地质条件复杂，构造活动频繁，崩塌、滑坡、泥石流、地面塌陷、地面沉降、地裂缝等灾害隐患多、分布广，且隐蔽性、突发性和破坏性强，防范难度大。特别是近年来受极端天气、地震、工程建设等因素影响，地质灾害多发，给人民群众的生命财产造成巨大损失。进藏高速公路和铁路线路通过横断山脉高山峡谷、江流谷地和青藏高原等地形，穿越地区以高山峡谷为主，地形陡峻而险要。线路经过的地区沉积岩巨厚，岩浆活动频繁，变质作用复杂，受青藏高原多期次构造运动影响，褶皱、断裂纵横交错，节理裂痕发育明显，对崩塌、滑坡、泥石流等典型地质灾害的形成创造了极为有利的条件。

1.1.1 崩塌

1.1.1.1 崩塌灾害现状

1. 崩塌灾害及其特点

崩塌是较陡斜坡上的岩土体在重力作用下突然脱离母体，从而崩落、滚动、堆积在坡脚(或沟谷)的地质现象，又称崩落、垮塌或塌方[1]。

产生在土体中者称土崩，产生在岩体中者称岩崩；规模巨大、涉及山体者称山崩。崩塌往往产生大量滚石，所谓滚石是指块石因某种原因从自然斜坡、人工边坡，也包括不稳定的或正在运动中的滑坡体、崩塌体、面状碎屑流等岩(土)体失稳后，经过下落、回弹、跳跃、滚动或滑动等运动方式，或者以上运动方式中的一种或几种的组合沿着坡面快速向下运动，最后在较平缓的地带或障碍物附近静止下来的一个动力演化过程[2]。崩塌在进藏高速公路中是比较常见的地质灾害。

崩塌现象的产生都有一个孕育和发展的过程，它们的发展都遵循一定的模式，通常有下列几种：

(1) 倾倒式崩塌。主要发生在河流的峡谷区，冲沟地段，岩溶区以及其他陡坡上，常见有巨大而直立的岩体，以垂直节理或裂缝与稳定岩体分开。这种岩体在断面图上的特点是高而长，横向稳定性差。如果坡脚遭受不断的冲刷掏蚀，在重力长期作用下，岩体将逐渐倾斜，最后产生倒塌。或者当有较大水平力作用时，岩体也可倾倒，产生突然崩塌。

(2) 滑移式崩塌。主要发生在某些陡坡上，不稳定的岩体下部有向坡下倾斜的光滑结构面或软弱面。这种崩塌的产生，关键在于开始时的滑移，岩体重心一经滑出陡坡，崩塌就会突然产生。这类崩塌产生的原因，除重力之外，还包括连续大雨渗入岩体的裂缝中所产生的静水压力和动水压力，以及雨水软化软弱面。在某些条件下，地震也可引起这类崩塌。

(3) 鼓胀式崩塌。当陡坡上不稳定岩体之下有较厚的软弱岩层，或不稳定岩体本身就是松软岩层，而且有长大的垂直节理，把不稳定和稳定岩体分开时，在有连续大雨，或有地下水补给的情况下，下部较厚的软弱层或松软岩层被软化。在上部岩体的重力作用下，当压应力超过软岩天然状态下的无侧限抗压强度时，软岩将被挤出，发生向外鼓胀，随着鼓胀的不断发展，不稳定岩体将不断地下沉和外移，同时发生倾斜，一旦重心移出坡外，崩塌即会产生。因此，下部较厚的软弱岩层能否向外鼓胀，是这类崩塌能否产生的关键。

(4) 拉裂式崩塌。当陡坡是由软硬相间的岩层组成时，由于风化作用或河流的冲刷掏蚀作用，上部坚硬岩层在断面上常以悬臂梁形式突出来。在突出来的岩体上，通常发育构造节理、风化节理。在长期重力作用下，节理会逐渐扩大和发展。因此，拉力更进一步集中在尚未产生节理裂隙的部位，一旦拉应力大于这部分岩石的抗拉强度时，拉裂缝就会迅速向下发展，突出来的岩体就会产生突然的向下崩落。除重力长期作用之外的震动、各种风化作用、寒冷地区的冰劈作用等，都会促进这类崩塌的发展。

(5) 错断式崩塌。陡坡上的长柱状和板状的不稳定岩体，当无倾向坡外的不连续面，并且下部无较厚的软弱岩层时，一般不会发生滑移式崩塌，也不会发生鼓胀式崩塌。但是，当有强烈震动，或有较大的水平力作用时，可能发生如前所述的倾倒式崩塌。此外，在某些因素作用下，或因不稳定岩体的重量增加，或因其下部断面减小，都可能使长柱状或板状不稳定岩体的下部被剪断，从而发生错断式崩塌。这种崩塌是否发生在于岩体下部因自重所产生的剪应力是否超过岩石的抗剪强度，一旦超过，崩塌将迅速产生。通常有以下几个途径：①地壳上升，下切作用加强，使垂直节理不断加深，因此长柱状和板状岩体的自重不断增加。②在冲刷和其他风化剥蚀作用下，岩体下部的断面不断减小，从而导致岩体被剪断。③人工开挖边坡过高过陡，使下部岩体被剪断而产生崩塌[3]。

崩塌的发生对公路、铁路沿线具有严重影响，主要特点如下：

(1) 崩塌发生突然，岩土体下落的速度快(一般为 5～200m/s)；通常在下雨的极端天气条件下，边坡由于水的侵入而失稳，崩塌在一瞬间发生。对人身安全造成极大的威胁，因为发生的速度够快，较难及时做出应急措施。

(2) 崩塌体的垂直位移大于水平位移。

(3) 多发生在高边坡的坡肩部位。

(4) 崩塌发生时无依附面，落石的飞跃形式为跳跃、滚动和弹跳，规律复杂。

(5) 崩塌下落后，崩塌体各部分相对位置完全打乱，大小混杂，形成较大石块翻滚较远的倒石堆[4]。

2. 崩塌灾害多发的背景

进藏高速公路与铁路沿线发生的崩塌较为频繁，崩塌发生的背景有很多，以下是几种较为常见的情况：

(1) 陡峻的地形。崩塌多发生在 60°～70°及以上坡角的斜坡上，斜坡坡角越大，越容易形成崩塌落石。陡峻的地形是产生崩塌的基本条件。在高山峡谷区，河流强烈的下切侵蚀和溯源侵蚀造成深狭的河谷和陡峭的山峰，边坡坡度大，崩塌发育；在小起伏高山及丘陵区，边坡坡度较小，崩塌不发育。

产生崩塌的先决条件是边坡陡峻，在怒江及其支流冷曲、玉曲峡谷路段，帕隆藏布然乌湖口至玉普、通麦-东久段，高陡边坡多，上述路段大量边坡在 30°～70°，甚至出现坡面近乎直立及反坡。这种地形条件是公路沿线崩塌灾害发育的基本因素。

(2) 岩性条件。坚硬或较坚硬的脆性岩石通常可以形成陡峻的边坡，且构造较发育，适于崩塌发生，如花岗岩、闪长岩、灰岩、厚层板岩等。而较软的柔性岩石，如千枚岩、页岩等发生崩塌的可能性小。软硬岩层相间分布，若软岩在下，遇河流在坡脚冲蚀，则易形成大型的倾倒式崩塌。

(3) 水的作用。“大雨大塌，小雨小塌，无雨不塌”是曾经的铁路现场的一句顺口溜，它从侧面反映出降水在崩塌发生过程中的重要作用。在强降水的条件下，易发生崩塌。除此之外，冰川积雪融水、冰(雪)崩堆积体、冰湖及滑坡堵塞溃决洪水等也会造成大崩塌。

3. 进藏高速公路与铁路沿线典型崩塌灾害调查

桥梁和隧道在进藏高速公路与铁路中占有很大的比例，崩塌对桥隧的损害直接影响整条线路的使用。

崩塌具有突发性和迅速性，对于在公路上行驶的车辆，突发的崩塌会对人身安全造成威胁。例如，1967 年 8 月发生的轰动全国的东久拉月大塌方(图 1.1)，东久河右岸山体突然崩塌，撞击公路对面山体，对面山体又反撞崩塌体，造成重大伤亡事故。自此拉月地貌骤变，东久河改道。后来该位置于1973年、1977年、1978年、1980年又先后发生崩塌，并伴有河谷泥石流活动。2000年冷曲河北岸山体塌方造成堵江，江水淹没川藏公路2km，导致断道一个多月。2000年4月易贡发生山体塌方，形成堰塞大坝，排险泄洪又形成巨大洪流，冲毁14km川藏公路、1座200m大桥，以及大量人行吊桥及周边道路。

图1.1　东久拉月大塌方

2009年7月25日在彻底关大桥处的山体发生大规模崩塌，大量的土石块瞬间坠下，滚落的巨石撞击在彻底关大桥的桥墩上，撞毁桥墩，导致60m长的桥面完全倒塌损毁，如图1.2所示。

图1.2　崩塌滚石砸毁的彻底关大桥

崩塌会使建筑物甚至整个居民点遭到毁坏，使公路与铁路被掩埋。边坡崩塌带来的损失，不只是建筑物毁坏的直接损失，还有其导致交通中断给运输带来的重大损失。

进藏高速公路的滑坡除了对道路工程造成危害，还可以转化为灾害链大大加重灾害的危害程度。2000 年 4 月 9 日发生的特大规模易贡高速滑坡，堵断易贡藏布河达 1.5km，进而形成堰塞湖。堰塞湖溃决后形成特大洪水灾害，造成下游地区公路冲断和淹没，对外交通完全中断。

4. 崩塌灾害影响因素的研究

崩塌的分布较为普遍，与地形条件、构造因素有很大关系，多见于深切的峡谷、高山寒冻风化带及公路开挖路段。主要发育于切割较剧烈、裂隙发育、地形陡峭的基岩裸露地带，边坡坡角都在 50°以上，岩石破碎，各种结构面(层理、节理、板理、断层面、不整合面)异常发育，在暴雨、冻胀、温差、地震等内外力地质作用下易产生大小不同的崩塌体及岩堆。

1) 地层岩性、结构面

岩体是崩塌的物质来源，区内崩塌一般形成于中厚层状岩石或块状岩石中，加之节理裂隙等结构面的发育，如鲁朗至安久拉段以燕山期的花岗岩体和石炭纪、泥盆纪的变质砂岩和致密灰岩为主，上部岩石在重力作用下或人工开挖影响下形成崩塌。

2) 地质构造

大地构造体系与公路沿线崩塌的关系较为密切。在大地构造上，公路沿线经过东部的南北向横断山褶皱带和中西部的东西向拉萨-波密褶皱带。尽管大地构造带本身与崩塌等无直接明显的关系，但这些构造体系所派生的特殊构造形式，如断裂构造、弧形构造的特殊部位形成破碎带和挤压褶皱带，使边坡岩体的完整结构破坏，稳定性降低。例如，波密以西至东久段，其地处断裂构造带、岩层破碎，新构造运动和地震活跃，为易崩易滑地区。

3) 风化作用

公路沿线边坡的物理风化作用十分强烈，风化作用使斜坡表面各种成因的裂隙加深加宽，对崩塌的发生起催化作用。在干旱、半干旱区域，物理风化作用强烈，导致岩石机械破碎而发生崩塌；安久拉山以西到色季拉山以东地带，受印度洋气流强烈作用，成为西部高原潮湿地区，冻融作用不仅加速了表层岩体的风化剥落，而且使含水裂隙因冰层膨胀而张开造成崩塌。

断裂切割岩体形成裂隙，破坏岩体的完整性。高陡边坡一面或多面临空的岩体，表层受到强烈卸荷作用，裂隙在岩体本身作用下及寒冻等多种风化作用及水的浸润渗流影响下，变宽形成卸荷裂隙进而造成崩塌。

4) 地震影响

公路沿线特别是拉月河、帕隆藏布流域是强震地区，地震经常发生，地震动峰值加速度为 0.1g～0.3g，通麦一带动峰值加速度达到 0.3g，加之公路沿线断裂构造发育，岩体破碎。地震活动不仅直接形成崩塌，也使岩体发生强烈松动，为崩塌的长期发育奠定了基础。

5) 人类工程活动

人为切坡等工程活动容易改变斜坡的力学平衡，降低斜坡的抗剪力，增大斜坡坡度，容易引发崩塌。在高山峡谷区，河流强烈的下切侵蚀和溯源侵蚀造成深狭的河谷和陡峭的山峰，边坡坡度较大，公路建设坡脚开挖、爆破作业降低边坡岩体的稳定性，人类工程活动也是引起崩塌的重要影响因素。

1.1.1.2 崩塌危害

边坡崩塌有时还会使河流堵塞形成堰塞湖，这样就会将上游建筑物及农田淹没，在宽河谷中，边坡崩塌能使河流改道及改变河流性质，而形成急湍地段。

崩塌对隧道结构的危害主要体现在以下两方面：

(1) 崩塌体直接冲击隧道明洞或浅埋段衬砌结构，导致衬砌结构混凝土开裂甚至发生垮塌，如图 1.3、图 1.4 所示。

图 1.3 滑坡前

图 1.4 滑坡后

(2) 当崩塌体落点位于隧道出入口处，且崩塌体体积较大时，很可能掩埋隧道出入口，如图 1.5 所示。

图 1.5 崩塌掩埋隧道出入口

青藏高原是世界上最年轻的山脉，并且现在还在继续上升，河谷深切，斜坡陡峭，属于青年期地貌，加上冰川作用和强烈的物理风化作用，在斜坡表面形成大量松散堆积物，在自然环境条件下也产生大量的崩塌和滚石。崩塌灾害在进藏公路、铁路沿线具有经常性和普遍性发育的特点。

崩塌对桥梁结构的危害主要体现在以下两方面：

(1) 直接撞击桥面引起大桥坍塌或者造成桥面破坏或是造成梁体的折断(特别是对于装配式的桥梁)；

(2) 崩塌产生的滚石冲击桥梁下部的墩柱造成墩体破坏而引起桥面塌落。

1.1.2 滑坡

1.1.2.1 滑坡灾害现状

1. 滑坡灾害及其特点

滑坡是指斜坡上的土体或者岩体沿着一定的软弱面或者软弱带，整体地或者分散地顺坡向下滑动的自然现象。滑坡的发生是某一面上剪应力超过了该面的抗剪强度所致[5]，是道路边坡常见的一种山地灾害，也是现川藏公路沿线的主要地质灾害类型，运动的岩(土)体称为变位体或滑移体，未移动的下伏岩(土)体称为滑床。

滑坡可分为以下几种类型。

1) 按滑坡体的体积划分

(1) 巨型滑坡(体积≥1000 万 m^3)；

(2) 大型滑坡(体积在 100 万～1000 万 m^3)；

(3) 中型滑坡(体积在 10 万～100 万 m^3)；

(4) 小型滑坡(体积≤10 万 m^3)。

2) 按滑动面与层面关系的分类

(1) 均质滑坡：这是发生在均质的没有明显层理的岩体或土体中的滑坡。滑动面不受层面的控制，而是取决于斜坡的应力状态和岩土的抗剪强度的相互关系。滑面呈圆柱形或其他二次曲线形。在黏土岩、黏性土和黄土中较常见。

(2) 顺层滑坡：这种滑坡一般是指沿着岩层层面发生滑动。特别是有软弱岩层存在时，易成为滑坡面。那些沿着断层面、大裂隙面的滑动，以及残坡积物顺其与下部基岩的不整合面下滑的均属于顺层滑坡的范畴。顺层滑坡是自然界分布较广的滑坡，而且规模较大。

(3) 切层滑坡：滑坡面切过岩层面而发生的滑坡称为切层滑坡[6]。滑坡面常呈圆柱形，或对数螺旋曲线。

3) 按滑动力学性质分类

(1) 推落式滑坡：这种滑坡主要是由于斜坡上部张开裂缝发育或因堆积重物和在坡上部修建建筑等，引起上部失稳而推动下部滑动。

(2) 平移式滑坡：这种滑坡滑动面一般较平缓，始滑部位分布于滑动面的许多点，这些点同时滑移，然后逐渐发展连接起来。例如，包头矿务局的白灰厂滑坡，该处为侏罗系煤系地层，主要为砂岩、砂页岩、灰岩、油页岩及粉砂岩，并夹有黏土岩层，倾角 4°～6°，坡体为平缓山坡。滑坡体沿黏土层滑出，最大滑动速度为 10cm/d，半年期间覆盖 10m 宽的公路路面，公路被迫改线。

(3) 牵引式滑坡：这种滑坡首先是在斜坡下部滑动，然后逐渐向上扩展，引起由上而下的滑动，这主要是斜坡底部受河流冲刷或人工开挖而造成的。这类滑坡是近临空面的前部自行下滑后，后部失去支撑而接着下滑。

4) 按滑坡速度划分

(1) 蠕动型滑坡：人们仅凭肉眼难以看见其运动，只能通过仪器观测才能发现的滑坡。

(2) 慢速滑坡：每天滑动数厘米至数十厘米，人们凭肉眼可直接观察到的滑坡。

(3) 中速滑坡：每小时滑动数十厘米至数米的滑坡。

(4) 高速滑坡：每秒滑动数米至数十米的滑坡。

20 世纪 80 年代至今，随着国民经济的大发展，对防灾减灾的要求也越来越高，更加重视滑坡灾害的影响。在一项大的工程开发建设前，尽可能进行灾害调查、评价和预测，尽可能事先避开，或采取预防措施，以防止和减少灾害的发生。研究和治理由点发展到点、线、面的综合预测和防灾。与此同时对高速远程、危害大的滑坡也进行了较深入的研究。尤其在滑坡的发生时间预报方面取得了突破性进展，形成了以治理为主到以预防为主的理论体系。

滑坡对进藏高速公路和铁路的破坏常常影响整条线路的使用，通常的滑坡具有以下一些特点：

(1) 滑坡的速度都受地形坡度的制约，当地形坡度较小时，滑坡的运动速度较慢；地形坡度较大时，滑坡的运动速度较快。

(2) 滑坡滑动过程可以在瞬间完成，也可能持续几年或更长时间。滑坡活动基本包括蠕动变形、缓慢滑动、剧烈滑动、重新趋稳四个阶段，各个阶段的长短与滑动面的空间位置和强度及变形发生有关，一般软弱岩层滑动缓慢，坚硬岩石滑动速度快。

(3) 发生变形破坏的岩土体以整体、水平位移为主，大部分滑坡体在滑动过程中基本保持整体性，但滑坡体内部也存在变形调整。

(4) 各类滑坡的滑体，绝大多数都是松散体或已崩解的岩体，滑动体始终沿着一个或多个软弱结构面(带)滑动，岩土体中各种成因的结构面均有可能成为滑动面，如古地形面、岩层层面、不整合面、断层面、贯通的节理裂隙面等。

2. 滑坡灾害多发的背景

在边坡变形破坏形式中，滑坡是分布最广、危害最大的一种。

(1)它在坚硬或松软岩层、陡倾或缓倾岩层以及陡坡或缓坡地形中均可发生。甚至在地形倾斜 10°左右的缓坡或倾角小于 10°的岩层中也可发生。

(2)地质构造，如褶皱、断裂及区域新构造运动等是滑坡发生的主要影响因素。断层、节理纵横切割，构成岩体中的切割面和滑动面，形成有利于滑动的条件，并直接控制着滑坡的形成和规模。在新构造运动表现为强烈上升的地区，坡体内地应力较高，卸荷裂隙也常较发育，滑坡往往广泛发生。

3. 进藏高速公路与铁路沿线典型滑坡灾害调查

102 滑坡群发源于念青唐古拉山东延余脉，主要分布在帕隆藏布江右(北)岸第四纪松散堆积体上。该滑坡群位于西藏波密县易贡乡境内，318 国道 K 4078～4081 路段，因其属于川藏公路原 102 道班管辖范围，故称 102 滑坡群。其中包含大小滑坡 22 处，规模较大的有 6 处，以 2#滑坡规模最大、危害最为严重，如图 1.6 所示。

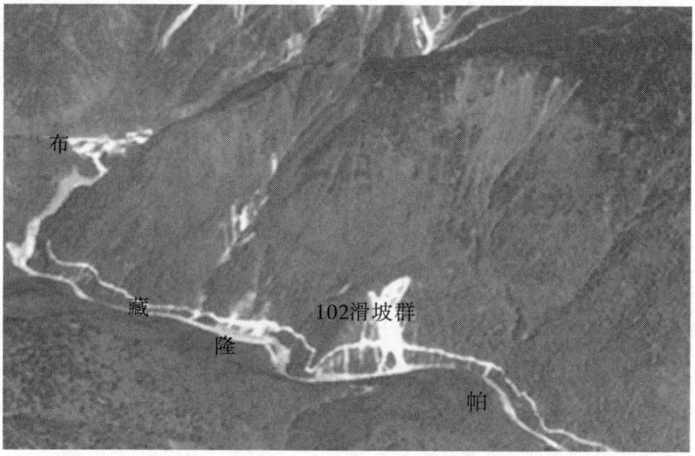

图 1.6　102 滑坡群 2#滑坡

滑坡发生后，在降水、地震、人类工程活动等外部因素诱导下经常发生断道，坡体表面泥石流、滚石频繁出现，造成车毁人亡等交通事故，给旅游、物资运输带来极大不便，严重影响了川藏公路的正常运行。

旺北村滑坡平面形态近似呈“长舌”形，滑坡区轴向长约 2900m，平均宽度约 1000m，滑坡总面积约 2.9 km^2；滑坡堆积体纵向斜长约 2100m，平均宽度 800m，平均厚度 40～50m，堆积体体积 6720 万～8400 万 m^3。滑坡体前缘海拔约 3481m，后缘海拔约 4642m，最大高差约 1161m。通过无人机航拍可以清晰地看到滑坡区地形相对周围坡体存在明显的错落，形成了明显的控制性边界[7]。根据滑坡不同部位的运动特征和堆积体分布，判断滑坡在运动过程中方向发生了改变，从南偏西 210°转为南偏西 170°。以滑坡体运动方向发生改变部位为界，坡体以上部分坡体较陡，坡角约 30°，滑坡区宽度近似相等，约 700m；以下部分坡体较缓，坡角约 19°，由于坡体前缘临空条件好，滑坡堆积体呈扇形，整个坡体呈“上陡下缓”。滑坡后壁可见长约 1200m、高 2050m、坡角约 70°的线状陡坎，陡坎表面岩体受到断裂的构造运动和强烈的风化作用共同影响，节理裂隙发育，岩体十分破碎，发育小型崩塌。滑坡堆积体表面凹凸不平，发育多条纵向冲沟，冲沟宽度 0.5～2m，可见深度 0.8～3m。滑坡体前缘受冷曲河流的侵蚀切割，坡角大，稳定性差，发育数处次级小型滑坡(图 1.7)。通过无人机航拍的旺北村滑坡全貌如图 1.8 所示。

图 1.7 滑坡前缘及次级小型滑坡

图 1.8 旺北村滑坡全貌

川藏公路林芝-八宿段地质灾害数量之大、类型之多在我国实为少见。从林芝至八宿全长 427km，其中各类地质灾害达 204 处，即相当于沿公路每 2km 就有一个崩、滑、流等灾害点。在公路的某些路段，地质灾害发育更为密集，如 102 道班附近在不到 3km 的路段上发育大小滑坡 6 个，整个路段均受滑坡威胁；位于东久河沿岸的路段完全处于东久滑坡区或崩塌区；还有老虎嘴段，沿线处处都有可能发生滚石。

从灾害的规模上，该区地质灾害有特大、大型、中型和小型等类型。2000 年 4 月发生的易贡特大滑坡，其方量达 3 亿 m^3，是世界第二大的滑坡，该滑坡在 1900 年还发生过，方量近 5 亿 m^3；1953 年暴发的古乡沟泥石流堆积扇面积达 4km^2，总堆积方量达 1.5 亿 m^3，暴发前后影响公路运行近 30 年。沿公路分布的大型地质灾害较多，102 滑坡群、东久滑坡群、培龙沟泥石流、拉月大塌方和加马其美沟泥石流等灾害的方量均有数百万乃至上千万立方米。方量较小的中小型滑坡、泥石流、崩塌和滚石等地质灾害在考察区沿途分布更为广泛。

该区地质灾害的分布具有明显的分段性。中国科学院成都山地灾害与环境研究所根据地质灾害分布的密集程度和对公路的危害性等特点将该区划分为三个区段[8]。

Ⅰ区：灾害极严重区段，位于公路 102～108 道班之间。该路段全长 60km，发育泥石流 21 条、滑坡 20 个。该区段以特大、大型地质灾害为主。

Ⅱ区：灾害严重区段，位于公路 98～102 道班之间和 80～87 道班之间。这两个路段分别长 42km、20km，分别发育地质灾害点 18 个、70 个。该区段以中小型地质灾害为主。

Ⅲ区：灾害一般严重区段，位于公路 87～98 道班近 110km 的帕隆藏布沿江路段。该路段发育 26 条泥石流和一些小滑坡、崩塌等。

4. 滑坡灾害影响因素的研究

滑坡发生的根本原因是不良的地质环境条件，而不合理的工程活动则是诱发滑坡的外因[9]。发生滑坡的自然因素主要有地貌条件、边坡结构和边界条件、岩土体类型、水文地质条件等，人为因素主要是人类工程活动引起滑坡边界条件的改变及加卸载作用。

1) 地貌条件

滑坡的形成受到地形地貌条件的显著影响和控制，其主要为滑坡提供相对的破坏空间。青藏高原的强烈隆升、断层和褶皱的强烈活动及河流的强烈下切，导致区内地形起伏很大，斜坡陡峭，为滑坡的发育提供了很好的地形条件。因深切峡谷河面小、纵坡大、河流湍急，滑坡容易发生堵塞河道，引起河道水位快速上升而导致溃坝，河流强烈冲刷坡脚，为新滑坡的形成奠定基础。

2) 地层岩性

斜坡岩土体类型是决定边坡稳定性的根本因素，坚硬完整的岩石(如花岗岩、石灰岩等)，能够形成很陡的高边坡而不失稳定性。拟建公路沿线地区所出露地层，从新元古界到第四系都有，但与滑坡密切相关的是第四系松散堆积物。公路沿线的各级河流、谷底、山麓及其坡地有大量的残积、坡积、冰积第四系堆积物。岩石在高原寒冻风化作用下，斜坡的残积、坡积十分发育，它们由岩屑、粉粒、砂粒等组成，结构松散，厚度变化大。工作区滑坡多发生在厚层的古老松散层堆积体中，如 102 滑坡群、加马其美沟滑坡群都孕育于古冰碛体上。

3) 水的影响

滑坡多在雨季频繁发生，很多滑坡都是发生在地下水比较丰富的斜坡地带。水的作用主要表现为对岩土的软化作用、泥化作用、冲刷作用，以及静、动水压力作用等。土坡或岩质边坡中的泥质岩层，在雨水渗入或地下水位升高时会受到浸湿作用，从而使岩土软化，抗剪强度降低，孔隙水压力作用有时可抵消大部分有效应力，而使得近于水平的软弱结构面上容易产生滑动现象，河水的冲刷作用使河岸变高、变陡；地下水位上升，使孔隙水压力提高，从而降低抗滑力；当地下水由边坡岩土体中排出时，由于有一定的水力梯度，故形成动水压力，增加了沿地下渗流方向的滑动力，对边坡稳定不利。

4) 地震作用

工作区地质构造及地震活动十分强烈，褶皱断裂发育，岩石破碎，沿断裂带不仅地形较低洼而且堆积了较厚的碎石土，给滑坡的形成提供了地形条件和物质基础。新构造运动既可成为滑坡的触发因素，又可成为促滑条件。许多滑坡与地震活动直接或间接相关，如 102 大滑坡就是 1950 年墨脱大地震触发的。

5) 人类活动的影响

不少滑坡是由人类活动造成的，滑坡的危害十分突出。公路开挖的不当是主要问题之一，不少地段均以挖方为主，在深沟陡壁地段大量挖方，暴露坡脚软弱带或层面，增大了临空面，而且使原稳定边坡失稳，造成了大量中小型滑塌体[10]。还有不适当的森林采伐，破坏了生态平衡和边坡的稳定，造成了滑塌体和泥石流等地质灾害。

1.1.2.2 滑坡危害

滑坡多发生在峡谷地区，不仅直接危害道路交通，还常常因为堵塞河道而引发次生灾害。滑坡的危害性主要表现如下。

(1) 滑坡直接摧毁公路或滑坡体堆积到公路阻断交通。滑坡危害出现以后，会出现公路受损的情况，导致交通阻断，如图 1.9 所示。这样就会导致在公路上行驶的车辆受到滑坡的影响，无法前行。同时滑体能够阻塞河道，使得河道的通航受到影响。在出现滑坡危害的时候，人们的出行也会受到一定的影响，同时，公路在使用过程中还非常有可能出现再次发生滑坡的情况。

(2) 滑坡体堵塞河道，滑坡对江河的危害主要表现在以下几个方面：①滑坡体下滑，堵断江河，形成土石坝；阻塞的水对上游产生淹没危害，溃坝后对下游两岸产生强烈冲刷。例如，2000 年 4 月 19 日，在西藏林芝地区①发生的易贡扎木隆巴大滑坡堵断易贡湖口，形成高 100 多米的土石坝，回水淹没坝上游的茶厂和数万亩菜园，60 天后溃决，冲毁 318 国道和数万亩森林，洪峰直达印度北部，造成了很大的危害。②滑坡前部伸入江河中，阻碍航运，如 2008 年汶川地震导致的山体滑坡产生的堰塞湖现象。

① 2015 年 3 月，国务院批复同意撤销林芝地区和林芝县，设立地级林芝市；林芝市设立巴宜区，以原林芝县的行政区域为巴宜区的行政区域。

图 1.9　滑坡阻断交通

1.1.3　泥石流

1.1.3.1　泥石流灾害现状

1. 泥石流灾害及其特点

泥石流是松散土体和水的混合体在重力作用下沿自然坡面或沟谷流动的现象，它多发生于山区，常常给道路构筑物和自然环境造成危害或灾难。青藏高原为世界上最年轻的山脉，经历长期地貌演变的地质作用过程，斜坡和沟谷分布有大量松散堆积物，斜坡的稳定性差，而现有川藏公路穿越的青藏高原的东南地区，由于受印度洋暖湿气流的影响，降水丰富，泥石流的发育既有良好的物质基础又有良好的水文条件，已成为我国泥石流分布广泛、类型齐全、活动频繁、危害严重的地区。泥石流大致可分为以下类型：

(1) 冰水型泥石流。该类型泥石流沿帕隆藏布两岸广泛分布，其流域面积占研究区总泥石流流域面积的 69.91%，是研究区内分布最广泛的一类泥石流。冰水型泥石流是在现代或上更新世冰川作用带上，以冰川积雪强烈消融洪水，同时可能伴随非冰川区的降雨径流作为水动力条件导致大量的新老冰碛物饱和失稳，在与水流混合后快速运行至沟口以外的堆积扇上所形成的多相流体。冰水型泥石流通常规模巨大，搬运能力和破坏能力十分强大。

(2) 暴雨型泥石流。暴雨型泥石流也被称为雨洪型泥石流，是指在松散固体物质丰富的流域内，以较高强度降雨汇流形成的洪水为水动力条件，导致泥沙和石块与水混合后在重力作用下向沟道下游运动的多相流体。暴雨型泥石流的形成发展过程受流域内松散固体物质的多少及分布制约，同时与暴雨强度密切相关。雅鲁藏布江的水汽通道延伸至帕隆藏布流域，造成该段成为川藏公路西藏境内降水量最大的路段，并且研究区山高坡陡，降雨径流很容易形成洪水，进而激发形成暴雨型泥石流。

(3)冰湖溃决型泥石流。现代冰川的强烈活动导致冰川末端冰碛湖出口的堤坝突然溃决，产生大规模溃决洪水，强烈冲刷和搬运沿途沟床及谷坡松散固体物质，使之逐渐形成冰湖溃决型泥石流。

泥石流灾害具有如下两个特点：

(1)泥石流暴发突然，历时短暂，一次泥石流过程一般在几分钟至数小时。

(2)泥石流的破坏力强，在一次大型或特大型泥石流过后，地貌景观常发生巨大变化。

2. 泥石流灾害多发的背景

泥石流往往发生在沟谷深壑、地形陡峻地区，沟床纵比降大，流域形状便于水流汇集，以及地质构造复杂、断裂褶皱发育，新构造活动强烈，地震烈度较高的地区。地表岩石破碎，崩塌、错落、滑坡等不良地质现象发育，为泥石流的形成提供了丰富的固体物质来源。此外，水既是泥石流的重要组成部分，又是泥石流的激发条件和搬运介质(动力来源)，泥石流的水源，有暴雨、冰雪融水和水库溃决水体等。我国泥石流的水源主要是暴雨、长时间的连续降雨等。

3. 进藏高速公路与铁路沿线典型泥石流灾害调查

迫龙沟位于西藏自治区林芝市，发源于念青唐古拉山脉东南缘，由西北向东南汇入帕隆藏布，属帕隆藏布右岸一级支流。近期泥石流活动起始于 1983 年 7 月，排出的松散固体物质把迫龙沟口原“V”字型沟谷淤满，形成一个长条形石滩地。流域面积 86.1km^2，呈哑铃形，主沟长 18.75km，流域源头最高海拔 5828m，沟口海拔 2000m，沟道比降 132.17‰，山坡坡角 32°。迫龙沟至少 200 年来没有发生过大规模的泥石流，20 世纪初和 1951 年暴发过小规模泥石流，之后一直处于相对稳定状态，1983 年 7 月特大型泥石流的暴发，揭开了迫龙沟之后泥石流活动的序幕，连续 3 年均暴发特大型泥石流，并以 1985 年 5 月 29 日暴发为最大，危害亦最严重，财产和经济损失巨大。1986～1989 年也均发生小规模泥石流，1989～1990 年发生过洪水泥石流，规模很小。1991～2014 年该泥石流处于平稳期。2015 年 8 月 14 日，大规模山洪暴发中型泥石流，冲毁迫龙沟钢便桥和约 1km 公路。断道阻车 44 天，投入 718 万元抢修费用。据不完全统计，迫龙沟泥石流造成的危害，除人员伤亡外，直接和间接经济损失达数千万元。

培龙沟位于念青唐古拉山脉东南缘，帕隆藏布下游自西转南拐弯处的右岸。

沟口海拔2000m，为川藏公路西藏境内海拔最低点。该处原是帕隆乡政府及104道班房所在地。培龙沟流域面积86.1km^2，流域形态呈哑铃形，主沟道长18.75km，沟床纵比降132.17‰，在海拔2850m以上的沟谷被现代海洋性冰川和常年积雪所覆盖，山坡及脊峰基岩裸露、岩壁陡峭，其下沟谷形态呈较宽顺畅的“U”字型谷地[11]。该沟泥石流活动始于1983年7月，1985年达到最大，排出山外的固体物质把培龙沟沟口原“V”字型沟谷淤满，形成一个长条形的石质滩地，阻塞帕隆藏布江并构成河流堰塞湖，如图1.10所示。

图1.10 培龙沟泥石流

位于藏东高原的川藏线几乎每年春夏季节都会暴发持续强降雨，受其影响沿线每年都会暴发泥石流灾害，以松宗至古乡段最为严重，经常导致交通长期中断，严重威胁公路的安全稳定。松宗至古乡段是国道318线川藏公路(西藏境)的一部分，全线位于西藏自治区林芝市波密县境内，其地质病害虽不多，但泥石流暴发规模大、频率高，路线共分布18处泥石流，危害公路长2511m，占路线总长度的3.2%[12]。

4. 泥石流灾害影响因素的研究

泥石流灾害的形成是自然因素、人为因素等综合作用的结果。其中地质条件是产生泥石流的内在因素，气候条件是泥石流形成的激发因素，人类不合理的工程活动对泥石流的发育起促进作用。

1)地质条件

泥石流主要发育在地质构造活动强烈、断裂褶皱发育、新构造运动和地震活跃，有大量的松散固体物质堆积的地区。断裂活动强烈，岩体遭受破坏，山体边坡失稳，为泥石流的形成提供大量的松散固体物质。

2) 地震作用

大地震时，往往就有较大规模的泥石流发生，尤其是雨季发生的大地震，往往伴随雪崩、崩塌、滑坡和洪水等自然灾害的共同发生。旱季发生的大地震为雨季泥石流启动提供了极为有利的物质条件。总之，强地震在泥石流形成中既是物源形成因素，又是触发因素，而且一次强震的灾害链效应往往能持续若干年。

3) 水的作用

泥石流的形成和气候因素特别是水的作用有着密切的关系。形成泥石流的水源主要来自大气降水，其次为冰雪融水、地下水等。泥石流多发生于丰水年份，特别是大暴雨年份。泥石流的发生与降水量和降水强度也有密切关系。川藏公路西藏段沿线山区都有现代冰川分布，由于冰川进退频繁而形成冰川型泥石流和冰湖溃决型泥石流，其水源主要来自冰雪融水和冰湖溃决水。冰川泥石流的发生与气温骤增有关，特别是气温骤增的同时还降雨，更易发生冰川泥石流。而冰舌前缘强烈消融并突然前进，滑入冰湖，导致冰湖溃决，从而形成规模巨大的冰川溃决泥石流，如米堆泥石流。

气候类型的不同，对泥石流的类型及规模的影响亦不同。如左贡-八宿一带为半干旱气候区，年降水量为200～400mm，植被稀疏，荒山秃岭，表面剥蚀严重，山坡遍布风化的岩屑堆积，冲沟汇流面积小，沟短水少，因此雨洪型泥石流特别发育，活动频繁，24h 降水量超过 5mm 就能激发泥石流。波密、通麦至林芝一带，气候温润，降水充沛，年降水量为 800～1000mm，雨季长，雨日多，年最大雨日数为 202～266 天；一次连续最大降水量达 262mm。雨季期间，由于地表水下渗，坡积层储水丰富，常处于饱和状态，坡面土体极易失稳，产生坍塌或坡面泥石流。这一带不仅古冰川活动强烈，现代冰川也很活跃，为泥石流提供充沛的水源。

4) 人类活动影响

川藏公路建成通车以来，沿线部分地区的经济活动日益加剧，在未能进行全面规划和统筹管理的情况下，破坏山地生态平衡，人为诱发或加剧了泥石流灾害。主要表现为乱砍滥伐破坏森林植被，使林区变成荒山，成为泥石流的形成源地，从而导致泥石流发生，这在横断山区较为严重；陡坡垦殖开荒，放火烧山，水土流失日趋加剧，在强大暴雨袭击之下，坡面风化剥蚀作用和沟坡侵蚀作用强烈，沟谷侵蚀迅速发展从而导致泥石流的形成；不合理的工程活动造成坡面泥石流发生，引水渠道、工程排水沟等不合理修建、弃土不合理堆放、边坡不合理开挖导致崩塌和滑坡等，造成小型泥石流或坡面泥石流，危害公路交通。

1.1.3.2 泥石流危害

泥石流对隧道结构安全的影响主要有对衬砌结构的冲击作用导致衬砌破坏，堆积体掩埋隧道，阻塞河道形成堰塞湖并淹没隧道。

2010 年 8 月 14 日映秀至卧龙段公路突然暴发特大型泥石流，位于该路段的南华隧道出口处的肖家沟形成了其中最大的一处泥石流。泥石流堆积体不仅掩埋沟口小桥和泥石流排导槽，而且将隧道出口洞门掩埋并将隧道填塞，如图 1.11 所示。阻塞河道并形成堰塞湖，堰塞湖口位于 K5+300 左右，湖水面高程在 1068.00m 左右，南华隧道出口桩号为 K5+036，设计高程为 1047.5m，抬高的水位高于隧道洞口路面近 21m，泥石流和堰塞湖将路基和隧道掩埋或淹没，长约 1100m。

图 1.11　泥石流堆积体掩埋南华隧道出口

对于桥梁结构而言，泥石流的主要危害方式包括：冲刷、冲击、堆积淤埋等。

(1) 冲刷危害在泥石流上游段主要表现为下切作用；在泥石流中游段主要表现为冲刷旁蚀作用；在泥石流下游段以局部冲刷作用为主。

(2) 冲击作用主要包括石块撞击力和泥石流的动压力，以及爬高、冲起高和弯道超高等作用。

(3) 堆积淤埋危害主要发生在泥石流下游段，尤其是在堆积扇沟段。当然，在某些条件下，上、中游区段也会发生临时性堆积作用，加大泥石流的后续破坏力度。堆积淤埋危害会影响桥梁的通行能力，危害轻微的可造成桥涵净空减少，危害严重的将造成桥梁垮塌或完全掩埋的后果。

泥石流暴发突然、运动快速、历时短暂、破坏力大，能将数万、数百万立方米的固体物质，数十至数百吨巨石冲出山外，对桥梁及其附属构造物堵塞、淤埋、冲刷、撞击，造成直接破坏；也可淤塞河道，迫使水流冲毁桥面。1980 年以来，我国公路受泥石流带来的经济损失平均每年高达 10 亿元以上。随着我国公路里程增多和公路等级的提高，公路和桥梁遭受泥石流灾害的损失大幅增加，且有逐年上升的趋势[13]。

1.1.4 碎屑流

1.1.4.1 碎屑流灾害现状

1. 碎屑流灾害及其特点

碎屑流是一种有塑性流变性质和层流流动状态的沉积物重力流，其沉积物的支撑机制主要是由其塑性流变的性质决定，与其所具有的屈服强度直接相关。

碎屑流常成群连片发育，主要发育在山坡坡度较大处，山体基岩裸露。在遥感图像上可清晰看到，坡体上部多为裸露的花岗岩岩体，植被稀疏，色调上呈肉色或亮白色，可见树枝状影纹，为碎屑流物源区域。坡体下部及坡脚可见长条状影纹，色调浅，纹理较为细腻，为碎屑流的溜砂发生区域，与临区有明显的差异。

碎屑流有以下特点：

(1) 碎屑流堆积物前缘有一舌状散铺的堆积体，其前缘在平面上为扇状分布。

(2) 堆积体的前缘厚度呈中间厚，两侧逐渐变薄的规律，最厚部位一般是碎屑流的主流线位置。

(3) 表层碎石的长轴有定向分布规律，长轴方向与流线方向相吻合。表层块石的光滑切面有定向分布规律，亦与流线方向一致。这两个定向分布说明碎屑流的运动是沿着最不稳定、阻力最小的方向进行。

2. 碎屑流灾害多发的背景

(1) 碎屑流(群)地段主要分布于基岩较为裸露地区，大地构造作用使河流下切，山岭高耸，寒冻风化作用强烈，加之气候干燥，昼夜温差较大，岩石受物理风化作用强烈，岩石破碎裂隙发育，多被裂解成碎石、砾石、岩屑及砂粒。同时由于岩性的影响，岩石不易泥化成土，不能保水，植被不发育，进而产生恶性循环，岩石被一层又一层地裂解成碎石、砾石、岩屑及砂粒。

(2) 碎屑流物源多处于陡坡及山顶部位，呈临空不稳定状态。在风力、雨水、震动以及人为不合理地开挖公路边坡等因素的触发下，碎屑脱离母岩沿斜坡流落到公路路基上(有时还伴有飞石)，淤埋公路路基，造成行车困难或阻断行车。碎屑流的发生发展具有一发而不可休止的特点，坡体表面逐层流落，并具有一点(处)产生后逐渐向周围扩展，以及斜坡上部一个碎石向下滚落，到达斜坡中下部时可引发若干个碎石一起滚落等特点。

3. 进藏高速公路与铁路沿线典型碎屑流灾害调查

碎屑流灾害中最具有代表性的是中坝 86 道班至 83 道班一段，其中，86 道班的中坝碎屑流灾害，是活动最强、危害最大的一处。该段斜坡的基岩为花岗岩，花岗岩体的砂粒状风化，造成散体颗粒顺坡堆积，稍遇风吹草动即失稳下溜，造成危害。另外，邦达至 82 道班也有碎屑流分布。碎屑流分布受地层岩性组合控制。凡是有花岗岩体出露的地段，经过强烈的冻融等物理风化作用，都会形成碎屑流；第四系河床沉积形成的阶地的砂石层的下错也构造了沿线碎屑流的分布格局(图 1.12)。

图 1.12　碎屑流远景

川藏公路是世界上道路工程自然环境条件最差、灾害影响最强烈的交通干线。在川藏公路帕隆藏布沿岸路段，广泛发育一种特殊的碎屑流灾害——溜砂坡，其活动剧烈，危害严重。溜砂坡指高陡的岩(土)质斜坡，遭受强烈的物理风化作用而形成大量砂粒和岩屑，在重力作用下，发生多种方式的运动并在坡脚堆积成锥状斜坡。

近几十年来，随着西藏公路交通建设的发展，在川藏公路的改扩建过程中，引发了大量新老溜砂坡的活动，频繁发生碎石和砂粒溜向公路、覆盖路面、埋没工程设施、中断交通的事件，甚至时常发生溜砂中挟带的大块石、巨石砸坏车辆和砸伤行人的事故。据统计，近年来川藏公路每年因溜砂坡灾害造成的直接与间接经济损失超过一千万元。严重制约了沿线地区的经济发展。以往对溜砂坡灾害防治技术的研究较少。采用修建挡砂墙等简单的工程方法来防治溜砂坡灾害，时常出现挡砂墙倾斜失效、砂体漫过墙顶危害公路等问题，达不到彻底治理灾害的目的。近年来，随着对川藏公路溜砂坡灾害认识的不断深入，一些新的防治技术逐渐地被应用于溜砂坡灾害的防治中。

4. 碎屑流灾害影响因素的研究

碎屑流的形成是由三个基本条件决定的，即坡体的潜在滑移速度，坡体松散程度及流动的边界制约条件。滑移速度是碎屑流形成的动力条件，为固体物质的解体提供外动力。滑移速度越大，坡体物质越易解体，越易形成碎屑流。反之，固体解体的可能性就越小，越易形成整体滑坡。

1) 坡体松散程度

固体物质的松散程度直接表明了物质的固结程度。固结程度越高其松散程度越低，反之亦然。坡体物质固结度的大小又可用固体物质的综合平均黏聚力表示，即综合平均黏聚力越大，固结度越高，其整体性就越好，在一定滑速条件下就越不易解体，所以就越不易形成碎屑流，则较易形成整体性滑坡。相反，就较易形成碎屑流。

2) 流动的边界制约条件

坡体的边界制约条件可用固体物质与滑移破张面的平均摩擦角的大小表示。摩擦角越大，说明基底起伏度越大，基底与碎屑体在运动过程中所产生的摩擦力越大，固体物质越易解体，形成碎屑流的可能性就越大。

3) 坡体的潜在滑移速度

在我国西部高寒山区，发育一种寒冻风化碎屑流，该地质灾害体呈散体结构，主要为碎石以及少量岩屑，外貌特征与大型采石场加工碎石料后的堆石特征有些相似，但它属于自然的物理地质现象[14]。该地质灾害体不是一次形成的，其发生、发展经历了较长的地质历史时期：山上脱落的碎块石沿斜坡滚动散落在坡体上，日积月累逐渐形成现今具有一定规模的堆积体。其地质特点与滑坡、崩塌、泥石流等堆积体有显著区别，具有自身典型的地质特征。据野外观察，该堆积体在冰雪初融季节、雨季或在坡体切脚的人类工程活动等情况下容易诱发碎屑流动，对自然环境和人类活动产生一定程度的地质灾害。

1.1.4.2 碎屑流危害

碎屑流对公路的危害主要是掩埋路基，伴有的飞石会威胁行车安全。如果碎屑流在公路内侧斜坡脚堆积的厚度大、体积大，则会形成松散层滑坡，对公路的危害加重。碎屑流的危害主要表现在以下几个方面[15]。

(1) 碎屑流活动时，砂粒、岩屑常常掩埋公路，中断交通，摧毁坡脚处的建筑物。

(2) 由于沿河道路多阵性大风、暴风，常常将砂粒扬起，加速了溜砂坡表层砂粒的运动，启动溜砂堆积体中的块石。高速跳跃、飞行的岩块和岩屑可撞坏挡风玻璃，威胁乘车安全，甚至出现溜砂埋人、滚石伤人事故。

(3) 溜砂长期缓慢活动，破坏坡面植被，致使坡体寸草不生。

(4) 在雨季，溜砂坡上的基岩凹槽或冲沟可汇集雨水而形成坡面径流，与溜砂混合、搅拌成坡面泥石流，加重了对坡脚处道路工程的危害。

(5) 源源不断地溜向河流的岩屑、砂粒导致河流泥沙含量增加，抬升河床，影响下游安全。规模大的溜砂坡还可阻断河流，形成堰塞坝。

川藏公路中坝段位于西藏波密县境内，其间沿线山地灾害繁多，尤其以溜砂坡、水毁为甚。中坝段 K3930 +300～K3930 +493 溜砂坡为示范区。该段处于川、青、藏“歹”字型构造的头部，属藏东南高山深谷区。雅鲁藏布江的支流帕隆藏布江由南东东向北西西流经本区，河谷海拔 3281m，两岸岸坡十分陡峻，平均坡角大于 45°。斜坡中上部为岩层裸露急陡坡、陡崖，坡角 50°～70°；中下部为溜砂堆积坡，坡角 34°～39°；河床边有少量冲洪积砂砾石缓坡滩地。地层岩性单一，岸坡中上部基岩以燕山期晚期中-酸性黑云母花岗岩为主，两侧分布少量泥盆系变质砂板岩；中下部基岩多为溜砂、坡崩积或冲洪积块碎石覆盖，厚度在 10～15m。

在仅 26 km 的路段内有 18 处灾害点，危害公路长达 14.9 km，且灾害发生十分频繁，每年都有较多的砂、石碎屑(块)通过低矮挡砂墙进入公路，阻车、毁车以及砸伤行人现象时有发生，严重影响正常的交通运营，长期困扰西藏公路“三纵两横六通道”的发展，对全区社会稳定、经济发展、巩固边防影响极大。

1.2　地 震 灾 害

1.2.1　地震灾害现状

1. 地震灾害及其特点

地震又称地动、地振动，是地壳快速释放能量过程中造成振动，中间会产生地震波的一种自然现象。地震发生时，基本的现象是地面的连续振动，或是明显的晃动，根据成因地震可划分为以下几类。

(1) 构造地震。由地质构造活动引起的地震叫构造地震，在板块挤压产生的构造力的作用下，当岩石圈某处岩层发生突然破裂、错动时，便把长期积累起来的能量在瞬间急剧释放出来，巨大的能量以地震波的形式由该处向四面八方传播出去，直到地球表面，引起地表的震动，便造成地震，如图 1.13 所示。

(2) 火山地震。由火山活动造成的地震叫火山地震，火山在其活动过程中，岩浆冲破围岩引起震动。这类地震可产生在火山喷发的前夕或在火山喷发的同时。

(3) 塌陷地震。因岩层崩塌陷落而形成的地震称塌陷地震，主要发生在石灰岩等易溶岩分布的地区，这是因为易溶岩长期受地下水侵蚀形成了许多溶洞，洞顶塌落造成了地震。

(4) 诱发地震。人类活动引起的局部地区异常地震活动称为人为诱发地震，简称诱发地震。目前已发现的能诱发地震的活动包括水库蓄水、注水抽水，以及采矿和地下核爆炸等。

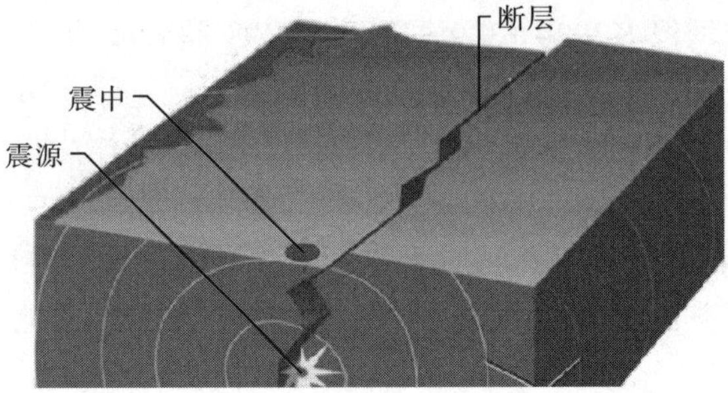

图 1.13　构造地震示意图

地震发生时主要有以下显著特点。

(1)突发性强。地震发生十分突然，持续时间只有几十秒甚至十几秒，但在这短暂的时间内会造成建筑物倒塌，人员伤亡等灾害，人们往往从思想上到物质上都没有准备的时间，来不及采取任何措施，灾难就降临了，所以预防难度很大，后果较为严重。

(2)破坏性大。发生在人口稠密地区的大地震往往可造成大量人员伤亡和巨大的经济损失。2008 年 10 月 6 日发生的西藏当雄县 6.6 级地震，是该地区近年来自然灾害中破坏性强、波及范围广、社会影响大、损失比较严重的一次地震灾害。

(3)影响面广。强烈地震发生后，尤其是城市直下型地震发生后，不但人员伤亡惨重，经济损失巨大，严重影响人们的正常生活和经济活动，而且对人们的心灵造成巨大创伤，这种创伤不是短时间内能够愈合的。人们世代劳动积累的财富毁于一旦，恢复生产、重建家园需要几代人的努力。

(4)连锁性强。地震发生后，除因建筑物破坏引发的灾害外，还会引起一系列次生灾害，如火灾、水灾、海啸、山体滑坡、泥石流、毒气泄漏、流行病、放射性污染等。特别是现代，一旦强烈地震发生，会造成供电系统破坏，交通中断，通信系统、网络系统瘫痪，供水、煤气、输油管道破裂，造成更加严重的灾害和损失，直接影响社会的安定和人们的正常生活。

2. 地震灾害多发的背景

全球地震灾害活动在空间上的分布是有规则的，地震发生与地质构造存在密切的关系。当今世界地震活动存在三大地震带：环太平洋地震带、欧亚地震带、海岭地震带。

环太平洋地震带沿北美洲太平洋东岸的美国阿拉斯加向南，经加拿大本部、美国加利福尼亚和墨西哥西部地区，到达南美洲的哥伦比亚、秘鲁和智利，然后从智利转向西，穿过太平洋抵达大洋洲东边界附近，在新西兰东部海域折向北，再经斐济、印度尼西亚、菲律宾，以及中国台湾岛、琉球群岛、日本列岛、千岛群岛、堪察加半岛、阿留申群岛，回到美国的阿拉斯加，环绕太平洋一周，也把大陆和海洋分隔开来。该地震带发生的地震约占全球地震总数的 80%，集中了全世界 80%以上的浅源地震(0～70km)、90%的中源地震(70～300km)和几乎全部的深源地震(300～700km)。

欧亚地震带又称地中海-喜马拉雅地震带，横贯亚欧大陆南部、非洲西北部地震带，它是全球第二大地震活动带。这个带全长两万多千米，跨欧、亚、非三大洲。

海岭地震带分布在太平洋、大西洋、印度洋中的海岭地区(海底山脉)，绵延数万千米。

进藏高速公路与铁路处于欧亚地震带，且在我国又位于青藏高原地震带和喜马拉雅地震带，为地震多发区域，在进藏高速公路上有如汶川、映秀、日喀则、阿里等地震频发地区。1900 年以来，西藏是中国地震多发地区之一，具有强度大、分布广等特点，地震活动仅次于台湾地区。自 1990 年以来，西藏共发生 5.0 级以上地震 642 次，其中 5.0～5.9 级 503 次，6.0～6.9 级 130 次，7.0～7.9 级 7 次，8.0～8.9 级 2 次。

进藏高速公路与铁路沿线地震活动受区域特定的地壳构造动力学环境控制，强震(大于 6 级)活动主要沿雅鲁藏布江断裂带、怒江断裂带、澜沧江断裂带、金沙江断裂带、嘉黎断裂、鲜水河断裂、龙门山断裂等活动性深大断裂带分布。

(1) 金沙江断裂带是一条频繁活动的地震带。据有地震史料记载以来，发生在金沙江断裂带中段≥6 级地震共七次，均发生在金沙江断裂带与巴塘断裂交错部位。根据中国地震台网地震目录，金沙江断裂带的地震活动主要集中在金沙江断裂带与巴塘断裂、德钦-中甸-大具断裂以及白汉场断裂交汇的三个区段，其中强震主要发生在巴塘断裂与金沙江断裂带交汇处。研究区所在的断裂带北段地震活动相对较弱，震级多在 3～4 级。

(2) 历史地震和现代地震记录均显示，沿澜沧江断裂带地震活动并不太强，沿断裂带几乎没有 7.0 级以上强烈地震，但≥3.0 级的低强度地震较为频繁。断裂带各段地震频度和强度上有明显差异，地震活动最强地段在云南临沧-普洱附近，不仅中强震频发，而且断裂带上最强的几次地震也发生于此；其次在云南保山附近断裂带与龙木错-双湖断裂相接的拉迪日旧附近地区，地震发生强度和频度也相对较高；研究区所在的藏东昌都-察雅-芒康地区也是地震集中区域，但强度及频度均显著低于上述两个区段。

(3) 通过对怒江断裂带及周边区域地震的统计可知，断裂带上地震活动以南北走向段的龙陵地震区最为强烈。研究区内地震活动相对较弱，仅发生过 5～5.9 级地震 6 次，震源深度 15～30km。

(4) 雅鲁藏布江结合带内部的构造岩片因强力挤压而相互紧密嵌合，现已基本“焊接愈合”，因此雅鲁藏布江断裂带总体上不具有明显的活动性。根据雅鲁藏布江断裂带附近区域地震活动的空间与时间分布情况可知：早期东部喜马拉雅构造带受挤压作用呈犄角状挤出，地震活动主要集中在嘉黎-波密地震区、措美-隆子地震区和当雄-羊八井-康马地震带；1950 年以来，受北部地壳的制约，地壳开始向两侧挤出，雅鲁藏布江断裂带产生强烈的走滑活动，地震活动向北东迁移，主要集中在墨脱一带，且强度大、频度高。

根据《中国地震动参数区划图》(GB 18306—2015)，整个研究区的地震动峰值加速度均大于 0.10g(即地震烈度≥Ⅶ度)，如图 1.14 所示。其中林芝东南部的雅鲁藏布江结合带附近的地震动峰值加速度最大，可达 0.40g；其次则是波密至林芝区段，夹于嘉黎断裂与雅鲁藏布江结合带之间，其地震动峰值加速度都在 0.20g 以上；此外，金沙江结合带、澜沧江结合带以及怒江结合带部分区段也达到了 0.20g；地震动峰值加速度最小的区域为昌都东侧的贡觉区段以及八宿西侧伯舒拉岭附近区域，为 0.10g。由此可见，研究区地震危险性较强的区域主要集中在几条结合带与区域性深大断裂附近，尤其是林芝、波密、洛隆、八宿、昌都、察雅、德格、白玉地区，应重视地震活动对进藏线路工程建设的影响[16]。

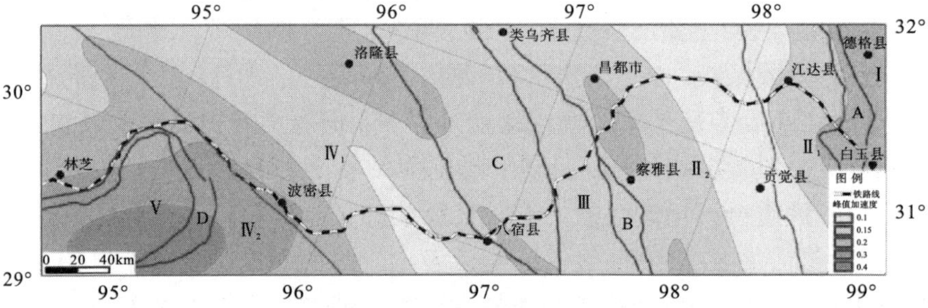

图 1.14　进藏区地震动峰值加速度分布图

3. 进藏高速公路与铁路沿线典型地震灾害调查

2008 年 5 月 12 日汶川特大地震发生于青藏高原东缘的龙门山构造带，引发了大规模的崩塌、滑坡、碎屑流，伴随暴雨和强震作用，在岷江等流域形成大量泥石流，造成了严重的人员伤亡和巨大财产损失，严重破坏了道路交通系统，加大了救援难度，延缓了抗震救灾和灾后重建进程。

以进藏高速公路起始段之一的都汶高速公路为例，该高速公路起于都江堰，经映秀至汶川，沿岷江而建，全长 95km，其中都江堰至映秀为 39km、映秀至汶川县城为 56km，为国道 213 线和 317 线公用段的高速公路，既是西部重要的交通干线和国防通道，又是汶川地震抗震救灾生命线和灾后重建交通要道。在汶川地震前，该区域山地灾害活动范围有限，规模不大，呈点状分布，时断时续，且间歇期长短不一，该区内分布古滑坡 10 处、古泥石流沟 19 条，历史上未见大量、大规模、群发性暴发山地灾害的现象。汶川地震强烈地改变了该区域地质结构和自然环境，引发了罕见的大量崩塌、滑坡、泥石流、堰塞湖等次生山地灾害，严重损毁了道路交通系统[17]。

2017 年 11 月 18 日西藏米林(图 1.15)发生 6.9 级地震，震中位于，北纬 29.75°，东经 95.02°，震源深度 10km。地震导致川藏公路国道 318 线排龙段发生塌方，波密境内牛踏沟有落石滚落，部分道路通行受阻。这次地震共引发余震 300 多次，波及米林、巴宜、墨脱、察隅、波密、工布江达 6 县(区)，造成 1.2 万多人受灾，近 3000 户房屋不同程度受损，部分道路、通信线路、防洪堤、灌渠等基础设施不同程度受损，如图 1.16 所示。

图 1.15　米林区域位置

通过对进藏高速公路沿线地震灾害的大量调查发现，地震对进藏高速公路的影响主要体现在道路、桥梁和隧道三方面。例如，汶川地震灾区 87%的范围处于地震烈度为 IX～XI 的极震区，地震及其次生山地灾害严重损毁了区内的都汶公路、国道 213 线和 317 线、省道 303 线以及乡村道路的路基路面、桥梁、隧道等交通基础设施。

图 1.16　部分道路受损

1) 道路损毁

道路损毁主要包括路面、路基、护坡(边坡)的损毁。根据现场调查，道路的损毁形式主要如下。

(1) 变形：受地震应力作用而扭曲变形。

(2) 隆起：受断层活动和地震压应力作用而被挤压隆升。

(3) 开裂：受断层错动和地震张应力作用而开裂，如图 1.17 所示。

图 1.17　地震引起道路开裂

(4) 坍塌：靠近河谷的陡峭岸坡在地震及次生山地灾害作用下破坏失稳，导致岸坡和路基路面坍塌。

(5) 沉陷：在松散洪冲积层和残坡积层地带及含水层变质岩区域，地震引起液化和松散土触变等导致路基路面沉陷。

(6) 砸毁和掩埋：崩塌、滑坡、泥石流等灾害体的冲淤而砸毁和掩埋路基路面。

(7) 淹没：堰塞湖回水掩埋道路。

2) 桥梁损毁

桥梁损毁主要包括墩柱、梁体、支座、桥面、挡块、引桥及其护坡的损毁，损毁形式主要如下。

(1) 垮塌：地震应力作用、巨石砸击、崩塌体或泥石流冲击而导致，如图 1.18 所示。

图 1.18　地震引起桥梁垮塌

(2) 错位：地震应力作用导致桥梁上下、左右错位。

(3) 变形损伤：地震应力或崩滑体冲击导致墩柱、梁体、支座等变形损伤。

(4) 开裂：地震应力导致桥面、引桥、梁体、护坡等变形开裂，如图 1.19 所示。

图 1.19　地震引起桥梁开裂

(5) 撞伤：滑体、泥石流撞击桥梁而破坏损伤。

(6) 构件损伤：地震及其次生山地灾害导致支座、挡块等构件受损。

研究区的桥梁主要受地震应力作用而损毁，通常是多种损毁形式同时发生。按损毁程度，桥梁损毁可分为严重损毁、中度损毁和轻度损毁，其中，后两种类型的损毁，可通过修复加固后再利用，但严重损毁的桥梁需要拆除重建。

3)隧道损毁

隧道是埋置于地层内的工程建筑物，是人类利用地下空间的一种形式。隧道可分为交通隧道、水工隧道、市政隧道、矿山隧道。隧道的结构包括主体建筑物和附属设备两部分。主体建筑物由洞身和洞门组成，附属设备包括避车洞、消防设施、应急通信设施和防排水设施，长大隧道还有专门的通风和照明设备。地震对进藏高速公路与铁路的隧道工程具有较大影响，主要体现在以下几方面。

(1)衬砌的剪切移位：当隧道建在断层破碎带上时，常常会发生这种形式的破坏。

(2)边坡的破坏造成隧道结构破坏，多发生于傍山偏压隧道。

(3)衬砌破坏：由于衬砌属于刚性支护，抗弯剪能力较低，地震中比较容易发生开裂破坏，在高烈度地区甚至会导致衬砌塌方。其开裂破坏又可分为纵向裂损、横向裂损、拱圈裂损、底板裂损等。

(4)边墙破坏：由于显著的边墙向内变形而造成的隧道破坏。

(5)隧道洞口塌方：这是一种常见的隧道震害，隧道洞身的主体结构抗震能力较强。其在地震中一般为开裂或者变形，较少有隧道洞身结构完全塌方的震害，但是隧道的洞口由于受围岩的约束作用较小，一般为浅埋且围岩风化破碎，比较容易发生衬砌开裂或者洞口塌方，并堵塞隧道洞口，造成交通瘫痪，如图 1.20 所示。

图 1.20　隧道洞口塌方

此外，通过对进藏高速公路沿线地震灾害的大量调查发现，地震除了直接破坏进藏高速公路与铁路外，其产生的次生灾害对高速公路与铁路亦有重大影响。

(1)崩塌滑坡。进藏高速公路沿线山高谷深，切割强烈，断裂发育，岩石破碎，易崩滑地层广泛分布，利于崩塌、滑坡的发育和形成，尤其是在地震的影响下极易发生崩塌滑坡。例如，根据遥感监测与实地调查，汶川地震诱发了崩塌 3863 处，典型的崩塌滑坡灾害如图 1.21 所示。崩塌的类型和规模与斜坡岩体的结构有很大关系，块状结构的岩体尽管其整体性较强，但当其中有不利于岩体稳定的结构面时，在高烈度区内则产生规模巨大的崩塌；破裂和层状结构的岩体内产生崩塌的可能性较大，通常产生的崩塌数目多，但规模不会特别大，而当其岩体中有不利于岩石稳定的节理面发育时，则也可能产生规模巨大的崩塌；散体结构岩体的稳定性差，地震时易发生岩石散落、滑塌等现象，一般规模不大，高烈度区内可能发生大面积的“山剥皮”现象，且震后相当长的时间不易稳定。

图 1.21　崩塌滑坡灾害

(2) 泥石流。大面积、大规模的崩塌滑坡活动为泥石流形成提供了丰富的物质，灾后如遇高强度降水，极易引发大规模的泥石流。例如，汶川地震诱发的泥石流活动不计其数，呈现“逢沟将发泥石流”的趋势，如图 1.22 所示。

图 1.22　泥石流对公路桥的影响

(3) 堰塞湖。地震引发的崩塌、滑坡、泥石流，冲入河道，阻断江河，形成堰塞湖。除了回水淹没上游的道路交通、村庄和农田之外，堰塞湖还严重威胁下游人民的生命财产安全，一旦溃决，将形成严重的洪水灾害。另外，由于地震动力作用，加上洪水的强烈冲刷，堰塞湖区的一些斜坡坡脚被掏空，而使斜坡滑动，造成已停歇的古滑坡和古泥石流复活。例如，通过对汶川地震灾区遥感调查，发现灾区共形成了 5 座堰塞湖，且大部分堰塞湖分布在岷江干流，危害巨大。最大堰塞湖是映秀镇通往汶川方向 4km 的“老虎嘴”堰塞湖，由地震引发左岸山地大规模滑坡，冲入岷江，阻断河道，形成长约 500m、宽约 70m、高约 100m 的锥形堰塞体，其方量足有 70 余万立方米，主要由巨大岩块组成，应急排险困难，淹没国道 213 线近 2km，堵断岷江 18h，如图 1.23 所示。

(4) 地裂缝。在强震作用下，岩土体发生突然破裂和位移而造成地面严重破坏，形成了大量地裂缝，给各种次生山地灾害的形成和发育创造了有利条件。据汶川地震遥感调查发现，在中央断裂和后山断裂之间的映秀镇至银杏乡区段，形成了 6 条长度超过 1km 的地裂缝，如汶川县银杏乡码头村后山的何家坪至野牛沟之间，形成了一条横切山脊、长约 1.916km 的构造型地裂缝，如图 1.24 所示。通过野外考察，发现该区内发育众多长数米至数十米、宽数十厘米的滑坡等重力型地裂缝，呈锯齿状鱼鳞状展布。地裂缝不仅切割基岩，使其失稳，而且往往成为崩塌或滑坡边界，植被破坏，地表水沿裂缝入渗，侵入坡体，降低岩体滑坡面的摩擦系数，促进崩塌、滑坡、泥石流等次生山地灾害的孕育和发生。

图 1.23 地震产生的堰塞湖

图 1.24 地震产生的地裂缝

4. 地震灾害影响因素的研究

总的来说地震灾害影响因素包括：地震震级和震源深度、发震时间、场地条件、人口密度和经济发展程度、建筑物的质量、建筑物抗震性能。

1) 地震震级和震源深度

震级越大，释放的能量也越大，可能造成的灾害当然也越大。在震级相同的情况下，震源深度越浅，震中烈度越高，破坏也就越重。一些震源深度特别浅的地震，即使震级不太大，也可能造成“出乎意料”的破坏。

2) 发震时间

一般来说，破坏性地震如果发生在夜间，所造成的人员伤亡可能比白天更大，平均可达 3～5 倍。北京时间 2010 年 12 月 30 日 2 时 31 分在西藏自治区尼玛县(北纬 30.8°，东经 86.5°)发生 5.0 级地震，震源深度 160.0km。因为发生在夜间，造成的伤害相对发生在白天较大。

3) 场地条件

场地条件主要包括土质、地形、地下水位和是否有断裂带通过等。一般来说，土质松软、覆盖土层厚、地下水位高，地形起伏大、有断裂带通过，都可能使地震灾害加重。所以，在进行进藏高速公路工程建设时，应当尽量避开那些不利地段，选择有利地段。

4) 人口密度和经济发展程度

地震如果发生在没有人烟的高山、沙漠或者海底，即使震级再大，也不会造成伤亡或损失。2006 年 11 月 8 日发生在西藏北部的 7.5 级地震就是如此。相反，如果地震发生在人口稠密、经济发达、社会财富集中的地区，特别是在大城市，就可能造成巨大的灾害。

5) 建筑物的质量

地震时进藏高速公路沿线的收费站、休息区等建筑物的倒塌和严重破坏，是造成人员伤亡和财产损失重要的直接原因之一。房屋等建筑物的质量好坏、抗震性能如何，直接影响受灾的程度。

6) 建筑物抗震性能

破坏性地震发生之前，人们对地震有没有防御，防御工作做得好与否将会大大影响经济损失的大小和人员伤亡的多少。防御工作做得好，就可以有效地减少地震的灾害损失。

1.2.2　地震的危害

1. 地震灾害按照其危害程度可分为特别重大、重大、较大、一般四级

(1) 特别重大地震灾害：造成 300 人及以上死亡，或直接经济损失占该省(自治区、直辖市)上年国内生产总值 1%以上的地震；发生在人口较密集地区 7.0 级以上地震，可初判为特别重大地震灾害。

(2) 重大地震灾害：造成 50 人及以上、300 人以下死亡，或造成一定经济损失的地震；发生在人口较密集地区 6.5～7.0 级地震，可初判为重大地震灾害。

(3) 较大地震灾害：造成 20 人及以上、50 人以下死亡，或造成一定经济损失的地震；发生在人口较密集地区 6.0～6.5 级地震，可初判为较大地震灾害。

(4) 一般地震灾害：造成 20 人以下死亡，或造成一定经济损失的地震；发生在人口较密集地区 5.0～6.0 级地震，可初判为一般地震灾害。

2. 地震灾害按照其作用的形式可分为直接灾害、次生灾害和诱发灾害

1) 直接灾害

地震的直接灾害是由地震本身直接引起的，主要是强烈的地震动使建筑物遭受破坏、房屋倒塌造成人员伤亡和财产损失，这种损失约占所有地震灾害损失的95%。

2) 次生灾害

地震的次生灾害一般是指在强烈地震发生后，由震动的破坏后果而引起的一系列灾害，如火灾、水灾、滑坡、泥石流等。

火灾：由倒塌、煤气泄漏和明火引起，使桥梁、道路受损。

水灾：由水坝决口或山崩壅塞河道等引起，冲毁桥梁和道路。

滑坡和崩塌：由地震引起，使得原已处于不稳定状态的山崖和边坡发生崩塌、滑坡、泥石流。

但对于入藏地区考虑最多的是滑坡、崩塌和泥石流，如图 1.25、图 1.26 所示。

图 1.25 地震造成的泥石流

图 1.26 地震造成的崩塌

3) 诱发灾害

地震的诱发灾害是地震所引发的社会性灾害，主要是瘟疫、冻害和饥荒，造成通信中断，道路拥堵等。现代社会，这类灾害当然不会像历史上那样严重，但由于社会的文明和发展，还会带来像计算机存储系统破坏、通信中断、交通事故等严重的灾害损失。例如，受尼泊尔 8.1 级地震影响，我国西藏日喀则吉隆县、聂拉木县等邻近地区震感强烈，房屋倒塌、道路损毁、通信中断，另外造成人员死伤。

1.3　峡谷风灾害

随着中国西部交通发展战略布局的不断深入，跨越山川峡谷的桥梁正大规模地修建，山区峡谷地貌复杂，峡谷风灾害是桥梁设计面临的突出问题，使得山区峡谷风灾害研究成为新的热点。

1.3.1　峡谷风灾害现状

1. 峡谷风灾害及其特点

峡谷风是因经过山区而形成的地方性风。当空气由开阔地区进入山地峡谷口时，气流的横截面积减小，由于空气质量不可能在这里堆积，于是气流加速前进(流体的连续性原理)，从而形成强风，如图 1.27 所示。

按照蒲福风力等级标准，峡谷风可划分为 3 级。

(1) 一般大风：相当于 6～8 级大风，主要破坏农作物，对工程设施一般不会造成破坏。

(2) 较强大风：相当于 9～11 级大风，除了破坏农作物、林木外，对工程设施可造成不同程度的破坏。

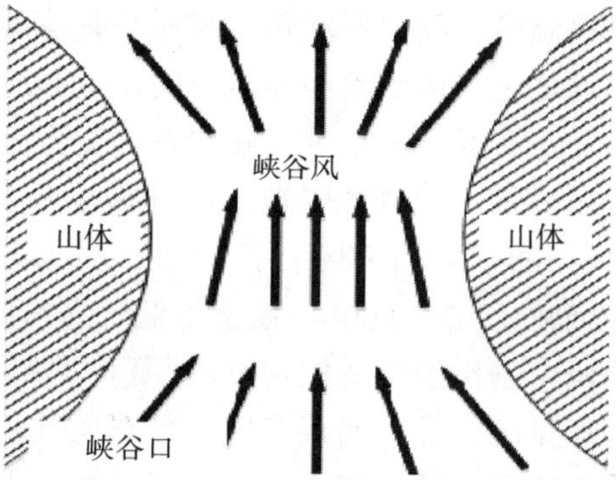

图 1.27　峡谷风原理示意图

(3) 特强大风：相当于 12 级和以上大风，除了破坏农作物、林木外，对工程设施和船舶、车辆等可造成严重破坏，并严重威胁人员生命安全。

峡谷风一般只会出现在山脉分布较广的地区，气流来回于各峡谷，因为物理反应从而形成大风。峡谷风速主要受峡谷风、越山风和遮挡地形效应影响。另外，两座山脉形成峡谷是较为常见的山区地形。当气流由空旷地区流入峡谷时，巨大的高差为其形成了天然通道，受狭管效应影响，风速显著增加。对建设在入藏区中的桥梁而言，这种加速效应会使风致破坏事故的出现概率升高，特别是对于风力汇聚的谷口、山顶等抗风不利区域，其所遭受的破坏程度更为严重。

2. 峡谷风灾害多发的背景

峡谷风灾害多发生在地势起伏不平，山脉众多，受季风气候影响极大的地区。西藏高原北有连绵千里的昆仑山脉及其支脉唐古拉山脉，南有喜马拉雅山脉，西有喀喇昆仑山脉，东有山高谷深的横断山脉，境内还有纵贯东西的冈底斯-念青唐古拉山脉及其支脉，平均海拔在 4000m 以上，其中海拔在 7000m 以上的高峰有 50 多座，8000m 以上的有 5 座。

(1) 昆仑山脉，自西向东横亘在西藏高原的西北缘，平均海拔 5500～6000m，是中国永久积雪与现代冰川最集中的地区之一。

(2) 喀喇昆仑山-唐古拉山脉主体部分呈东西延伸，其最高峰格拉丹东峰，海拔 6621m。

(3) 横断山脉位于藏东南，由几条平行的山脉组成，山脉之间有深邃的河谷。这些山脉由西向东是：伯舒拉岭、他念他翁山、芒康山脉等，它们分别是由念青唐古拉山脉和唐古拉山脉延续转向而来，平均海拔 4000～5000m。

由于地形、地貌和大气环流的影响，西藏的气候独特而且复杂多样。气候总体上具有西北严寒干燥，东南温暖湿润的特点。气候类型也因此自东南向西北依次有热带、亚热带、高原温带、高原亚寒带、高原寒带等各种类型。在藏东南和喜马拉雅山南坡高山峡谷地区，由于地势迭次升高，气温逐渐下降，气候发生从热带或亚热带气候到温带、寒温带和寒带气候的垂直变化。

随着海拔增高、气压降低、空气密度减小，每立方米空气中的氧气含量逐渐递减，海拔 3000m 时相当于海平面的 73%上下，4000m 时为海平面的 62%～65.4%，到 5000m 时为海平面的 59%左右，6000m 以上则低于海平面的 52%。

在冬季西风和夏季西南季风的交替控制下，西藏干季和雨季的分别非常明显。基于以上气候、降水、风量的统计，西藏多风、受季风气候影响明显，并且对于入藏地区公路主要穿梭于横断山脉、唐古拉山、巴彦喀拉山等，且就地形来说位于一级阶梯与二级阶梯的分界处，山势险要，受峡谷风影响较大。在特大桥梁、高架桥、路堤、丘陵及山区的风口地段，由于列车绕流流场发生明显改变，列车气动力显著改变，致使列车脱轨、翻车的可能性大大增加。

3. 进藏高速公路与铁路沿线典型峡谷风灾害调查

川藏铁路位于我国四川盆地西部和青藏高原东南部，是我国连接西藏的重要通道。在建的川藏铁路拉萨至林芝段，线路位于青藏高原东南部，地貌单元可分为高山宽谷区，桑加峡谷区和藏南山原湖盆区，高山河谷，山间河谷地貌区四个大的地貌单元。其中桑加峡谷区位于雅鲁藏布江中游的桑日县藏嘎与加查县藏木之间，是典型的高山峡谷地貌，谷长达 37km，山势陡峻，地势险要，层峦叠嶂。

在川藏铁路建设中，跨雅鲁藏布江修建的特大桥梁势必成为川藏铁路工程中的重点与难点工程之一。川藏铁路拉林段重点桥渡工程——藏木雅鲁藏布江大桥位于桑加峡谷内，用主跨 430m 的中承式钢管混凝土拱跨越雅鲁藏布江，如图 1.28 所示。谷内山高谷深，水流湍急，气候极端恶劣。沿线地形对风的影响显著，走向多与河谷走向一致。10 月下旬至次年 5 月为干风季节，风级一般为 8～9 级，最大可达 11～12 级。在强风等极端条件下，风致振动可能会引起桥梁的灾难性后果或桥梁构件疲劳破坏及铁路行车安全等问题。因此，峡谷江河地形风致灾变及桥梁的抗风研究成为大跨桥梁设计及修建过程中不容回避的重要研究课题。

图 1.28　藏木雅鲁藏布江大桥

川藏铁路建设中，部分桥梁工程的设计与修建都需开展桥梁风致振动的研究，以确保桥梁设计和修建后的安全性和长期可靠性。另外，峡谷风在桥隧相连处对行车安全的影响也是铁路工程设计和修建中必须研究和考虑的重要问题[18]。

迄今为止，人们对桥梁的多种风致振动现象已经有了比较清晰的认识。按照风荷载对桥梁的作用效果，桥梁的风致振动大致可分为两大类：一类是引起桥梁灾难性后果的气动力失稳问题，表现为发散振动，如颤振和驰振，这是在桥梁设计中必须避免的；另一类是引起桥梁构件疲劳破坏及行车安全等的限幅振动问题，表现为限幅振动，如涡激振动和抖振，在桥梁设计中应该采取措施抑制其响应。

桥梁颤振是指在平均风作用下，作为空间结构的桥梁系统，从流动的空气中不断吸收大于结构阻尼耗散的能力所起到的发散性气动力自激振动，如图 1.29 所示。

图 1.29 峡谷风引起桥梁颤振

气流绕过非流线形物体时，会在物体两边形成不对称脱落的漩涡，从而形成作用在物体上横风向的涡激力或者力矩，物体在这种类似简谐力的作用下，就会发生横风向或者扭转的涡激振动。涡激振动是大跨度桥梁在低风速下很容易出现的一种风致振动。涡激振动带有自激性质，但是振动的结构反过来会对涡振形成某种反馈作用，使得涡振振幅受到限制，所以涡激振动是一种带有自激励性质的风致限幅振动。

桥梁的抖振是紊流场作用下的随机振动，结构的抖振现象大致可分为三类，即由结构物自身尾流引起的抖振、其他结构物特征紊流引起的抖振和自然风中的脉动成分引起的抖振。在这三类中，大气中脉动风引起的抖振响应占主要地位，也是桥梁抖振研究的主要内容。桥梁的抖振作为一种强迫脉动，不像颤振那样危险的发散性振动，但是由于其发生频率高，容易引起疲劳问题，过大的抖振在施工期间可能危及施工人员和设备的安全[19]。

4. 峡谷风灾害影响因素的研究

1) 地形

山区地势变化复杂，峡谷众多。风速易受到复杂地形的影响，风速有较大的时空差异，存在明显的区域特征，存在显著的季风环流。地形对风特性的主要影响如下。

(1) 狭管效应。气流从开阔地带流入山口峡谷，由于空气质量不能大量堆积，以致气流加速流过峡谷，谷内风速显著增加，如云南的下关位于山口处，以“风城”而闻名，8 级以上的大风天气超过全年天气的三分之一，丹巴、甘孜和康定，均有 100 天以上的大风天气。

(2) 山谷风效应。山谷风是一种在一天内循环变化的局地风。白天，山坡接受太阳光热较多，成为一只小的“加热炉”，空气增温较多；与山顶相同高度的山谷上空，因离地较远，空气增温较少。于是山坡上的暖空气不断膨胀上升，在山顶近地面形成低压，并在上空从山坡流向谷地上空，谷地上空空气收缩下沉，在谷底近地面形成高压，谷底的空气则沿山坡向山顶补充，这样便在山坡与山谷之间形成一个热力环流，空气由谷底向山坡流动称为谷风。晚上，山坡上的空气受山坡辐射冷却影响，空气降温较多，而同高度的谷地上空，空气因离地较远，降温较少。于是山顶空气收缩下沉，在近地面形成高压，冷空气下沉使空气密度加大，顺山坡流入谷地，形成与白天相反的热力环流，空气由山坡向谷底流动，称为山风。

(3) 高空急流。由于大气环流的作用，高海拔区域易产生持久的大风，如 2015 年 2 月，青海高原出现 5 天 10 级以上的大风天气。

(4) 平均风攻角。对桥梁风工程而言，来流风和对桥面的攻角大小，对桥梁气动稳定性有非常重要的影响。对于位于平坦地区的大多数桥梁，相关规范给出其风攻角范围为$\pm 3°$。

2) 风剖面

山区风剖面零风速位置确定困难。理论上说，贴地层风速为零，但山区地表起伏较大，边界层厚度沿水平方向伸展，不同位置处得到的同一高程的风速不同。

山区的粗糙度系数确定困难。现行的建筑荷载规范，以及桥梁抗风设计规范中的类地表没有包括山区，因而导致推算山区桥梁的设计风速困难。山区平均风速分布主要与周围地形有关。

3) 气候

峡谷风还易受到季风气候的影响，大风灾害的形成是空气流动的结果，在风季时，空气流动加快，且地球上任何地方都在吸收太阳的热量，但是由于地面每个部位受热的不均匀性，空气的冷暖程度就不一样，于是暖空气膨胀变轻后上升，冷空气冷却变重后下降，这样冷暖空气便产生流动形成了风。当风的速度和力度超过一定限度时，便形成了大风灾害，在特定的地形地貌下便形成了峡谷风灾害。

4) 紊流强度

紊流强度是表征风的脉动特征的一个重要指标，是确定结构脉动风荷载的关键参数。研究表明平原地区的紊流强度与天气系统有很大关系，气候变化时大，稳定时小。

1.3.2 峡谷风的危害

1. 对桥梁的危害

特别是对大型桥梁，峡谷风可能会导致桥梁受损，不便于交通出行。在桥梁施工中，地面风速大于 4 级就会对桥梁施工产生影响，10m 高塔吊不能运转；风速大于 5 级时 60m 高塔吊易出轨翻倒；风速大于 8 级时吊车易翻倒，脚手架难以架设。

2. 对供电系统的危害

峡谷风不仅可使电杆吹倒折断，连万伏以上高压铁塔也有可能被刮倒损坏，造成停电事故或火灾，或对铁路、公路造成附属伤害。

3. 对交通工具的危害

风灾可颠覆车辆或使之失控和停驶。日本铁路运输规定：风速达 20m/s 时，运行中要提高警惕；风速达 25m/s 时可根据情况暂停行驶；风速达 30m/s 时，停驶以防脱轨翻车。

1.4 其他灾害

1.4.1 气候灾害

在众多危害国家建设和人民生活及生命财产安全的自然灾害中，气象灾害是重要组成之一。据世界气象组织估计，气象灾害造成的损失占各种自然灾害总损失的 60%以上[20]。气象灾害包括干旱、雨涝、冻害、雹害、风害、雪害等多种类型。其时空尺度、形成原因、危害机制等均不尽相同。

1.4.1.1 气候灾害现状

1. 气候灾害及其特点

干旱是我国最主要的气候灾害，发生次数多，程度重，影响大。旱涝作为一种气候灾害，它与平常所说的气候干湿不是同一概念，衡量一地气候是干燥还是湿润，通常是从考察一地的水分收支和分配结果入手的。使用的气候指标如湿润度、干燥度等均是降水量和最大可能蒸发(散)量之比[21]。而衡量一地是旱还是涝，则是由分析该地某时段内降水的异常程度来确定，使用的指标是某时段的降水距平百分率。旱涝可以发生在一年中的任一时段，也可以发生在任何一个地方，但其在时间上具有集中性。西藏大部分地区极端最高气温不超过 30℃，但降水具有集中性，因此依旧会引发干旱，干旱会导致地下水位下降，进而使得进藏桥梁路基沉降，最后对工程造成影响或破坏。相反，在长期无雨或少雨的情况下，路基干缩沉降现象也时常发生。

雨涝是因降雨过多或强度过大所引起的水害，包括因暴雨或长期阴雨而引起江河决堤或山洪暴发。雨涝在我国是仅次于干旱的第二大气候灾害。雨涝具有很强的季节性和区域性，同样，其还具有时间上的集中性。西藏雨涝主要发生在雨季，除藏东南及南部边缘部分地带外，其余多数地方总的降水量偏少，即使是多雨年也并不感到雨水过多，所以西藏出现雨涝的机会较少，影响范围也小。沿江一线、东部地区和南部边缘地区，夏季连续性降水多，强度大，易出现不同程度的雨洪灾害，同时易引起山体滑坡、泥石流等地质灾害。

西藏是我国冰雹最多的地区，藏南主要农区平均每年有 6～12 次，多出现在 6～9 月；藏北高原雹灾较为严重，年平均雹日达 25～35 天，雨季中雷暴和冰雹频繁，那曲、索县等地一年雷暴日在 85 天以上，是北半球同纬度雷暴日数最多的地区。西藏高原降冰雹的日数居全国之首。西藏的冰雹具有降雹季节性强，雹日高度集中的特点，大部分地区的冰雹都出现在 4～10 月，又主要集中在 6～9 月，一般占全年雹日的 70%～80%，甚至可达 100%，属于典型的夏雹型。冰雹一天出现时间主要集中在午后至傍晚(12：00～20：00)之间。

每年 10 月至翌年 4 月，西藏高原上空为西风急流，地面为冷高压控制，干旱多大风，低温少雨雪，降水量仅占全年降水量的 10%～20%，被称为干(旱)季或风季[22]。西藏的大风主要集中在 10 月至次年 5 月，以 2～4 月最多，占全年的 26%～70%，其中又以 3 月最多。7～9 月大风日数明显减少，藏北一线占全年的 10%～25%，沿江一线河谷占全年的比例低于 9%。

太阳辐射方面，紫外线是太阳光中波长较短的一种光波，人眼不可见。由于紫外线在太阳光中的能量最高，因此紫外线辐射是危害最强烈的光辐射。紫外线也是许多材料老化的主要原因，青藏高原紫外线照射强烈且日照时间长，年平均总日照时间长达 2600～3000 小时。又由于高海拔地区气压低，空气密度小，且水汽含量少，大气透明度高，因此高原和内地同纬度地区太阳的总辐射值差别很大，青藏高原地区紫外线年平均辐射总量居全国之首[23]。随着海拔的升高，紫外线辐射度也随之增加。经过试验，我们发现照射后混凝土的颗粒分部较照射前更加均匀，结合更为紧密，经紫外线照射后不同强度混凝土水化程度均有所加深，水泥水化进程的发展会影响混凝土的孔隙率和早期强度，而孔隙分布和早期强度则会影响混凝土的耐久性及力学性能。除此之外，为改善混凝土性能常常在混凝土拌和物中加入各种外加剂，紫外线辐射对外加剂(减水剂、引气剂)效果可能会产生一定影响，使外加剂失效或效果减弱等。

此外，我国幅员辽阔，各地区昼夜温差变化明显，温差也是必须要考虑的因素之一。一些极端地区如内陆的西藏、甘肃等少水少植被的地区的温差可以达到 20～30℃ [24]。严格来讲，任何材料都具有热胀冷缩的性质。材料由于温度的上升或下降会有膨胀或收缩，相对而言，混凝土承重构件体积大，质量大，材料比热容大，导热慢，需要经过一段时间才能达到与外界环境温度一致。这种温度的不一致势必导致时变结构中内力的重分布。

2. 气候灾害多发的背景

1) 气候背景

(1) 中国西南地区属亚热带湿润性气候，降水较多。但由于地理位置及海拔的变化，其微气候各不相同，尤其是夏季、秋季降水量较大。而云南、四川部分地区却呈现有干旱河谷，如汶川、茂县干旱河谷等。降水持续时间的长短也因时因地而有所不同。

(2) 气候复杂多变，气候不稳定性强。西南地区东部和西北部最早进入湿季；干季先由四川盆地、贵州南部开始。西南中东部以及南部等地的湿季长度较长，干季则与之相反。湿季开始日期具有明显的年代际变化特征。

(3) 西南地区干湿季降水量在空间分布和时间变化上具有较大差异性。湿季降水量呈现东南多、西北少特征，并且表现出中东部地区明显减少而西部地区增加的趋势，干季降水量则表现为东多西少的特点，其降水量在重庆、贵州等地呈增多趋势，而在四川盆地等地呈减少趋势。

2) 地形地质背景

(1) 地形复杂多样，西高东低，起伏较大，以山地丘陵为主。

(2) 太平洋板块俯冲，印度洋板块碰撞，地壳运动活跃。

(3) 处在环太平洋地震带和地中海-喜马拉雅地震带之间。

3) 人文背景

(1) 自然资源过度利用，生态环境脆弱：我国是一个历史悠久，人口众多的农业大国，长期积累的对自然资源的过度利用，形成了脆弱的生态环境。人类活动对自然环境造成的破坏效应往往以各种灾害的形式表现出来。

(2) 承受能力和抵御能力差：社会经济系统对自然灾害的承受能力和抵御能力低下。

3. 进藏高速公路与铁路沿线典型气候灾害调查

西藏自治区位于我国西南边陲，南北最宽 1000 km，东西最长 1900km，也是世界上海拔最高的青藏高原的主体部分，平均海拔在 4000m 以上。正是由于该地区地处世界屋脊这一独特的孕灾环境，又受到复杂多变的气候因素等孕灾因子的影响，其成为我国气象灾害发生最频繁的地区之一。据统计，西藏自治区 1983～2013 年各县域共计发生气象灾害事件 2116 次，干旱、雪灾、霜冻、冰雹和暴雨洪涝灾害总计发生 1639 次，其中干旱发生 356 次，雪灾 376 次，霜冻 71 次，冰雹 282 次，暴雨洪涝灾害 554 次，如图 1.30 所示。

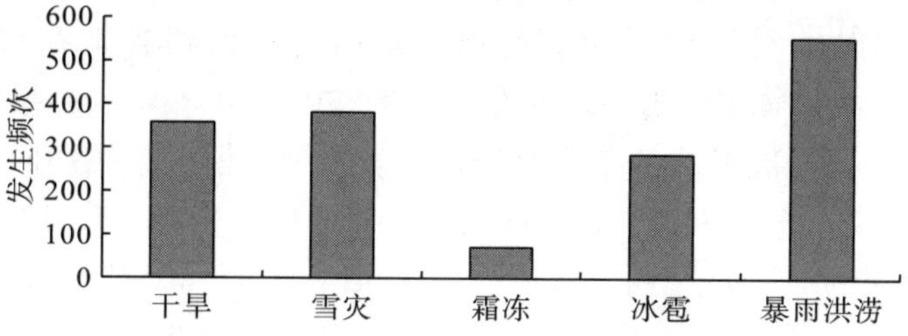

图 1.30　1983～2013 年五类灾害发生频次

夏季，由于高原热力作用，气流辐合上升，高原为热低压中心，积云多，易出现阵性降水和雷雨天气。在其上空，在西风带北移和东南部盛行风向偏南的环流影响下，印度洋暖湿气流得以北进，除部分气流沿南北向谷地深入高原腹地外，大多被喜马拉雅高大山脉所阻挡，因而高原内部温凉少雨，东南部则温暖多雨。

冬季，高原主要为干冷的西风带所控制，气候寒冷，干燥少雨，多大风。在高大的东西向山脉的影响下，高原地区的纬度地带性得到了明显加强，因此西藏高原具有自己的气候地带性特征。在纬度地带性的基础上，受到高原地势水平变化和高山地貌垂直变化的深刻影响。在水平变化上，从南往北可以划分出热带、亚热带、高原温带、高原亚寒带和高原寒带等气候带；在垂直变化上，不同地区又可分出以当地气候基带为基础的气候垂直带谱。

其中，达孜、尼木和林芝为气象灾害风险最大的区域，林芝至波密段、八宿至左贡段同样风险较高。

1) 太阳辐射特征

高原动力与热力作用是造成高原气候独特性的重要原因，其中太阳辐射是高原动力与热力作用的主要能量来源。它不仅对高原地区气温、气候和天气类型有重要的影响，而且是形成高原特有生态现象的主要能量来源。

(1) 总辐射。从总辐射量来看，西藏各地在 $(58.52\sim79.42)\times10^4\text{J}/(\text{cm}^2\cdot\text{a})$，其中藏东南一带海拔较低，云雨较多，辐射值较小，高原上广大地区辐射值较大，都在 $66.88\times10^4\text{J}/(\text{cm}^2\cdot\text{a})$ 以上。在雅鲁藏布江河谷地带，雨日较少，多夜雨，故辐射值较大。在喜马拉雅山雨影区，云雨少，海拔高，辐射值显著增大。在西藏南部地区总辐射值达 $(75.24\sim79.42)\times10^4\text{J}/(\text{cm}^2\cdot\text{a})$ 及以上。在珠穆朗玛峰北坡海拔 5000m 的绒布寺，1959 年 4 月～1960 年 3 月总辐射值达到 $83.56\times10^4\text{J}/(\text{cm}^2\cdot\text{a})$，接近北非等世界上辐射最强地区的通量值。

(2) 直接辐射。与总辐射一样，西藏地区是直接辐射的高值区，平均值一般超过 376.2×10^3J/(cm^2·a)。尤其西部狮泉河地区大于 62.7×10^4J/(cm^2·a)。在西藏东南部，海拔低，空气透明度差，直接辐射值也显著降低。

(3) 散射辐射。对于全年的散射辐射量而言，西藏各地在(167.2～292.6)×10^3J/(cm^2·a)。散射辐射一般占西藏总辐射的 20%～40%，与直接辐射相比，所起作用较小。从各月散射的分布状况来看，差异不算很大，如那曲、昌都一带，最大在 5 月，为(29.26～33.44)×10^3J/cm^2，最小在 12 月，为(8.36～12.52)×10^3J/cm^2。高原西部狮泉河等地云雨少，空气干洁，全年散射辐射值在(8.36～20.9)×10^3J/cm^2。高原东南边缘地区湿度大，云雨多，散射辐射值较大。

(4) 有效辐射。西藏的年有效辐射较我国其他地区为大，一般在(250.8～292.6)×10^3J/cm^2。在一年内，夏季雨水集中，湿度较大，有效辐射明显减少，拉萨只有 41.8×10^3J/cm^2 左右。就西藏有效辐射的月际变化而言，一般 1～7 月较小，5 月或 10 月、11 月较大。

2) 温度特征

西藏高原地域辽阔，地面气温地域差异十分显著。总体来说，高原边缘气温较高，而且具有明显的垂直梯度变化。温度最高的地方分布于雅鲁藏布江大拐弯以南地区和横断山地区的三江流域区，年平均气温分别在 18℃和 12℃以上；温度最低的地方分布于高原内部，如藏北高原是青藏高原的低温中心之一。

(1) 温度随海拔的分布特征。温度随海拔的变化，归纳起来，有如下特点：温度随海拔的平均递减率在雅鲁藏布江河谷的中段以及三江谷地最大，而在西藏东南边缘地带和喜马拉雅山脉南坡最小；流向朝南或朝东的河流，其温度随海拔递减率的年变化一般是冬大夏小，而在山脉的北坡，则是冬小夏大。

(2) 地面气温的分布特征。青藏高原由于海拔高，地面气温比同纬度平原地区低得多，无论冬夏，等温线都在高原上形成闭合冷中心。藏东南、三江和雅鲁藏布江河谷均是明显的暖区。

(3) 温度的年变化和月变化。青藏高原上温度的年较差一般来说要比同纬度东部平原地区小。狮泉河是西藏年较差作为气候大陆度的标志，青藏高原与东部平原地区相比具有“海洋性”气候的特点。高原东、南、西三面的边缘地带是一条温度年较差最小的地带，高原内部的温度年较差反而比较大。青藏高原温度的月变化具有升温早而快，最大升温出现日期较迟，秋季降温晚，最大降温出现的日期早，降温急等特点。

(4) 温度的日变化。高原气候的一个显著特点是气温的日变化大，从这一点上来说，高原气候的大陆性程度是极为明显的。在西藏东南部的察隅、波密、林芝等地，以及喜马拉雅山脉南坡，温度的年较差比较小，具有明显的海洋性气候特点。

3) 降水特征

(1) 降水形态。西藏海拔高，高差大，各地降水形态差异明显，雨季(或夏季)

以液态降水为主，冬季降水几乎全是呈固态的雪。在夏季，对流活动强，降雹或霰的次数特别多。由于地理位置和海拔的差异，西藏各地降雪的时间长短不一，夏季降雹的次数也有较大差异。总体来说，在海拔高、纬度偏高的藏东北和羌塘高原地区，降雪时间长，固态水占总降水量的比例大；纬度偏低，海拔稍低的藏东南，降雪的时间要短得多，全年降水以液态为主。根据野外考察资料，北羌塘高原东部全年都以固态降水为主，全年各月都可出现降雪，夏季以雹和霰为主。藏北的那曲也是全年各月都有固态降水，其中 11 月至次年 4 月全为降雪，5 月和 10 月降雪量各占该月总降水量的 90%以上，6 月和 9 月降雪量占月降水量的 32%左右，只有 7 月、8 月两个月才以降雨为主。在海拔与藏北相近，但纬度偏低的定日，5 月降雪量只占月降水量的 30%，一年中只有雨季前的 6 月无降雪。在海拔更低的雅鲁藏布江河谷地区，如拉萨，6～9 月基本为降雨，冬半年只有 11 月至次年 3 月全为降雪。在藏东南的察隅，无降雪期为 5～10 月的半年，冬季各月虽以降雪为主，但也有降雨。

(2) 年均降水量分布特征。西藏高原降水主要受暖湿西南季风所支配，形成年降水量的空间变化规律如下：绝大部分地区年均降水量在 1000mm 以下，然而，喜马拉雅山脉南坡和藏东南靠近边境的一些地方，降水是极其丰沛的。例如，珠穆朗玛峰南坡我国西藏聂拉木县境内的曲乡(海拔约 3200m)和樟木(海拔约 2300m)，根据短期的资料估计，年均降水量分别为 1453mm 和 2817mm，藏东南靠近边境地带，年均降水量超过 4500mm，藏东南低山河谷区的年均降水量在 4000mm 以上，是我国降水最多的地区之一。由此向高原西北地区逐渐减少，藏北高原为 300～500mm，最少地区为 100mm，其中阿里地区最少，从现有的记录看，班公错以北地区年均降水量在 50mm 以下，是高原上降水最少的地区。可见，降水的地区差异巨大，最高与最少相差 200～250 倍。

(3) 降水量季节变化。西藏高原降水的季节分配极不均匀，雨季和干季分别非常明显，年降水集中在 5 月到 9 月。1 月除藏东南地区多降水外(10～50mm)，广阔的高原降水极其稀少，绝大部分地区降水量少于 5mm。7 月雨季自东南向西扩展，大部分地区降水量超过 50mm。

(4) 降水量年变化。西藏降水量的年变化有单峰型和双峰型两种形式，大部分地区都呈单峰型。在单峰型中，以高原西北部，雅鲁藏布江河谷中、上段及其以南地区最为突出，这些地区雨峰出现在 8 月，占年降水量的 90%以上。降水年变化呈双峰型的地区都在西藏南部边缘地区和降水量特大的地方。

(5) 降水日变化。夜雨是西藏降水的特点之一。最明显的夜雨区都位于河谷区和背风坡，地势相对平坦的地区夜雨不明显，这是地形差异引起的局地环流发生变化所致。西藏除了隆子、错那这一带夜雨百分率小于 50%(隆子最小为 36%)，其余地区的降水都以夜雨为主，夜雨百分率都在 60%或以上。夜雨百分率最大的地区是雅鲁藏布江河谷地区，泽当、拉萨、日喀则以及朋曲流域的定日等地夜雨百分率都达到 80%。阿里地区的狮泉河、普兰和改则的夜雨百分率在 70%以上，仅次于雅鲁藏布江河谷中段地区。在藏北，夜雨不明显，夜雨百分率在 50%～60%。

4）径流特征

近半个世纪以来，西藏高原气候变化不仅给内陆河流域的地表水带来影响，而且对外流河带来显著影响。总的趋势，20 世纪 50 年代后期低温少雨，河川径流偏枯；60 年代气温仍低于多年平均值，但流域水量有明显的增加，河川径流量的增加更加显著，并在 60 年代中期达到最高峰。之后，随着气候变暖、变干，各河流量大幅度下降，70 年代初多数河流降到了有记录以来的最低点。尔后，维持在多年平均值以下摆动。西藏年径流的季节分配很不均匀，多水季节和少水季节非常明显。大部分径流都集中在夏秋季，而冬春季径流量很少，全区多年平均径流深 259.0mm，占多年平均降水量的 46.2%。不同地区由于雨水、冰雪融水、地下水对河流补给比重的不同，径流的季节分配亦出现地区差异。

地质灾害总次数在空间分布上具有东多西少的分布特征，2014 年汛期西藏的地质灾害主要发生在昌都①、拉萨、日喀则②、林芝和山南③，其中，昌都出现次数最多，灾害次数高达 55 次[25]。其中有灾害记录的 25 个县区共计有 51 天灾害时间，如表 1.1 所示。在统计灾情时以“县”和“天”为单位，当 1 天中某县多个乡镇发生地质灾害或 1 天中发生多次地质灾害，都计为该县当天发生灾情 1 次。灾害呈现出灾点多、规模小、局地危害大的特征，造成巨大的经济损失。

表 1.1　2014 年汛期（5～9 月）地质灾害的空间分布

地区	灾情/次	地区	灾情/次	地区		地区	灾情/次	地区	灾情/次
昌都	55	林芝	8	山南（次）	2	拉萨	17	日喀则	15
八宿县	12	波密县	5	隆子县 1	1	城关区	1	亚东县	9
江达县	9	林芝县	4	洛扎县 1	1	尼木县	8	仁布县	2
边坝县	6	朗县	1	/		堆龙德庆县	4	南木林县	1
昌都县	9	察隅县	1	/		曲水县	1	昂仁县	2
芒康县	3	/		/		达孜县	1	吉隆县	1
左贡县	9	/		/		林周县	2	/	
洛隆县	2	/		/		/		/	
察雅县	5	/		/		/		/	

① 2014 年 10 月，国务院批复同意撤销昌都地区和昌都县，设立地级昌都市和卡若区，以原昌都地区的行政区域为昌都市的行政区域。

② 2014 年 6 月，国务院批复同意撤销日喀则地区，设立地级日喀则市。

③ 2016 年 1 月，国务院批复同意撤销山南地区和乃东县，设立地级山南市；山南市设立乃东区，以原乃东县的行政区域为乃东区的行政区域。

通过分析2009～2015 年G318和G214公路在西藏境内沿线交通事故资料发现，两条公路均有强降雨引发的滑坡、泥石流造成的交通事故。其中2009～2013年，昌都地区索县段G317-K1650-K1788 隐患路段发生典型事故5起，昌都G318-K3723 强降雪引发公路积雪，发生时间为2011 年3 月10 日1：00，为一般事故。死亡0 人，受伤0 人，损毁车辆0 辆，直接经济损失达2.8 万元，持续时间为23小时。气象监测信息为：小时降水量2.3mm，日降水量4.8mm，气温-5.6℃，气压687.0hPa，相对湿度56%，风速0.8m/s。截至2011 年3 月21 日，昌都八宿县持续的强降雪天气，造成最大积雪深度达 25cm，致使该县通卡镇、郭庆乡共 2户群众受灾，148 头(只)牲畜死亡，部分村庄通信、交通中断。

昌都地区芒康县 G318K3470 强降雨引发泥石流，发生时间为2012 年7 月9日1：00，为重大事故。死亡0 人，受伤0 人，损毁车辆0 辆，直接经济损失达6万元，持续时间为168 小时。气象监测信息为：小时降水量6.2mm，日降水量17mm，气温11.9℃，气压635.0hPa，相对湿度31%，风速1.2m/s。截至2012 年7 月11日，昌都地区芒康县累计降水量达115mm，与历年同期相比偏多1 倍，其中9 日最大日降水量达44.2mm。持续降水导致川藏公路芒康县境内海通沟路段发生泥石流，有10 个路段的灾情相对严重。泥石流堆积物超过5 万m^3，并有近400m 道路被掩埋或冲毁，严重影响道路的安全通行。

林芝地区波密段G318K988+200 隐患路段发生典型事故2 起：①强降雨引发泥石流，发生时间为2012 年6 月24 日23：00，为重大事故。死亡0 人，受伤0 人，损毁车辆0 辆，直接经济损失达5.9 万元，持续时间为72 小时。详情如下：6 月21～26 日林芝地区波密县累计降水量达90.1 mm，因强降水出现了洪涝灾害，并引发泥石流。6 月24 日倾多镇顶仲村卡瓦沟出现泥石流，冲毁水渠200m，5 根10m的钢管被泥石流冲走，造成该村所有的用水中断，22 户 93 人、100 余头牲畜饮水困难，6 月25 日河水上涨，冲毁河道漫流到318 国道和附近民房和商店。②强降雨引发泥石流灾害，发生时间为2013 年7 月5 日5：00，为重大事故。死亡0 人，受伤0 人，损毁车辆0 辆，直接经济损失达5.4 万元。详情如下：2013 年7 月5 日林芝地区波密县出现了16.8 mm 的中雨，持续性的强降水引发洪涝、泥石流灾害，造成该县扎木镇通木村17 户123 人受灾，冲毁渠道200m，导致饮水水源受阻；该县八盖乡至日卡村方向交通中断，河道沿线新修6 根电杆冲毁。7 月6 日，持续的降水导致国道318 线玉普乡境内发生多处塌方，塌方量约为2 万m^3，滞留过往车辆50 余台，200 多人；导致318 国道通行中断。

4. 气候灾害影响因素的研究

关于我国主要气候灾害的成因，有学者在气候灾害与环流系统的关系方面进行了比较多的研究工作[26]。众所周知，我国夏季的天气气候变化基本上是受西太平洋副热带高压和大陆热低压所控制的。它们的强弱及其相互作用左右着我国雨季开始的迟早、雨季的长短、雨量的多少以及雨带的进退和雨区范围等，因而直接影响我国各地的旱涝。

由于西藏高原独特的地形地貌和高空大气环境以及天气系统的影响，形成了复杂多样的独特高原气候带。不仅具有西北严寒干燥到南亚湿热气候分布特点，还有多种多样的局地和区域小气候特点，尤其是高原高山的垂直气候带谱分布十分明显[27]。

我国西南地处低纬度高原地区，位于青藏高原向东延伸的部位，受亚洲季风的影响比较明显，干湿季节相当分明。明显的季节特征导致5～9月是西南地区湿季，主要受东亚季风和西南夏季风的交替影响，水汽较为充沛，降水集中，大部分地区湿季的降水占全年降水的80%以上，而10月至次年4月是干季，受西南季风带气流影响，气候干燥，降水稀少。从气象的定义出发，判断一个地区是否干旱，主要看该地区降水量的多少，自然降水的不足是干旱形成的主要原因，西南地区的干旱不是降水量不足造成的，而主要是降水量的季节分配比例失调或时空分布不均引起的。

西南地区位于青藏高原东侧的长江上游地区，地形复杂，既受东南季风和西南季风的影响，又受青藏高原季风的控制，形成了西南地区独特的天气气候，其气候特征总体表现为冬干夏雨，冬季降水量少，春季降水量增加有限，秋雨多于春雨，多夜雨，但不同的区域气候特点也有所不同。

影响西南地区气候的主要因素有环流因子，如西南季风、印度季风、西太平洋副热带高压、南亚高压、索马里急流等；外强迫因子，如青藏高原热源、西太平洋暖池海温、印度洋海温等。

此外，还有不少研究指出，旱涝、低温与太阳活动，特别是太阳黑子的活动也有密切的关系。需要指出的是，虽然有不少工作试图搞清大气环流、海温、太阳活动等相互之间的作用机制，并且也取得了一些成果，如发现副高的强弱与赤道东太平洋海温的高低呈正相关，且有一个季的相位差等，但是海温、太阳活动等对大气环流的影响机制至今尚未清楚。

1.4.1.2 气候灾害危害

气候灾害是自然灾害中最为频繁而又严重的灾害。我国是世界上自然灾害发生十分频繁、灾害种类甚多，造成损失十分严重的少数国家之一[28]。干旱、洪涝、台风、暴雨、冰雹等灾害危及人民生命和财产的安全，国民经济也受到了极大的损失，而且，随着经济的高速发展，自然灾害造成的损失亦呈上升发展趋势，直接影响着社会和经济的发展。统计我国2004年6月～2010年12月的主要气候灾害，如表1.2所示。

表 1.2　我国主要气候灾害类型及其危害

灾害类型	所占比例(%)	影响及危害
干旱	35	降水量不足，致使土壤因蒸发而水分亏损，对路基造成影响
洪涝	12	洪水泛滥对交通运输以及农业产生极大影响
高温	12	对农业、交通运输和人体健康造成不好的影响
低温	23	危害农、林、牧业，妨碍交通运输
雪灾	18	对交通运输有严重影响，对牧区影响极大

以 2008 年为例，除了我们所熟知的汶川地震和南方雪灾以外，5～9 月，新疆大部分地区气温持续异常偏高，降水明显偏少。其中，北疆地区气温偏高 1.6℃，天山山区偏高 1.8℃，偏高幅度均居历史同期第一位，全新疆有 64 个气象站气温偏高幅度突破历史同期极值；新疆平均降水量 59mm，比常年同期偏少 24.0%，北疆地区平均降水量 62.9mm，较常年同期偏少 32.6%。受气温和降水影响，全区大部分地区出现了严重的春夏连旱，旱情仅次于 1974 年，是自 1949 年以来第二个严重干旱年。

9 月 24～25 日，四川震区东部部分地区出现大到暴雨，导致四川地震灾区发生暴雨洪涝和泥石流灾害，共造成 220 万余人受灾，紧急转移安置 10.5 万余人，因灾死亡 19 人，失踪 40 人；倒塌民房 3600 余户、1.3 万余间，损坏民房 2.4 万余间；因灾直接经济损失 9.6 亿元。

10 月 26～28 日，西藏自治区那曲、山南、日喀则、林芝、昌都等地区出现强降雪过程，造成 19 县受灾，受灾人口 10.27 万人，因灾造成 11 人死亡，1 人失踪，81 人冻伤，其中 2 人重伤；因灾死亡牲畜 8705 头(只)；因灾直接经济损失 1.54 亿元。

1.4.2　水毁

1.4.2.1　水毁灾害现状

1. 水毁灾害及其特点

水毁的类型主要有两种，一种是狭义概念，指的是一般性的路段路基水毁，主要包括沿河路段、隧道路段、桥梁路段、边坡等发生水毁或侵蚀现象，导致线路质量遭受破坏；另一种是广义概念，指的是路段遭受地质灾害，如遭受泥石流、滑坡、翻浆、崩塌等灾害的威胁，而这些自然灾害的共同点在于受到洪水的作用。当遭受水毁时，一般可以根据水毁程度的不同划分为不同的等级，以降雨为例，根据降雨程度的不同，路基的水毁程度也不同，当大量降雨渗入路面时，会发生路面冲刷，导致内部的结构层遭受一定程度的破坏，从而对行车安全造成影响；当大量降雨渗入公路的边坡并形成冲刷作用，会导致公路的稳定性受到影响；当洪水浸泡公路路基时，会导致坍塌或滑坡灾害发生；当洪水对路基形成淹没、顶冲的状态时，还导致路基被冲毁。

另外，根据水毁成因的不同，公路路基水毁的类型也各不相同，如水毁成因可以分为冲刷、浸泡、冲毁、淹没、堵塞等。例如，遭受冲刷或者撞击的公路防护构造物会发生局部损坏或者完全损坏；遭受堵塞的小桥涵会导致路基结构被破坏，从而发生坍塌、冲断等现象；遭受浸泡的路基会发生沉陷、滑移、坍塌等现象。

2. 水毁多发的背景

1) 地形复杂，设计不全面

山区地质结构复杂，修建公路多为坡陡弯急路段，路基所处地形复杂多变，路面狭窄，防护工程数量设置较少，而山洪变化幅度较大。洪水往往来势凶猛，难以人工应对和治理，经常造成水淹路面[29]。由于山水汇流，河流水易涨，易退，水流湍急。因此与河流同行的公路路基及边坡经常受到严重冲刷，山区水毁多由泥石流引起，虽然部分路段设置了防护工程，但大部分防护工程基础埋置深度不足，长期被冲刷而导致基础外露，最终导致路基坍塌，公路中断，影响行车安全和正常通行。由于地下水丰富，公路设计时没有设置有效的排除地下水设施，使路基及基层被水长期浸泡后强度急剧下降。在雨季期间，造成路基软化而大面积产生沉陷，导致行车不畅。

2) 气候多变，人为破坏

夏天雨季时间较长，山区生态环境脆弱，加上近年来人为破坏的加剧，山上植被比较稀少，导致山上植被覆盖层容易处于饱和状态，雨水迅速汇流成河，急速汇聚的雨水沿着上边坡顺流而下。而内侧边沟堵塞或排水量过小，来不及将洪水排走，雨水直接冲过路面，冲刷表层填土边坡，被冲刷的边坡表面形成水沟槽，逐渐加大，最终形成路基缺口。导致路基被冲毁，路面被破坏。

3) 现场调查预测和前期工作不到位

一些路段在改建涵洞时没有进行详细的现场调查与洪水预测，设置与实际情况不相符的涵洞位置和类型，对雨季公路的正常排水造成很大隐患。另外，路基坍塌、塌方、滑坡是公路常见的水毁类型。雨水的作用会使山体岩层与覆盖层之间的黏结面的摩擦力变小，从而使得山体覆盖层失去稳定性，导致边坡出现坍塌，还有一部分公路边坡坍塌是由于公路改造中出现大爆破，引起震动，从而导致岩层出现裂缝。如果不采取相应的措施对其进行处理，雨水将会渗透到岩层内部，长时间不进行处理，岩层将会失去自身的平衡，导致坍塌的产生。

4) 民众爱护公路意识不强

西藏南部山区公路沿线居住群众较多，一些公民的爱护公路意识不强，会在公路边坡种植一些农作物，或者在路肩堆放杂物，个别甚至破坏公路边沟修建建筑物，导致雨水不能及时排出，同时影响公路行车视线，危及行车的安全。

3. 进藏高速公路与铁路沿线典型水毁灾害调查

我国西南边陲、青藏高原西南部的西藏，位于北纬 26°50′～30°53′、东经 78°25′～99°06′，东西长约 2000km，南北宽达 1000km，面积约 1.20×10^6km^2，约占全国陆地总面积的 12.8%，高亢辽阔的高原对大气环境产生深刻的影响，形成特殊的高原季风气候[30]。正是由于这些特殊的地质地貌条件和气候影响，公路水毁灾害十分严重，造成的经济损失在 20 世纪末尤为严重。

造成水毁的根本原因是西藏公路大量沿江沿河展布，而河流则是造成公路水毁的特殊地质类型，如图 1.31 所示。同样，暴雨也是重要的因素之一，如图 1.32 所示。

图 1.31　西藏公路 K4101+600−K4102+200 帕隆 2 号隧道水毁图

(a)某桥被洪水冲毁　　(b)某段路基被掏空

图 1.32　西藏公路水毁图

1）西藏东南部公路水毁极严重区

西藏东南部公路水毁极严重区分布于安久拉山以西、色齐拉山以东的雅鲁藏布江下游地区，即林芝市的巴宜区、波密县、墨脱县、察隅县、米林县等地区。该区公路主要沿雅鲁藏布江的支流帕隆藏布江和察隅河沿岸坡展布，干线公路有川藏公路南线（国道 318 线）中段的然乌-鲁朗，以及然乌-察隅路段（省道 201 线）。

（1）地貌特征。

进藏区内最高峰是加拉白垒峰，海拔 7284m，与南面的南迦巴瓦峰（海拔 7782m）相对应，雅鲁藏布江劈山而过，形成平均深 5000.0m 以上、最深达 5382.0m（江面海拔 2400.0m）的世界第一大峡谷和大拐弯。该区最大高差 5744.0m，平均坡角为 42°，最大可达 80°，形成山高坡陡深切割的东喜马拉雅极大起伏的极高山地貌。

古冰川活动在该地区十分明显，帕隆藏布江流域晚更新世早期的冰川规模很大（古乡冰期），其次冰期则为白玉冰期，其位置在然乌湖附近。

新构造运动造就了大起伏极高山环境成为水汽冷凝中心，加之水汽源充沛，运动畅通，为现代海洋性冰川的形成提供了良好的环境，分布着当今我国最大的海洋性冰川群，总面积达 4638.4km^2。西藏境内最长的卡钦现代冰川，长 35.0km，面积达 151.5km^2。伴随着气候的波动，冰川有前进也有后退，其运动的变化导致多种冰川的动态灾害。

末次冰期的冰川后退，形成冰川侵蚀湖和冰碛阻塞湖。冰湖在该地区十分发育，共有大、小冰湖 144 个，总面积 25.2km^2，估算总储水量达 $4.8\times10^8m^3$。区内主河和大支沟都顺构造线发育，小支沟呈羽毛状排列，在地貌上形成典型的格子状水系。由于构造冰川活动的影响，各大干沟、支沟流域都是宽窄相间的河谷，有的宽谷形如盆地，如松宗盆地、古乡盆地和易贡盆地等。

（2）气候特征。

进藏区域由于受印度洋气流强烈的影响，从而成为东喜马拉雅湿润气候区，最高温度 30.4 ℃，最低温度-14℃，平均气温 8.0℃。在易贡藏布江中下游地区，年平均气温在 10～12℃及以上，越往西（帕隆藏布江下游），年平均气温越高，这是河谷亚热带北缘的气候特点；越往东（帕隆藏布江上游），年平均气温越低，由暖温带逐渐过渡到寒温带。海拔 4100m 左右是年平均气温 0℃线通过带，大部分山地常年处在寒冻风化剥蚀和冰雪的作用之下。海拔 5800～6000m 以上的山区有多年积雪，并发育现代海洋性冰川。

本区受到雅鲁藏布江和帕隆藏布江逆流而上的暖湿气流影响，成为整个西藏高原降水最多的地区，年平均降水量 884.5mm。特别是在帕隆藏布江下游和东久河的拉月一带，降水更为丰富，年平均降水量可达 1400.0mm。在易贡藏布江地区，年平均降水量为 1086.5mm。帕隆藏布江中游的波密一带年平均降水量为

900.0mm。而在帕隆藏布江上游的然乌一带，年平均降水量也超过了 700.0mm。

(3) 灾害特征。

由于地质地貌、水文气候等自然环境的复杂性和特殊性，该区成为西藏自治区乃至全国山地灾害类型最多、分布最密、频率最高的地区。主要灾害为滑坡、泥石流、水毁，其次为溜砂、雪崩等。

著名的拉月大滑坡、102 滑坡、扎木弄巴滑坡，以及松宗滑坡等 20 处，基本都是发育于古(老)滑坡体上，由于地下水活动或主河边坡的冲刷，古冰碛冲洪积或残坡积等松散层发生大规模滑坡，经常给公路造成次生水毁。泥石流灾害在本区也极为活跃，其类型可谓应有尽有，主要有冰川泥石流、混合型泥石流、降雨型泥石流，以及冰湖溃决型泥石流。著名的古乡沟泥石流、培龙沟泥石流、冬菇弄巴沟泥石流、米堆沟泥石流、加马其美沟泥石流等均发育于该地区。由于丰富的水汽和高陡地形，雪崩十分发育，每年都沿公路发生 3～5 次具有一定规模的雪崩。例如，1995 年安久拉山然乌沟雪崩，一次埋没公路 1.0km，毁埋汽车 3 辆，死亡 58 人，是我国交通史上罕见的雪崩灾害。雪崩堵塞沟道，溃决后又形成洪水危害公路。另外，溜砂灾害，在全国也属罕见的灾种，花岗岩的强烈寒冻风化，使岩屑聚集于缓坡地带，在陡坡高能的地形条件下，特别是在旱季，经常产生天然溜滑，给公路交通造成直接危害。

(4) 水毁特征。

由于水汽畅通，降水丰富，高山峡谷汇流迅速，加之其他山地灾害的演变，该地区每年都存在不同类型、不同规模的公路水毁危害，是整个西藏公路水毁类型最全、规模最大、发生频率最高的地区，公路累计水毁长度达 42.0km。川藏公路然乌-中坝的沿帕隆藏布江路段，平均每公里水毁长度达 320.5m。沿鲁朗河展布的川藏公路，由于两岸滑坡、崩塌而演变的水毁严重危害该路段的正常运营，沿察隅河上游展布的察隅路段，每年都遭受不同程度的水毁。米堆沟冰湖溃决水毁，使川藏公路长时间断道；培龙沟的冰川泥石流产生的堵溃洪水，使 80 辆汽车和数公里道路被毁；扎木弄巴滑坡的堵溃洪水，不仅冲毁川藏公路大量的桥梁和路基，而且还殃及邻国；拉月大滑坡的堵溃洪水迫使川藏公路线路几经变更。

2) 西藏东部公路水毁严重区

西藏东部公路水毁严重区分布于横断山北段，即三江流域(金沙江、澜沧江、怒江)上游地区。主要为西藏自治区昌都市的卡若区、江达县、类乌齐县、丁青县、察雅县、芒康县、左贡县和八宿县，那曲市的巴青县和索县。干线公路展布有川藏公路北线(国道 317 线)西段(岗托-昌都-索县)，川藏公路南线(国道 318 线)中段(竹巴笼-邦达-然乌)，以及滇藏公路(国道 214 线)西段(昌都-邦达)。

(1) 地貌特征。

该区地貌属横断极大起伏高山地貌类型，以近南北向的金沙江、澜沧江、怒江的深切河谷和一系列近南北向的高山相间为特征。河谷狭窄幽深，两侧山峰耸立，下切深度达 1000～2000m 及以上，形成了特殊的封闭性高山峡谷地貌。谷底受热增温后的热量不易散发，造成气温高，蒸发强烈，加之暖湿气流被层层高山阻截，降水不足以补偿蒸发，使河谷内水热比例失调，从而形成干热河谷。在强烈的地质运动和复杂的地质构造影响下，山体破碎，山地灾害活跃。其地貌类型主要有深切河谷地貌、高原面剥夷地貌和高原河谷山地地貌。

根据该区的地貌差异，可细分为：金沙江以西近东西向支流的高山深切峡谷地貌；达马拉山-芒康山的高原剥夷丘陵地貌；澜沧江高山深切峡谷地貌；他念他翁山-东达山高原山地地貌；怒江中上游高山深切峡谷地貌，以及怒江上游高原河谷山地地貌 6 个二级地貌类型。

(2)气候特征。

由于受极大起伏高山地貌的影响，峡谷深切，由东向西的太平洋暖湿气流沿程衰减，该区气候可分为东部区和西部区。东部年平均降水量在 400.0mm 左右，最大一日降水量为 40.0mm，年均气温为 6.0℃。因气流下沉，焚风效应明显，在海拔 3500m 以下的河谷地区为干热气候。海拔 3500～4000m 地区暖湿气流影响微弱，年平均降水量只有 210.0mm，年均气温为 10.2℃。

(3)灾害特征。

由于该区新构造运动强烈，构造复杂，加之强烈的抬升与切蚀形成高山深切峡谷地貌，山体破碎，古洪积台地发育，山地灾害十分活跃，主要类型有水毁、滑坡、泥石流和冰雪等。各地貌区的灾害类型及危害程度差异性较大。

金沙江、澜沧江和怒江高山深切峡谷区主要为水毁、泥石流以及滑坡崩塌灾害；达马拉山-芒康山高原剥夷丘陵区主要为泥石流、水毁和冰雪灾害；他念他翁山-东达山高原山地地貌主要为泥石流、水毁；怒江上游高原河谷山地区主要为水毁。川藏公路海通沟西曲河段公路长 52.0km，各种灾害 183 处，危害长度 19440.0m，危害密度为 373.8m/km。其中：水毁有 108 处，危害密度为 2.1 处/km；泥石流沟 40 条，危害密度为 0.8 条/km；滑坡崩塌 28 处，危害密度为 0.5 处/km。川藏公路冷曲河段公路 96.1km，各种灾害 241 处，危害长度 24920.0m，危害密度为 259.3m/km，其中：泥石流沟 140 条，危害密度为 1.5 条/km；水毁 81 处，危害密度为 0.8 处/km；崩塌 17 处，危害密度为 0.2 处/km。

(4)水毁特征。

该地区水毁水源主要是降水及冰雪融水形成的洪水，洪水带来大量泥沙淤积，抬高河床，冲刷路基，由于山区深切峡谷、河谷窄小，纵坡比降大，汛期洪水陡涨陡落，形成强烈的冲蚀下切，造成公路边坡坍塌。在川藏公路南线的海通沟西曲河段(K3371-K3378、K3385-K3398、K3397-K3340 和 K3401-K3406)、如美沟段、吴仲河段、冷曲河段，都普遍存在该类水毁。川藏公路北线的江达段、妥坝段以及丁青–类乌齐段的沿河或跨沟路段，从 1995 年以来，每年都出现严重的公路水毁，冲毁桥梁，路基坍塌，淹没公路，最长断道达 6 个月。

3) 西藏南部公路水毁较严重区

西藏南部公路水毁较严重区主要分布于喜马拉雅山脉的雅鲁藏布江中、上游地段，即拉萨市的城关区、墨竹工卡县、达孜县、堆龙德庆区、曲水县、尼木县和林周县等地区；日喀则市的南木林县、谢通门县、拉孜县、昂仁县、聂拉木县、萨迦县、定日县、结定县等地区；山南市的贡嘎县、扎囊县、桑日县、乃东区、琼结县、洛扎县、曲松县、隆子县、浪卡子县和加查县；林芝市的工布江达县、巴宜区、朗县和米林县等地区。干线公路有川藏公路南线(国道 318 线)西段(林芝–拉萨)，中尼公路(国道 318 线)，拉萨–友谊桥，林芝–泽当路段(省道 306 线)，那错–泽当路段(省道 202 线)，泽当–曲水路段(省道 101 线)，日喀则–亚东路段(省道 204 线)，新藏公路(国道 219 线)东段(拉孜–仲巴)。

(1) 地貌特征。

该区位于喜马拉雅山脉、冈底斯山和念青唐古拉山及其相间的雅鲁藏布江中上游地区，属喜马拉雅大起伏高山极高山地区，主要地貌类型为高原剥夷高山山地地貌，高原河谷山地地貌和极高山深切割山地地貌。

①高原剥夷高山山地地貌。其主要分布于各山脉海拔 4500m 以上的山坡平缓、起伏不大、高差小于 500m 的地区。该地区终年有积雪，寒冻风化作用强烈，如色齐拉山、米拉山、嘉措拉山、亚汝雄拉山等。该地区湖泊也很发育，如羊卓雍湖、普莫雍湖、佩枯湖、许如湖等。

②高原河谷山地地貌。其主要分布于雅鲁藏布江中上游河谷及两岸各大支流，如拉萨河(长 530.11km，流域面积 $3.259\times10^4km^2$)、年楚河(长 195.78km，流域面积 $1.110\times10^4km^2$)、多雄藏布江(长 326.86km，流域面积 $1.985\times10^4km^2$)等。这类地貌河流宽浅，多为主流不稳定的辫状水系，河床比降小，枯水和洪水变差大，两岸坡角一般都在 30°左右。

③极高山深切割山地地貌。其主要分布于喜马拉雅山南坡，如聂拉木县的波曲河(长 388.81km，流域面积 $2.598\times10^4km^2$)和定结县的朋曲河(长 259.95km，流域面积 $8.96\times10^4km^2$)，切穿喜马拉雅后南流出境，海拔从 5124m 到友谊桥的 1770m，高差达 3300m 以上。流域两岸坡陡峭峻，寒冻风化强烈，地质构造复杂，新构造运动活跃，是该区山地灾害最严重的地貌区。

(2) 气候特征。

由于该区东西向跨越幅度大，南北又隔喜马拉雅山，遂将其分为东部海洋性气候和大陆性气候过渡区，西部大陆性气候区和南部海洋性气候区。

东部海洋性气候和大陆性气候过渡区年平均降水量 400～500mm，年平均温度 5～7℃。西部大陆性气候区年平均降水量 200～400mm，年平均温度 2～4℃。

在喜马拉雅山北麓与雅鲁藏布江之间的一个狭长地带，存在一个“雨影区”，年降水量少于 300.0mm。南部海洋性气候区地处喜马拉雅山南坡，由于印度洋暖湿气流和喜马拉雅山寒流的综合作用，气候直接受地形的控制。海拔 2000m 左右的樟木镇，为亚热带气候，温暖湿润，雨量充沛，年降水量约 3000mm；海拔 3800m 左右的聂拉木县山坡，却为寒温带气候，寒冷干燥，年降水量仅 500.0mm 左右，形成了明显的 4 个垂直气候带：海拔为 1800～2500m 的亚热带(平均温度 11.0℃，年均降水量 3000mm)，海拔为 2500～3100m 的暖温带(年均温 8.5℃，年均降水量 2500mm)，海拔为 3100～3900m 的寒温带(年均温 2.7℃，年均降水量 1500mm)，以及海拔为 3900m 以上的亚高山寒带和高山寒冻带。

(3) 灾害特征。

该地区是西藏高原雨洪型泥石流活跃地区，在海拔 4000.0m 以上的山地，冻融发育，现代冰川分布地区还有冰湖溃决型泥石流活动[31]。年楚河流域，雨洪型泥石流十分活跃，在米拉山口曾暴发冰川泥石流，有的沟一年暴发多次泥石流，是该区雨洪型泥石流最活跃地区。2000 年雨季，日喀则-江孜的数十条公路被年楚河洪水冲毁。喜马拉雅山南坡的波曲河与朋曲河，由于降水量大，切割深，山高坡陡，滑坡、泥石流、水毁、雪崩及冰雪害较为突出。1981 年波曲河支沟长藏坡沟冰湖溃决型泥石流形成的主河堵溃洪水，冲毁 707 桥、友谊桥，激发 707 滑坡，友谊桥滑坡复活后长期危害公路。1964 年吉隆河支沟隆达沟冰湖溃决型泥石流继而演变为洪水，冲毁吉隆县-吉隆镇沿河公路 6.5km。

4. 水毁灾害影响因素的研究

造成公路路基水毁的影响因素是多种多样的，其中包括地形地貌因素、气候因素、水文因素和植被因素。地形地貌因素包括地形特征、岩土类型、山体高度、山体坡度等[32]；气候因素主要包括降水量、气候类型、暴雨特征等；水文因素主要包括水系特征、河道情况、水位流量、水位变化等；植被因素主要包括植被覆盖率、植被类型等，而这些因素都是造成公路路基水毁的直接因素。

作为造成公路路基水毁的主要形式，洪水既受自然因素的影响，也受人文因素的影响。洪水根据成因不同可以分成以下几种类型，分别是暴雨洪水、溃堤洪水、融雪洪水、海岸洪水和冰凌洪水。暴雨洪水是在大型降雨的情况下，河流峰值持续上涨造成的洪水，暴雨洪水的特点为时间长、峰值大、范围广，是常见的一种路基水毁类型；溃堤洪水指的是防护建筑物发生崩塌现象，造成洪水灾害发生，溃堤洪水的特点是范围小、破坏力大，通常会形成堰塞湖，而地震是造成这一灾害发生的典型原因；融雪洪水指的是大量积雪融化造成的洪水，一般发生在纬度较高的地区。

通过分析公路路基水毁的主要影响因素，可以总结主要因素的特点，具体来看主要体现在以下几个方面：一是洪水流量。对洪水流量的准确分析和判断对公路路基水毁防护具有重要的指导意义，目前公路路基根据水毁威胁不同分为四个等级，一级设计为 10%的洪水频率，二级设计为 20%的洪水频率，三级设计为 40%的洪水频率，四级设计根据具体情况制定。二是洪水水位。洪水水位与流量具有正向关系，当水体流量超过路基高度，就会使公路路基受到损伤。三是洪水的流速，当水体的流动速度越大，对路基的冲刷作用就越大，而流量与流动速度之间呈正相关的关系，如在水位低、流量大的情况下，水流对路基的冲刷强度就越大，因此会造成路基水毁发生。

对路基水毁的原因进行分析，具体表现为以下几个方面：一是公路路基的高程不够，在大量降雨的情况下被严重冲刷，造成路基被降雨淹没。二是受到地形地势的影响。很多山区公路的路基受到山区复杂地势的影响，只能采取半填半挖的形式，因此边坡的稳定性不足，很容易发生水毁现象。三是公路养护管理工作不到位，由于部分公路路段的养护工作没有受到重视，因此排水渠道存在堵塞现象，一旦出现灾害就无法避免损失发生。

1.4.2.2　水毁灾害危害

当公路路基发生水毁灾害时，通常有以下几种表现形式：

(1) 路基坍塌。在暴雨或久雨之后，水分沿裂隙渗入土层，降低了土体的黏聚力和摩擦力，增加了土体自重，从而促进崩塌的产生，如图 1.33 所示。

图 1.33　路基坍塌

(2) 桥涵损毁。桥涵损毁主要是指在暴雨或山洪暴发的剧烈作用下，巨大的水流作用冲刷和掏空桥梁基础，使桥梁失稳损坏或者将涵洞冲毁，如图 1.34 所示。

图 1.34 桥涵损毁

(3)路基冲刷。路基冲刷过程包括降雨溅击，径流冲刷引起土颗粒分离以及泥沙的转移和沉积三大过程，其中径流冲刷占据主导地位。降雨溅击是形成冲刷的最初形式。当雨滴平均落速达到一定值时，土颗粒受到侵蚀而溅起。雨滴落速继续增大到一定程度时，随着水流的继续增大，会形成水深较浅的径流。随着水流的继续增大，向下不断地将侵蚀土壤分离、游离形成泥沙，如图 1.35 所示。

图 1.35 路基冲刷

(4)桥涵堵塞。造成桥涵堵塞的原因可能是，涵洞位置选择不当，造成孔径较小，无法正常发挥泄洪能力，或是桥涵日常的养护较差，发生堵塞，导致水流不畅，如图 1.33～图 1.36 所示。

图 1.36　桥涵堵塞

随着自然环境的恶化、全球气候变暖和人类活动范围的扩展，任何地区、任何等级的公路都会遭到规模越来越大的水毁损伤，从而直接缩短了公路的使用寿命，影响交通运输的安全与畅通。

作为滇藏公路的起始地，云南省一直是我国水毁的多发地区[33]。以 2015 年 8 月为例，8 月中旬以来昭通市境内普降大雨，昭通总段所管养的兰磨线、昆绥线、彝绥线、昭谢线、彝镇线等多条道路遭受严重的水毁灾害，水毁损失巨大，交通中断。此次水毁共造成路基损毁 7 处，共 1070m，需对下边坡挡墙进行修复 7550m^3，清除坍塌方、泥石流约 70000m^3，站所、水沟、涵洞等经济损失 1960 万元。

截至 2015 年 8 月底，整个云南省公路水毁累计经济损失达 12.23 亿元，洪涝灾害致使公路中断 1459 条、6030 处，其中，国省道 66 条、838 处。冲毁沥青路面 248.98 万 m^2/2060km(其中，国省干线 128.87 万 m^2/111 km)，水泥路面 103.48 万 m^2/941km(其中，国省干线 2184 m^2/2.61 km)，砂石路面 983.76 万 m^2/6630 km(其中，国省干线 2.54 万 m^2/20 km)；毁坏桥梁 4698 延米/142 座(其中，国省干线 2068.76 延米/17 座)；冲毁护坡 11.50 万 m^3/755 处(其中，国省干线 4.36 万 m^3/160 处)；毁坏驳岸、挡墙 62.35 万 m^3/4107 处(其中，国省干线 10.97 万 m^3/641 处)；坍塌方总计 3047.16 万 m^3(其中，国省干线 246.98 万 m^3)。

1.4.3　雪崩与冰害

1.4.3.1　雪崩与冰害现状

1. 雪崩、冰害及其特点

当山坡上的积雪内部的黏聚力抗拒不了它所受到的重力拉引时，便向下滑动，引起大量雪体崩塌，这种自然现象称作雪崩，也叫作“雪塌方”、“雪流沙”或

“推山雪”。

雪崩首先从覆盖着白雪的山坡上部开始。先是出现一条裂缝，接着巨大的雪体开始滑动。雪体在向下滑动的过程中，迅速获得速度，向山下冲去。

雪崩是一种所有雪山都会有的地表冰雪迁移过程，它们不停地从山体高处借重力作用顺山坡向山下崩塌，崩塌速度可达 20～30m/s，随着雪体的不断下降，速度也会突飞猛涨，一般 12 级的风速度为 33～35m/s，而雪崩可达到 97m/s，速度极大。

雪崩具有突然性、运动速度快、破坏力大等特点，如图 1.37 所示[34]。它能摧毁大片森林，掩埋房舍、交通线路、通信设施和车辆，甚至能堵截河流，发生临时性的涨水，同时，它还能引起山体滑坡、山崩和泥石流等可怕的自然现象。因此，雪崩被人们列为积雪山区的一种严重自然灾害。

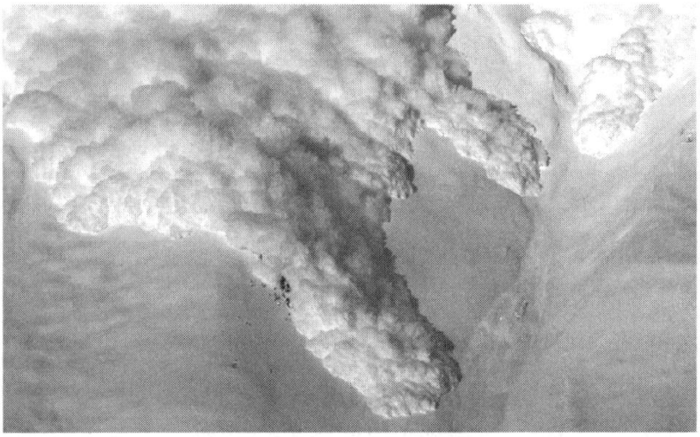

图 1.37 雪崩示意图

公路冰害是指严寒地区河水冻结、解冻与涎流冰和多年冻土地区冰锥、冰丘等危及公路行车安全和破坏公路构造物。严寒地区冰冻河流解冻时会形成大量流冰对桥梁墩台产生冲击破坏，甚至在桥下形成冰坝而威胁桥梁安全，或在河水冻结时对桥梁浅桩产生冻拔以及小桥涵形成冰塞使结构物造成冻裂破坏。冰丘、冰锥可掩盖道路，堵塞桥涵，使构造物发生严重变形。

在川藏地区寒冷的气候条件下，冰冻作用(冻融循环)会造成混凝土路面、挡土墙、桥面板和栏杆等的损伤，这也是用于修补和更换结构所需要巨额费用的一个主要原因[35]。冰冻作用引起混凝土损伤的原因与材料复杂的微结构紧密相关，同时，外部环境条件也会影响混凝土的劣化。冻耐久性(简称抗冻性)即指饱水混凝土抵抗冻融循环作用的性能。混凝土处于饱水状态和冻融循环交替作用是发生混凝土冻融破坏的必要条件。因此，混凝土的冻融破坏一般发生于寒冷地区经常与水接触的混凝土结构。

2. 雪崩与冰害多发的背景

在古近纪，印度板块和古亚洲板块发生碰撞，尔后印度板块持续的挤压作用，使青藏高原在短时间内快速隆升，最终造就了雪山林立的巨大高原。雪山及其周边发育大量的现代冰川，冰川巨大的刨蚀和搬运作用，形成了大量的冰碛物和冰碛湖。在更新世大冰期，青藏高原绝大部分地区被冰川覆盖，全新世以来随着气候变暖，冰川逐渐消融，但大量的古冰碛保留下来，冰川作用为泥石流等灾害的发生提供了丰富的水源和物源，根据大量调查发现青藏高原的大部分泥石流的暴发与冰川作用有关，冰湖溃坝是冰川作用直接产生的地质灾害。青藏高原是响应全球变暖最为敏感和最为显著的地区之一，大致以唐古拉山和冈底斯山为界，以北地区冬夏两季气温和年平均气温变化幅度都比南部大，高原西部又比东部大，气候变化的脆弱性最强，随着气候变暖，在冰川末端形成了数量众多的冰碛湖，在夏季高温融雪，暴雨降临，冰碛坝易被冲蚀和垮塌，或发生地震雪崩(图 1.38)，冰碛湖便有溃坝的危险，一旦溃坝湖水从天而降，经常形成泥石流、滑坡等次生地质灾害。

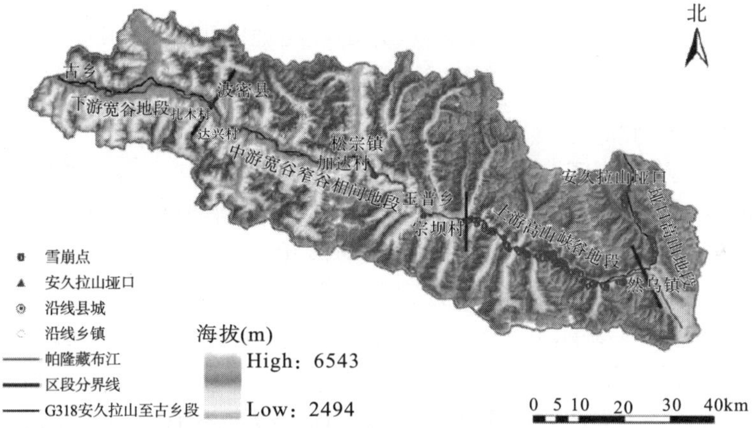

图 1.38　川藏公路安久拉山至古乡段雪崩分布图

3. 进藏高速公路与铁路沿线典型雪崩与冰害调查

如图 1.39 所示，藏东南铁路线路(川藏线、滇藏线)经过的地区受青藏高原南北向的褶皱断裂作用，进行着极强烈的流水深切割，形成相对高差达 1000～3000m 的南北向排列的高山峡谷。宏观来看藏东南线路位于极强的雪崩区。川藏、滇藏铁路的雪害主要是雪崩。川藏公路从成都至拉萨全长 2165km，其中有雪害路段为 1100km，占全线的 51%，其中雪崩地点有几十处，雪害平均每年阻断行车时间长达 3 个月以上，并多次造成人民生命财产的重大损失。青藏铁路的主要技术难题是多年冻土，而川藏、滇藏铁路的主要难题是雪害，特别是雪崩。

图 1.39 2007 年 5 月 16 日藏东南铁路线路中坝雪崩

川藏公路沿线除有关支沟上游(4800m 以上)多为常年雪崩区外，近公路两侧的雪崩一般均为季节性雪崩。按雪崩工程综合分类可将川藏公路沿线上的雪崩分为坡面雪崩、沟槽雪崩及跳跃雪崩 3 类。

川藏公路安久拉山至古乡段是川藏公路南线重要组成部分，该路段地处藏东南雅鲁藏布江大拐弯附近，路线沿深山峻岭、高山峡谷展布[36]。在地貌区划上属于藏东南深切峡谷区，沿线地形多为高山和极高山，山岭海拔一般为 5500～6000m，谷底海拔为 2000～3000m。公路沿线山地灾害极为活跃，不仅具有山地灾害类型齐全、分布密度极大、暴发频率高的特点，而且活动规模之大、危害之高、影响范围之广，为我国罕见。

川藏公路安久拉山至古乡段，地处藏东南雅鲁藏布江大拐弯附近，山高谷深，地势起伏悬殊，有许多海拔达 5000～6000m 及以上的山峰。冬春半年 5～6 个月为冰冻降霜期，海拔 5000m 以上的山峰均有终年不化的雪山，海拔 3000～4700m 地区冬季常有积雪，是川藏公路雪崩最集中最活跃的地区。同时，研究区距孟加拉湾不足 1000km，来自印度洋的暖湿气流顺雅鲁藏布河谷而上，越过喜马拉雅山延伸的余脉中横向河谷可直达本区，致使降水十分丰富。雪崩补给区全年几乎均为固体降水，如此丰富的降雪和积雪，为雪崩提供了充沛的物质基础。

1) 气候条件

积雪是雪崩形成的物质基础，又是气候的产物。影响雪崩的气候因素主要包括两个方面：一是为雪崩提供物质基础的年平均降水量；二是为雪崩雪提供冷储条件的逐日平均气温≤0℃日数。年平均降水量的多少决定了雪崩雪的供应量，逐日平均气温≤0℃日数是雪崩雪存储量的决定因素。

(1) 年平均降水量。年平均降水量提供了雪崩的物质基础，雪害分布与充沛的固体降水量息息相关。本路段位于藏东南缺口到雅鲁藏布江大拐弯附近，距孟加拉湾不足 1000km，受印度洋暖湿气流影响，河谷地区年平均降水量为 600～1000mm，该地区有许多海拔达 5000～6000m 及以上的山峰，在一定高度以下，降水量随高度的增加而增加，最大降水带附近年平均降水量可达 2000mm 以上。

因此，不少高山均有雪崩和风吹雪发育，是川藏公路雪崩最集中最活跃的地区。年平均降水量，是每年雪崩发生的物质基础。

(2) 逐日平均气温≤0℃日数。积雪的积累，根据相关学者的研究，首先取决于近地面空气层的温度是否长期保持在 0℃ 以下。逐日平均气温≤0℃ 日数为雪崩雪提供了冷储条件，帕隆藏布流域地形起伏大，相对高差巨大。通过实地考察，川藏公路安久拉山至古乡段的雪崩主要分布在 4300～4900m，该高度范围内逐日平均气温≤0℃的天数则达到 100 天以上，这为积雪的保存和积累提供了有利的温度条件，是该区域雪较发育的重要原因。

2) 地形条件

如表 1.3 所示，具有一定厚度的固体降水降落到地表后，还需要有适宜的地形条件，才可以使得积雪产生向下运动的趋势，并且地形条件的好坏，直接影响雪崩的频率和规模。雪崩一般发生在较高海拔、地形起伏度较大、坡度适宜以及适宜的地面粗糙度条件下。

表 1.3　西藏部分地区雪崩分布与地形关系

地形区段	路段	雪崩数目/处	分布密度/(处/km)	所占比例/%
垭口高山	安久拉垭口-然乌	14	0.617	15.56
上游峡谷	然乌-宗坝村	70	1.327	77.77
中游宽谷窄谷相间	宗坝村-扎木镇	5	0.067	5.56
下游宽谷	扎木镇-古乡	1	0.041	1.11

(1) 平均海拔。川藏公路安久拉山至古乡段，所有雪崩形成区的平均海拔为 4426. 02m，平均海拔与气温和降水量息息相关。较高的海拔环境下，气温较低，积雪有较好的冷储条件，这就为积雪的积累提供了良好的温度条件，是雪崩发生的基础；另外，在一定的海拔范围内，降水量随海拔的升高而增大。因此，海拔间接反映出一个区域雪崩的发育状况。

(2) 地形起伏度。对于大区域雪崩预测来说，局部坡度和坡面形态往往不能反映区域地形特征，而且统计计算十分困难。因此，在进行区域雪崩地形条件分析、计算以及进行雪崩灾害分区时，应考虑地形起伏度这个因素。川藏公路安久拉山至古乡段地势起伏大，其起伏度达到 155.68～285.86m。

(3) 平均坡度。在一定气候条件下，山坡坡度决定着雪崩的有无或频率的大小。川藏公路安久拉山至古乡段雪崩集中段的平均坡度在 0.72 左右。坡度与雪崩有密切的关系，坡度过小，坡体上的积雪的下滑力小于雪粒之间的黏聚力，积雪积累到很厚的程度也不容易下滑形成雪崩；坡度过大，积雪不容易在坡体上积累，也不会形成雪崩。因此，坡度是评价雪崩的重要因子。

(4) 地面粗糙度。地面粗糙度是特定的区域内地球表面积与其投影面积之比。它也是反映地表形态的一个宏观指标。地面粗糙度反映一个区域内地表形态的变化程度，地面粗糙度大的区域，地表变化程度大，地面起伏不平，沟壑较多，地面较复杂；反之地表就比较平整，沟壑相对较少，地形相对简单。川藏公路安久拉山至古乡段地势起伏大，导致地面粗糙度也随之增大。地面粗糙度是该区域雪崩形成的一个重要因素。

3) 下垫面结构条件

除了气候和地形条件以外，还存在一些影响雪崩形成的因素，这主要是积雪下垫面的组成结构，比如植被、积雪区域面积等。

(1) 高寒区面积比。川藏公路安久拉山至古乡段，整体地势高，高海拔部分占比很大，是雪崩形成的良好场所。高寒区面积比是海拔较高的区域与研究区段总面积的比值。高寒区面积比越大，表明该区段的地势越高，温度越低，冰雪积累面积越大，雪崩的物源越充足，更容易发生雪崩；反之，则不容易发生雪崩。因此，用高寒区面积比来间接反映研究区内雪崩的物质供应规模。

(2) 森林覆盖率。研究区内，较低海拔的山体森林覆盖较茂密，随着海拔的升高，森林覆盖率逐渐降低。森林和灌木丛对雪崩的形成和运动有重要的影响，茂密的森林是雪崩形成和运动的主要阻碍。森林覆盖程度越大，发生雪崩的可能性越小，雪崩活跃度就越小；森林覆盖率越小，雪崩运动的阻碍就会越小，雪崩活跃度就会越大。在森林覆盖率大的情况下，积雪一般不参与雪崩的形成。绝大多数雪崩源于森林线以上的草甸和灌木带，或森林覆盖率小的山坡。

4. 雪崩与冰害影响因素的研究

积雪对气候自然环境产生巨大影响是因其辐射特性和导热性质与水体、岩土体有显著的差别，而积雪的这两种性质及其对环境的影响程度与积雪的平均厚度和持续时间有关。积雪在时间和空间上都是变化不定的，我国尤为明显，其持续时间比平均厚度更有代表性。

雪崩的速度、规模、抛程和冲击力是雪崩作用的重要动力学特征。雪崩的运动特征、危害程度与雪崩类型有关。我国提出了按雪的性质、雪崩运动路线上的地貌特征和雪崩集雪区的地貌形态三者结合的雪崩综合分类法。此外，根据雪崩区高度、发生时间、月平均气温、气温年较差、年降水日数等主要指标，以及变质作用类型、积雪密度、危害较大的雪崩类型等参考指标，可将我国西部季节性雪崩划分为大陆性、海洋性和过渡性雪崩区。

影响雪崩的因素有很多，在这里列举出几个比较重要的因素。

1) 风速

风速是引发新雪雪崩的一个非常关键的因素，当风速超过 15km/h 的时候，其会根据地形的不同，从而产生涡流或旋风。当它吹向边缘地带的新雪块时，就很容易产生松动，进而发生不同规模的雪崩。

2) 坡度

坡度是引发雪崩最重要的因素之一，当雪量达到极限坡度(约 1.732)所能承受的容量时，就很容易产生雪崩。一般当达到 0.577～1 时，就需要引起重视。

3) 空气温度

空气温度以及其变化的影响同样不容小觑。一般在常年积雪区域，当积雪厚度达到 3～5m，昼夜温差达到 6～10℃时，就需要加以防范。

4) 大雪和暴风雪

大雪会对积雪造成一定的压力，而暴风雪会将山一边的雪吹向另一边，这都会有很大的概率引起雪崩。

5) 人类活动和振动

人类大面积的砍伐树木和土壤侵蚀造成部分积雪失去阻挡物。同时，人们在雪地上使用雪地摩托和越野汽车等交通工具时，会与地心引力产生耦合，从而发生雪崩。

同样，相对于雪崩，属于冰害的涎流冰一般也是出没在一年中的负温时节，一般在 12 月到次年 3 月之间，存在 4 个月左右。在 12 月至次年 1 月，由于气温持续降低，涎流冰由出现逐渐发展到高峰期；1～2 月，在气温回暖和温差的共同作用下，出现夜晚冻结白天消融的更替时期；在 3 月以后，由于气温作用，涎流冰已经基本消融殆尽。涎流冰的形成面积和形成厚度一般差异较大。

涎流冰病害在不同时期的形成规模，对公路运营的影响也是不同的。涎流冰刚成型时，冰体较薄，覆盖于路面容易造成路面光滑，行车中易出现打滑、侧移等状况；冰体累积过多易形成冰丘、冰沟，可能导致交通阻塞，甚至翻车等事故；河水涎流冰大规模形成还可以阻塞河流，造成桥梁、路基水毁；在次年气温回升时，冰体消融还可能导致路基翻浆、下沉，以及滑坡等威胁公路运营安全的次生病害。

形成涎流冰有两个主要的自然因素，即内部因素水和外部因素负温度。涎流冰出没必不可少的主要因素就是负温度。从作者及研究团队大量的调查来看，在初冬时节昼夜温差较大，这对涎流冰的发育是十分有利的。但在严冬季节，一般涎流冰发展停止，因为在这期间由于负温度过低，地下出水或含水层冻结，水的补给中断，涎流冰停止发育。

国家大力投资高速公路建设，尤其是在山岭地区，为了满足结构、快速线形等要求，高速公路修建过程中造成许多高填大挖地段，不同的路基形式直接影响路基附近水体的运移状态，如渗流路径的改变、渗流长度的改变、局部渗透性质的改变等均与涎流冰的形成息息相关。

从涎流冰病害形成的过程看，自然因素是基础，公路修建是诱因，后期的养护是保障[37]。针对每个季节的不同特点，设置相应的养护设施也是防治涎流冰发生、降低发育规模的原则之一。

1.4.3.2 雪崩与冰害危害

一方面，川藏公路南线雪害(积雪、雪崩和风吹雪)除了直接淤埋和堵路阻车，还常有毁车伤人事故；另一方面，雪崩有时会堵塞河道，形成临时堰塞湖，溃坝形成的超常洪水淹没和冲毁路基，影响交通运输。

例如，2010 年 12 月 22 日 18：00，新疆伊犁公路总段巩乃斯山区普降暴雪，风力达 6 级以上造成风吹雪，巩乃斯山区(218 国道)K341+400m 处发生高 8m，长 20m 的雪崩。22 日晚，巩乃斯山区路段(K332-K352 之间)共发生雪崩 23 处，最深的雪厚 8m 以上，最长的雪崩达 200m 以上。

涎流冰是高寒地区突出的公路冰雪害现象，它能引发公路翻浆、冻胀、路基边坡失稳造成滑坡等一系列问题[38]。高寒地区夏季短暂，冬季漫长，每当进入冰冻期，由于地下水不冰结及植物覆盖层下的层间水冰结期晚，因此在地下水及层间水露头的地方，形成了涎流冰。而公路经过山麓坡脚、沟口，路堤路堑及结构物修建破坏了天然水原来的平衡状态或通道，这种涎流水逐次流向公路，每流入公路一次，就结一层冰，堆积形成大小不一的冰堆，并且冻融间歇性增厚推移覆盖路基路面及结构物，这就是涎流冰，也就是在养护工作中所称的“冰包”。由于西藏独特的地形地貌、气候等自然条件都适合涎流冰的产生和发展，因此，涎流冰在西藏绝大部分地区广泛分布，在东部山区尤其严重。随着公路建设的快速发展，西藏正在和即将修筑大量的等级公路，这对路基、路面的强度、稳定性及运输安全性的要求也更加严格，涎流冰作为一种常见病害，严重影响了公路的使用功能。

1.4.4 极端气温

进藏公路、铁路沿线桥梁处于多年冻土区，深居大陆内部，远离海洋，具有独特的冰缘干寒气候特征，寒冷干燥。西藏自治区年平均气温-4℃，极端最低气温-45.2℃，年负温天数为 180 天左右。青藏高原年平均气温低，构成了青藏高原气候的主要特征。青藏高原有一半地区年平均气温低于 0℃，其他地区如雅鲁藏布江、河汉谷地和柴达木盆地相对比较温暖，年平均气温在 3～5℃。

根据中国气象网数据，对 1951～2008 年这五十多年来的西藏部分地区及部分同纬度城市年平均最低气温进行统计(表 1.4)。从表 1.4 中可以看出：西藏的气温比同纬度平原地区的气温要低得多，如拉萨与南京冬季最冷月(1 月)平均最低气温相差 8℃。西藏其他地区最冷月(1 月)平均最低气温与同纬度平原地区最低气温，相差 8～28℃之多。

表 1.4　西藏部分地区及部分同纬度城市年平均最低气温对照表

地区	年平均最低气温/℃	地区	年平均最低气温/℃
拉萨	-9	当雄	-18
林芝	-5	拉孜	-10
泽当	-8	尼木	-12
那曲	-22	聂拉木	-8
昌都	-10	江孜	-14
狮泉河	-20	隆子	-13
班戈	-18	武汉	0
帕里	-17	重庆	6
索县	-17	南京	-1
安多	-22	杭州	1
申扎	-17	上海	1

表 1.5 是西藏一些典型地区近 50 多年气温统计结果，从表中可以看出西藏地区极端最低气温很低，同时极端最高气温较高，这非常不利于混凝土的强度发展，影响混凝土的耐久性能。

表 1.5　西藏典型地区近 50 多年气温统计结果

地区	极端最低气温/℃	极端最高气温/℃	出现温度正负交替的月份
拉萨	-17	30	1、2、3、11、12
林芝	-15	31	1、2、11、12
泽当	-15	30	1、2、3、11、12
那曲	-41	24	1～5、10～12
昌都	-19	33	1～3、11～12
狮泉河	-37	28	1～5、10～12
班戈	-43	23	1～5、10～12
帕里	-30	19	1～5、10～12
索县	-37	27	1～4、10～12
安多	-37	24	1～5、10～12
申扎	-31	25	1～5、10～12
当雄	-36	27	1～5、10～12
拉孜	-19	29	1～3、11～12
尼木	-20	29	1～3、11～12
聂拉木	-21	22	1～4、10～12
江孜	-24	29	1～4、10～12
隆子	-27	27	1～4、10～12

同时，西藏部分地区与部分同纬度城市的气温日较差也有较大差别(表 1.6)。

表 1.6　西藏部分地区及部分同纬度城市气温日较差对比表

地区	日较差/℃	地区	日较差/℃
拉萨	11～16	当雄	11～18
林芝	10～14	拉孜	11～17
泽当	12～16	尼木	12～20
那曲	12～19	聂拉木	7～12
昌都	13～19	江孜	13～27
狮泉河	13～17	隆子	11～20
班戈	11～14	武汉	7～9
帕里	9～20	重庆	4～9
索县	12～16	南京	7～10
安多	10～17	杭州	4～8
申扎	11～15	上海	7～8

另外，西藏南部拉萨、昌都和日喀则的气温最暖月平均气温和最冷月平均气温之差(年较差)为 18～20℃，而纬度相近的汉口、南京为 26℃，北部的年较差较大，一般达到 26～30℃，而纬度相近的北京、兰州为 30～31℃。南部气温年较差较小的原因是所处地理位置纬度较低，冬季接受的太阳辐射较多；同时东西走向的高大山脉，阻挡了北来的冷空气入侵，所以气温下降不甚剧烈。西藏地区白天大量吸收辐射，地面温度急剧升高，加速了近地面空气的升温作用；夜间地面热量大量向空中散失，使得近地面气温迅速下降，因而西藏各地区昼夜最高气温和最低气温相差(日较差)较大。

1.4.5　土地冻融

青藏高原的多年冻土位于高海拔多年冻土南界以南，属于高海拔的多年冻土，是世界上中、低纬度海拔最高、面积最大的多年冻土区，面积约 149 万 km^2，占中国多年冻土总面积的 70%。西藏是中国最大冻土分布区之一，也是世界上中、低纬度地区海拔最高、面积最大的冻土区。冻土分布面积由北和西北向南及东南方向减少，最发育的地区在昆仑山至唐古拉山南区间，除大河湖融区和构造地热融区外，多年冻土区基本呈连续分布，而南至喜马拉雅山为岛状冻土区，藏南谷地出现季节冻土区。西藏高海拔，中、低纬度的冻土地带，水文、地质、气象条件复杂，是困扰公路、铁路交通建设的难题。西藏主要为高温极不稳定多年冻土区，另有部分地区为岛状冻土及深季节冻土，西藏多年冻土厚度变化较大，为 10～100m。冻土层温度和厚度受海拔控制，海拔越高，温度越低，多年冻土越厚，如图 1.40 所示。

图 1.40　多年冻土层

青藏高原的多年冻土分布有强烈的垂直地带性，多年冻土温度、厚度受海拔的控制，海拔越高，温度越低，多年冻土越厚，同时又有纬向地带性和干燥地带性。根据雷达与钻探资料，青藏高原沿线多年冻土有两种类型，即不连续岛状多年冻土和大片连续多年冻土。从西大滩 K2879+650m 开始进入不连续岛状多年冻土区，其海拔为 4150m，下界处年平均气温为−2.5℃，于 K2886 开始进入大片连续多年冻土区，发育大片连续多年冻土的海拔为 4350m，砂砾石层连续多年冻土的下界处平均气温为−3.6℃，阳坡碎屑堆积物下界处年平均气温约为−5.6℃。到不冻泉地段 64 道班，由于受地热和构造影响，局部出现有贯穿性融区，范围较小，为 4～5km。穿越沱沱河盆地进入开心岭山区后，多年冻土呈片状分布。从通天河盆地、布曲河谷地段到温泉断陷盆地，进入了青藏公路多年冻土区最大的多年冻土区和融区并存的路段。主要影响是河流的溶蚀作用和温泉断陷谷地的构造影响。进入唐古拉山和桃二九山区后，多年冻土呈大片连续分布。K3412 路基钻探发现有多年冻土存在。K3462，K3478，K3493，K3502 等处有零星多年冻土存在。青藏高原冻土的平面分布比较复杂，冻土的发育是由高原所具有的垂直地带规律决定的。冻土区南北纬度长达 8°，高原内部冻土下界的分布具有水平地带规律。青藏公路沿线土厚度随海拔的升高而增大，平均每升高 100m，增加 20m 左右，最大厚度在一百多米及以上。季节融化深度随纬度和海拔的升高而减小，季节冻结深度则随海拔升高而增加，一般细粒土最大融深为0.8～2.5m，基岩为3～5m，草皮发育区为0.3～0.8m。阴阳坡向不同，造成了对太阳辐射热量吸收的不同，因此，阳坡季节冻结较小，融化深度较大，阴坡则相反，差值为0.1～1m。

西藏地区的冻土具有地域分布广、厚度薄及稳定性差等特征。地温是冻土动态特征的重要标志，一定深度的钻孔地温曲线可反映该处冻土的现状、演化史和变化趋势。在气候持续变暖的背景下，高原冻土总体处于区域性退化趋势，根据其地温曲线特征基本可归纳为3类：稳定型、退化型和相变过渡型。西藏多年冻土区典型地温曲线如图1.41所示。

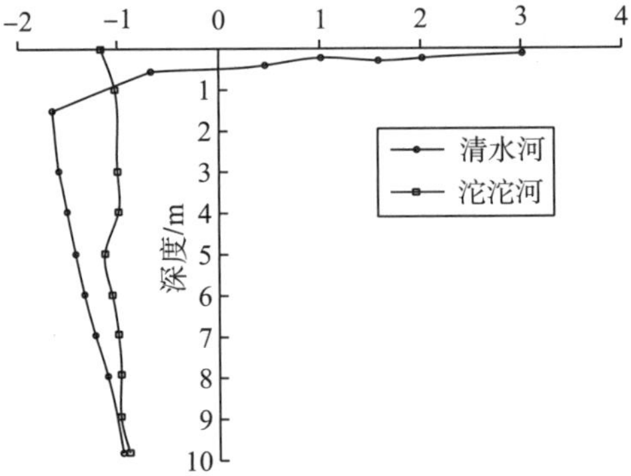

图1.41　西藏多年冻土区典型地温曲线

在冻土环境中，桥梁墩台混凝土受冻破坏，如图1.42所示。

图1.42　桥梁墩台混凝土受冻破坏

混凝土浇筑时，如何保证冻土不受混凝土升温的影响，不受破坏，这是混凝土结构耐久性的新课题。

1.4.6　干湿循环与风沙侵蚀

西藏大部分地区年平均降水量较小，仅 400mm，一些地区不到 100mm。因长期干燥，混凝土浇筑后，水分迅速蒸发，使混凝土产生早期收缩开裂，长龄期时会产生收缩开裂，如图 1.43、图 1.44 所示。而且西藏各地降水的季节分配非常不均，干季和雨季的分别非常明显。每年 10 月至翌年 4 月，西藏地区上空为西风急流，地面为冷高压控制，干旱多发，低温少雨雪，降水量仅占全年降水量的 10%～20%。每年的 5～9 月，高原近地面为热低压控制，西南季风登上高原。这时西藏各地的雨量一般占全年降水量的 90%左右。

图 1.43　干燥、干湿造成混凝土结构开裂

图 1.44　混凝土表面失水干缩、早期开裂

另外西藏的降水在空间分布上也非常不均，西藏东南和喜马拉雅山脉南翼的旱季降水占全年的 20%～50%，其余地方仅占 8%～10%，有的地区最长的无降水日长达 130～170 天。这种时间和空间上降水量不平衡的特点，也在一定程度上加剧了西藏地区桥梁混凝土的干湿循环，不利于桥梁混凝土的耐久性。

西藏的地形十分复杂，各地的降水量差异很大，但其总的分布趋势是东多西少，迎风坡多，背风坡少，具有东南部湿润，西北部干燥的特点。大部分地区降水非常集中，6～9 月的总降水量可占全年的 80%以上，仅 7 月、8 月的降水量就占全年降水量的 50%以上。但东南部 4 月、6 月、9 月为降水集中期。西藏雨季和旱季分明，除阿里地区无明显雨季外，其他各地都有明显的雨季和旱季。冬春季干旱多风，夏秋雨热同季，干湿季分明。图 1.45 中，选取西藏部分具有降水代表性地区，绘制了西藏部分地区年降水量分配图，从图中可知，拉萨、林芝、泽当、那曲降水多集中在5～9月，占年总降水量的83%～95%。每年10月至次年4月少雨雪，多风沙，气候干旱。

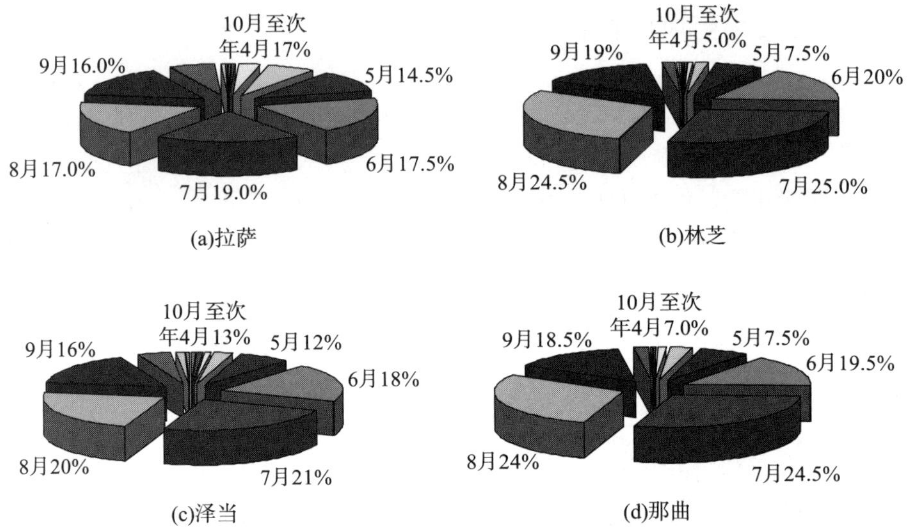

图1.45　西藏部分地区年度降水分配图

据西藏堆龙德庆区调查资料，干旱是西藏最常见的灾害，冬、春、初夏连续干旱可长达156～228天，就是夏秋雨季也常出现干旱。青藏高原年降水量自藏东南4000mm以上向柴达木盆地西北部的冷湖逐渐减少，冷湖的降水量仅有17.6mm，最大降水量约是最小降水量的200倍。以雅鲁藏布江河谷的巴昔卡为例，降水极为丰沛，年平均降水量达4500mm，是我国降水中心之一。在喜马拉雅山北麓与雅鲁藏布江之间，有一狭长的少雨区，年平均降水量少于300mm。由于喜马拉雅山的屏障作用，阻挡南来的暖湿气流北上，气流翻过高大山体，下沉增温，相对湿度变小，不易形成降水，为“雨影区”，是西藏较为干旱的地区。根据中国气象网对2000～2009年西藏部分地区的相对湿度统计资料中的相对湿度(%)数据(图1.46)，并结合各地区月平均温度(℃)，得出部分地区大气绝对湿度(g/m^3)。从图1.46可以看出，西藏的湿度变化幅度远远超过同纬度的一些城市，因此桥梁混凝土在湿度迅速变化的情况下更容易产生干缩裂缝，尤其是早期混凝土更易受到影响，这会直接影响混凝土的耐久性能。

同时，由于部分地区风沙较大，常年的大风容易造成混凝土的磨损，破坏混凝土的保护层，影响混凝土的耐久性，如图1.47所示。

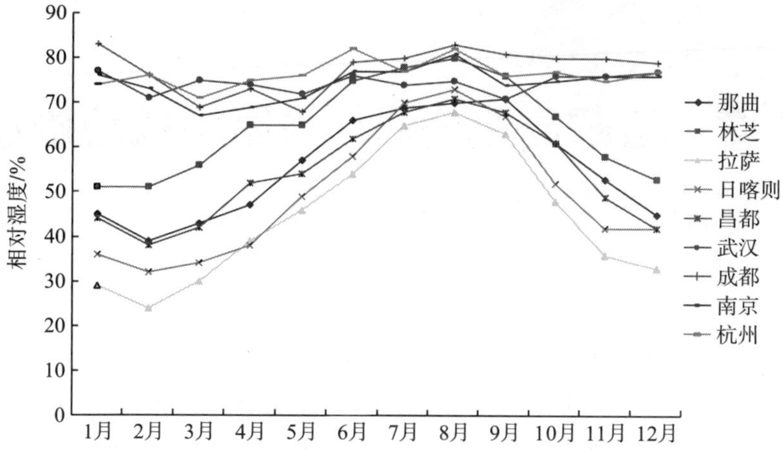

图 1.46 西藏部分地区及部分同纬度城市相对湿度对照图

图 1.47 桥梁的风沙磨蚀、钢筋混凝土保护层磨损

1.4.7 有害离子的侵蚀

青藏公路要经过大约 20 条河流，其中部分河流的腐蚀性离子浓度很高，西藏盐矿、湖泊星罗棋布。据不完全统计，大小湖泊有上千个，是我国现代盐湖的主要分布区之一。有少数盐湖已进行小规模开采。西藏中型盐矿有三座：西藏扎布耶茶卡、西藏戈木茶卡、西藏杜加里湖，分别分布在西藏西部及中部，另外西藏东部昌都市也盛产盐矿。对河水中 SO_4^{2-} 、Cl^- 等侵蚀离子进行测定，发现水中存在中等程度的侵蚀离子。

因此，西藏地区恶劣的自然环境条件，对混凝土结构的性能提出了更高的要求。

第2章　进藏高速公路与铁路沿线地质过程

进藏高速公路与铁路线路通过横断山脉高山峡谷、江流谷地和青藏高原等地形，穿越地区以高山峡谷为主，地形陡峻而险要。线路经过的地区沉积岩巨厚，岩浆活动频繁，变质作用复杂，受青藏高原多期次构造运动影响，褶皱、断裂纵横交错，节理裂痕发育明显，为崩塌、滑坡、泥石流等典型地质灾害的形成创造了极为有利的条件。

2.1　进藏高速公路与铁路沿线地形地貌特征

2.1.1　雅安到巴塘段地形地貌

进藏高速公路与铁路雅安到巴塘段位于四川省阿坝州、甘孜州境内，位于四川盆地西部，呈近东西向条带状展布，该段属于四川盆地与青藏高原过渡地带，由海拔4000多米的世界屋脊向东倾斜，降至海拔500多米的四川盆地西角。西部抬升幅度大，东部小，形成由西向东倾斜地势。该区域山脉绝大多数为背斜山，与地质构造走向一致。沿线山脉纵横，地表崎岖，地貌类型复杂多样。形态上，以山地为主，极高山、高山、中山、低山、丘陵、河谷阶地、浅丘、平坝等地貌齐全。

该段位于四川盆地与青藏高原过渡地带，地势总体西高东低，地壳活动频繁，断裂发育。由于剧烈的地壳抬升，必然遭到强劲的外力剥蚀，在冰川、流水等因素的破坏、搬运下，山地以深切割地貌为主，造成相对高度相差巨大。根据内外营力以及剥蚀、堆积间相互作用的结果，该段沿线地貌类型按成因可分为以下6种类型。

1. 剥蚀、侵蚀类型——夷平面

夷平面在工作区广泛发育。除按其海拔可分为六级外，按其表面形态又可分为两种：第一种地表较平坦，面积不大；第二种地表略有起伏，呈波状或丘状。平坝内以最新河流堆积为主。海拔1400m以下的二期剥夷平面，分布面积较小，

广见于东部及中部。海拔 800m 的夷平面，主要分布在大渡河、青衣江两水系主干河谷两侧。

2. 刨蚀、侵蚀、堆积类型——冰川蚀、侵蚀堆积的河流阶地

大渡河、青衣江水系两岸均发育河流阶地。五级河流阶地分别生成于早更新世晚期、中更新世早期及晚期、晚更新世及全新世，由于间冰期河流沉积物土层深厚，灌溉条件好，水热条件优越，是雅安市种植业发展地区。主要城镇多分布在第一、第二阶地如雅安市雨城区、天全县城附近，沿天全河等河谷地带分布有冲洪积堆积层和坡洪积堆积层等。

3. 侵蚀堆积类型——以侵蚀和堆积作用为主的低丘和河谷平坝

低丘主要分布在宽阔的向斜谷内，相对高度小于 200m，以名山向斜展布的冰碛丘陵面积最广。在山麓地区，海拔 700～800m 的河沟出口处，有山麓洪积扇分布，面积不大，高度不同。个别地方出现新洪积扇之上尚有两级洪积扇存在，多已辟为梯地、梯田。河流谷地多形成深切峡谷。但沿断裂带或软弱地层则出现较宽的谷地，形成冲积型阶地或冲积扇，如雅安市雨城区至天全县飞仙关、始阳等地分布的低丘地貌。

4. 构造剥蚀类型——构造作用及风化、剥蚀作用为主的低山区

这类山地海拔低于 1000m，相对高度大于 200m。风化壳经强烈风化，矿物质分解而产生富铝化过程，因而出现表层土质黏重、带红色的母质土。这些母质土在强烈流水剥蚀下形成褶皱轴部的较厚堆积，山脊多形成猪背岭。在地层平缓的向斜轴部附近则呈穿窿状、馒头状或桌状山顶，在植被覆盖率较低的山坡，冲沟密布，甚至岩石裸露，水土流失严重。在海拔 1000～1400m 地带分布着一系列单斜山，广见于天全县。

5. 构造、侵蚀类型——切割较浅的中山区

这类山地海拔 2000m 左右，相对高度大于 200m，分布在该区域中西部地区。山岭走向受构造带控制，与构造线方向一致。年均温在 6～16℃，迎风坡降水量北部在 200mm 以上，南部在 1000mm 以上。化学风化作用比高山区强烈，西部风化壳厚 6～10m，呈黄色或黄棕色。由砂岩组成的低中山，峰尖坡陡：由中厚层灰岩组成的低中山，山脊平缓：由花岗岩构成的低中山，风化较强，坡脚由于侵蚀物的堆积，山坡和缓，山顶浑圆。但在海拔 2000m 以上的山地，由于流水强烈下切，山坡变陡，山脊和山峰多呈棱柱状。海拔 2000m 以上的中山，多为山地黄棕壤及灰棕壤，局部缓坡。

6. 剥蚀构造类型——切割较深的中高山地貌

这类山地海拔3000m左右，山高谷深，主要分布在工作区西部，部分地貌剖面图见图2.1。构造运动的不均衡抬升及强烈的剥蚀，使山体陡峭，山形雄伟，绵延逶迤。年均温在0～10℃，最冷月为一月，均温在0℃以下，冬季积雪。降水量南部为600～700mm，北部为900～1000mm。山地物理风化强烈，表面风化壳浅薄，组成物质以粗粒为主。由于蒸发量小，气候潮湿，剥蚀作用较强，以片状侵蚀为主，海拔3500m以上的高山，开始出现冰冻地貌，常见各种冰碛物。

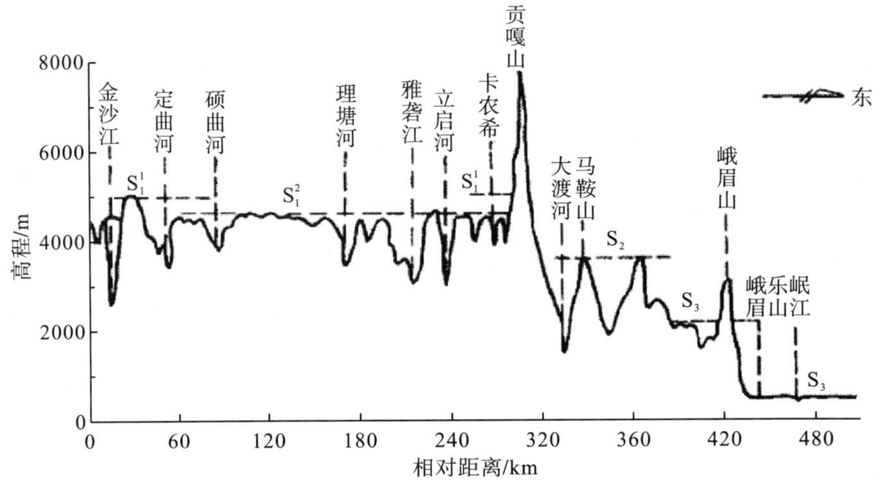

图2.1 进藏线路川西部分地貌剖面图

注：下标数字1～3分别表示第1、第2、第3级夷平面；上标数字1、2表示同一级夷平面上的不同面

2.1.2 中段三江峡谷区地形地貌

中段三江峡谷区(图2.2)地处青藏高原东缘的横断山中段，该段沿线区域呈北高南低的高山与峡谷相间的地势，担当力卡山、高黎贡山、怒山、云岭等山脉近南北向延伸，独龙江、怒江、澜沧江、金沙江等深切峡谷，平行南下，构成了纵向岭谷地貌，总体上看，该区域地貌呈现以下特征。

1.突出的纵向岭谷地貌

在东西宽不到100km范围内，由西向东有数列近南北纵向排列的巍峨大山(高黎贡山、怒山-碧落雪山、云岭、香格里拉大雪山等)组成横断山系中段。怒江、澜沧江、金沙江三条大江穿行在这几列大山之中，呈现出两山夹一江，一江隔两山的自然地理景观。三条大江最近的直线距离位于腊早-康普-托顶等地，东西直线距离 64km，其中怒江与澜沧江最短直线距离仅有 18.6km。从东向西，三条大江的同纬度江面高程逐步降低。三条大江在本区平行南流数百千米，河谷深切，山峰高耸，形成相对高差达 3000m 以上的大峡谷群景观。

2. 地貌相对高差大，河谷深切

本区新构造运动活跃，地层被挤压褶皱，断裂切割、断块升降明显，造成本区地貌地势起伏大，高山、极高山分布众多，河谷深切现象普遍。

3. 地貌垂直分带明显

三江地区地形地貌在垂向上总体特征表现为高海拔区冰雪剥蚀、陡坡地形地貌与低海拔河谷侵蚀、堆积峡谷地形地貌，之间镶入构造剥蚀、溶蚀、堆积(盆地)地貌的宏观特征。自上而下，4500m 以上主要是相对冰雪剥蚀地貌；再往下是构造剥蚀斜坡地貌、碳酸盐岩地区的剥蚀溶蚀地貌、盆地台地地区的堆积地貌、丘陵地貌等；再往下的河谷地区，为河流侵蚀峡谷区峻坡地形地貌，各支流形成冲积堆积扇、河流阶地、坡积地貌等。

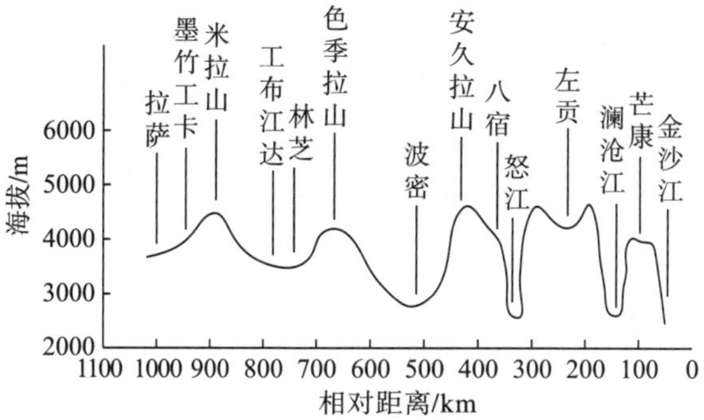

图 2.2 进藏线路西藏境内沿线地形剖面图

4. 主要河谷地貌特征

三江峡谷区特殊的地质演化造就了金沙江、澜沧江、怒江以及偏居西北的独龙江，形成著名的纵向岭谷地貌。三江并流区内三条大峡谷与两岸高山雪峰有巨大的高差，相对高差达 2000～4740m。三江并流、横断山阻隔构成区内最宏伟、最典型的地貌组合和地理奇观。三条大江江岸峭壁悬崖、峡险谷深，其中又以梅里雪山大峡谷(澜沧江)最深，虎跳峡大峡谷(金沙江)最险，怒江大峡谷最长。

1) 怒江河谷

怒江在区内全长316km，河谷较窄，谷底宽度在100m左右，多呈“V”字型峡谷。怒江北部(云南和西藏交界)江面海拔 1700m，南部(六库)江面最低海拔820m，每千米落差2～2.7m。怒江东有碧罗雪山、梅里雪山(最高峰海拔6740m)，山峰多在4000m以上，西有高黎贡山山脉，主峰嘎瓦嘎普峰海拔5128m，其余山峰亦多在4000m以上。怒江流域地处印度板块和欧亚板块接合部，褶皱强烈，断层发育。怒江两岸多出露较坚硬的多片岩、大理岩、片麻岩、混合岩和花岗岩地层，岩石强度较高，抗变形破坏能力较强。新构造抬升作用总体表现为北部的抬升速率高于南部的抬升速率，福贡-丙中洛段河床平均坡降约2.5‰，江水湍急，河流处于强烈垂直侵蚀阶段。在构造和河流侵蚀作用下容易形成陡峻河谷岸坡，因此峡谷段较长，是世界有名的大峡谷。越往北，峡谷越深，进入西藏境内，河谷相对高差大于2000m。

整个怒江河谷除保山潞江坝以外几乎都呈现出峡谷形态。因而在怒江峡谷之中极少有第四系沉积物，仅在上述潞江坝中有一定分布。怒江大峡谷的发育受控于在加里东期开始形成、历经多期活动的大断裂，但不等于形成怒江大断裂就形成了怒江大峡谷。在滇西地区白垩系分布于澜沧江以东地区，古近系-新近系均属盆地沉积类型，且发育在澜沧江以东。在怒江中下游谷地两侧偶见古近系分布，但均属断陷盆地沉积。据云南省——九九煤田地质勘探队资料，这些断陷盆地沉积内上新统含煤地层不仅厚度变化很大，而且岩性与含煤时代也有差异。说明他们之间互不连通，空间分布也与怒江无关，因而在上新世时怒江还没有形成。联系到怒江峡谷两侧山地夷平面被第四纪断层切割、肢解、升降等，形成断块山地或谷地中的断块台地等现象，说明怒江大峡谷是在中更新世以来由于断裂陷落和河流下切而形成的断陷型河谷。

2)澜沧江河谷

澜沧江在区内流程460km，从西藏芒康县布依入云南省境内，流经德钦县的佛山、云岭、燕门，维西县的巴迪、叶枝、康普、白济讯、中路、维登，兰坪县的中排、石登、营盘街、兔峨，沿江总落差984m。沿江地质构造复杂、形迹多样，为欧亚板块和印度板块主碰撞带所在处，推覆构造、混杂岩、紧密褶皱明显，多期变质突出，岩层片理发育，多呈陡倾或直立产状，是三江并流区内火山岩最为发育的地带，但河谷区多出露三叠系和侏罗系，岩质相对较软，抗变形破坏能力相对较弱。新构造抬升作用总体表现为北部的抬升速率高于南部的抬升速率，兰坪-德钦段平均河床坡降约1.9‰，河流垂向侵蚀作用较强，河谷多表现为较窄的“V”字型深切河谷，局部形成峡谷区，尤其北部河谷较深，燕门以北的河谷区相对高差基本在2000m以上。最为典型和最为险要的大峡谷地貌有：德钦县梅里雪山大峡谷、巴迪燕子岩峡谷、营盘街峡谷。

3) 金沙江河谷

金沙江在区内河道长 380km，由北向南流到石鼓镇，突然折转 120 多度，向北东方向流去，与共同并流的其他两江分道扬镳，形成长江第一弯。金沙江流域地区的新构造运动过程的抬升特征与怒江和澜沧江流域地区有所差别。进入全新世以后，由于石鼓和玉龙雪山地段的快速抬升隆起，降低了虎跳峡上游金沙江河段及其支流的河床坡降，虎跳峡镇-塔城段，平均河床坡降为 1.4‰。由于河床坡降较小，江水流速较慢，各支流出口处容易形成泥石流堆积扇，同时江水的侧蚀作用加强，形成宽缓“U”字型河谷，江水呈河曲状。主要支流河谷同样呈宽缓河谷，泥石流堆积扇较发育。虎跳峡段由于抬升过快，垂直侵蚀作用强，形成峡谷，虎跳峡下游大具乡一带的第四系堆积层高出江面 200m。大具河流阶地的巨厚冲积层说明，进入第四纪更新世时期金沙江河道在此进行过相当一个时期的沉积，形成宽阔河谷和厚层沉积，进入全新世后，又随玉龙雪山一起经历了持续抬升。

奔子栏段以北，金沙江河谷坡降逐步增大，垂直侵蚀作用较强，河谷逐步变成“V”字型深切河谷。河床一般宽 50～100m，两岸谷坡陡峻，坡角在 35°以上，岩层多裸露，节理发育。两岸山岭海拔在 3500～4500m，相对高差一般在 1500～2500m。至德钦奔子栏附近才有所展开，河谷稍为开阔，呈现出一定的宽谷形态。到奔子栏时宽达 1km 左右，河床浅滩、心滩零星出露，阶地、冲积扇较为发育，河道弯曲。塔城-奔子栏段为中间过渡段。根据金沙江峡谷形态、河床宽度的相对性，可将其划分成峡谷与宽谷两种形态。金沙江峡谷地貌最为典型的地段是虎跳峡、石门关峡谷段及区内金沙江北段峡谷。

2.1.3　八宿到拉萨段地形地貌

该段沿线区域为高海拔高原地区，相对高差达 670m 以上。区内山川走向为南北向和东西向，河谷走向多为南北向，构成极高山为主的高原山地地貌。

青藏高原平均海拔在 4000m 以上，以藏东为代表的高原周边发育世界上最深峡谷，相对高差在 1500～3000m，最大达 5000～6000m；河流深切，沟壑纵横，水流湍急，现代冲蚀作用相当强烈；山高坡陡，坡角一般在 30°以上，最大可达 80°，重力地质作用及其引起的物质移动显著。据研究，藏东主要地貌特征为：绝对和相对高度大，河流深切，山坡陡峻；格子状水系，河谷地貌多变，峡谷与宽谷相间发育，在纵向上呈串珠状；古冰川与现代海洋性冰川发育，面积大，冰湖众多；松散堆积物发育；地形地貌受构造控制十分明显。另外，现代冰川占全流域的 16.2%左右。

该段沿线区域的地貌类型复杂多样。在构造地貌上，北部是念青唐古拉山，南部属喜马拉雅山东段，西北部是冈底斯山余脉，东部系横断山脉。前三大山脉为东西走向，后者多为南北走向。山脉之间是宽窄相间的河流谷地，其中最大的是喜马拉雅山和冈底斯山之间的雅鲁藏布江谷地及其支流尼洋河、帕隆藏布江、察隅河谷地。境内以喜马拉雅山脉为分界线。从河谷海拔而言，北部高南部低，形成了明显的两大台阶，地形总的趋势是自西北向东南倾斜，高差巨大，最高是喜马拉雅山东端米林与墨脱两县交界的南迦巴瓦峰，海拔为7756m，最低在雅鲁藏布江下游墨脱县的巴昔卡，海拔为155m，相对高差达7601m，全境具有典型的高山峡谷与山地河谷地貌，属深切割地形。

1. 冰川

受地形影响，南方来的暖湿气流一方面受地形抬升在迎风面产生强降水，另一方面水汽沿河谷北伸，可以到达较北的位置，使本地区成为西藏暖湿气流最活跃，水汽来源最充沛的地区。再加上区内及四周高山隆起，高寒的气候条件使大量的天然降水以固体形式储存于高山上，使现代冰川极为发育。本地区冰川面积之广，规模之大在整个西藏乃至全国也是罕见的。全地区冰川及常年积雪面积达67282km^2，占土地总面积的5.78%，仅次于新疆，居全国第二。现代冰川大多属海洋性冰川，但工布江达、朗县西部是海洋性和大陆性过渡性冰川。念青唐古拉山脉东段南坡波密县易贡八玉沟的卡钦冰川，长32km，面积170多平方千米，冰舌末端海拔为2530m，是全国最大的海洋性冰川。冰雪线分布高度总的规律是自东南向西北升高，察隅、波密为4000～4500m，察隅县的阿扎冰川雪线海拔4600m，冰舌下伸到海拔2500m左右的亚热带常绿阔叶林中，而工布江达的娘蒲高达5800m。

2. 河流

本段区域境内有众多河流和小溪，分布如网，因地势由北向南倾斜，河水都南流出境。本地区河流主要属雅鲁藏布江和怒江两大水系。此外，其他流域还有吉太河、察隅河、丹龙河等河流。

雅鲁藏布江水系：雅鲁藏布江是西藏最大的一条河流，从加查流入，经朗县、米林、林芝、墨脱出境，地区内流域长775km（中国境内长度2057km）。从米林县派乡开始，由于受构造线控制被迫改为东北流向，流至与帕隆藏布江汇合处附近，急转南下。主要支流有尼洋河、帕隆藏布江等。此外，沿途还有墨脱格当的金珠曲、约尔河等大小十多条河流流入。地区公路规划大多沿雅鲁藏布江及其支流布设，形成重要的产业带。

怒江水系：怒江流经本区东部有140km，平均流量1238m^3/s，流域面积为38470km^2。本区内主要支流有然龙曲和康王藏布江。然龙曲在察隅境内是下游的一条支流，全长62km。

3. 湖泊

本地区为高山切割地形，大大限制了湖泊的发育，而且过去的一些湖泊还因湖盆被切穿而消失，故没有高原夷平面的湖泊多，但在境内仍有零星的大小湖泊分布。根据调查，较大的湖泊有工布江达的错高湖，波密的易贡湖、帕隆湖、古乡湖和察隅的八嘎湖等。

2.2　沿线地质过程

进藏高速公路与铁路沿线地质建造过程、地貌过程与构造过程复杂，进藏公路与铁路经过区主要受青藏川滇歹字型构造体系和喜马拉雅-帕米尔歹字型构造体系的控制，它们由一系列大型褶皱带及大型断裂带组成。进藏高速公路与铁路二郎山以西为新构造运动强烈上升区，古近纪-新近纪以来除区域强烈上升(上新世以来共上升 3000～6000m)外，尚伴有水平挤压和差异性升降。进藏高速公路与铁路沿线地层复杂，震旦系—第四系均有出露，以三叠系、二叠系出露最广。岩石种类齐全，以变质岩为主。受强烈的构造力作用，岩石破碎，裂隙发育。因此，研究进藏高速公路与铁路沿线地质过程，是研究沿线地质灾害孕灾模式、分布规律和危险性评价的重要基础。

2.2.1　成都-雅安段

进藏公路与铁路成都—雅安段横穿龙门山褶皱带和二郎山断裂带。

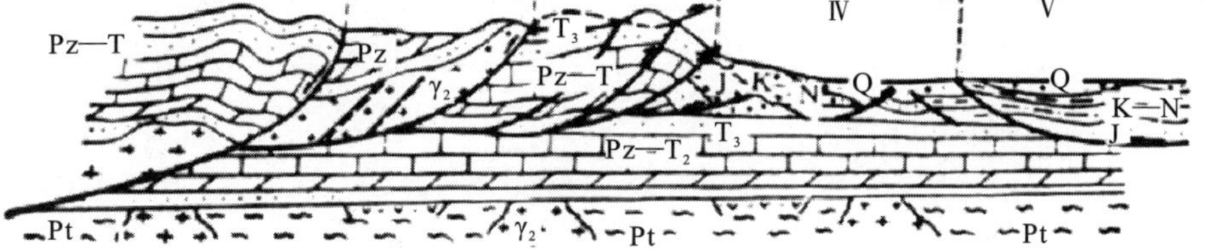

图 2.3　龙门山褶皱带—冲断带构造剖面图

注：I. 复理石褶皱带—冲断带；II. 基底冲断带；III. 薄皮叠瓦冲断带及双重冲断带；IV.反向冲断层及三角带；V. 前缘向斜带；Pt. 元古宙；Pz—T. 古生代—三叠系；Pz. 古生代；γ_2. 元古宙花岗岩；T_3. 晚三叠世；Pz—T_2. 古生代—中三叠世；K—N. 白垩纪—新近纪；Q. 第四纪

1. 龙门山褶皱带地质构造背景

龙门山褶皱带位于扬子地台和松潘-甘孜地槽褶皱系的分界线上，北自广元南抵宝兴，全长约 400km，宽 30～60km，地史演变复杂，构造活动强烈，具有中国典型推覆构造的特征。自印支期以来，龙门山褶皱带与川西前陆盆地系统共经历了 3 期较大的构造活动，即印支期、燕山期和喜马拉雅期，在这 3 期的构造活动中，盆山边界由最西侧的青川-茂汶断裂向东转移到马角坝-通济场-双石断裂带，表现出“前展式”变形特征，其中在印支晚期构造运动中就已经形成了川西前陆盆地。

其中广元-关口-大邑隐伏断裂是龙门山褶皱带的前缘断裂，为“盆山分界线”，该构造带的宽度在 5～14km。在地表，该构造带主要出露陆相沉积地层，即构造带北段主要被侏罗系和第四系覆盖，中部区域为上三叠统须家河组和侏罗系所覆盖，南部主要被侏罗系和白垩系所覆盖。该构造带的构造变形程度较小，主要发育背冲断块构造和断层相关褶皱构造等(表 2.1)。

表 2.1 龙门山褶皱带 5 个构造带主要构造特征

构造带	边界断裂	地层特征	主要构造特征描述	主要特征简述
松潘—甘孜构造带	平武断裂、青川—茂汶断裂(或与之可以对比的断裂)	T，P，C，D，S，O，Є，Z，火山岩	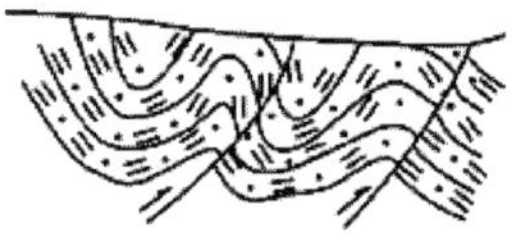	地层发生强烈的活动，形成片理化，尖棱褶皱等构造，发育大量的逆冲断裂
韧性变形带	青川-茂汶断裂(或与之可以对比的断裂)、北川-映秀断裂(或与之可以对比的断裂)	T，C，D，S，O，Є，火山岩		地层发生强烈的揉皱等塑性变形，形成大量的复背斜和复向斜，未见有大型的逆冲断裂发育，体现出明显的韧性变形特征
基底卷入冲断带	北川-映秀断裂(或与之可以对比的断裂)、马角坝-通济场-双石断裂(或与之可以对比的断裂)	K，J，T，D，C，S，Є	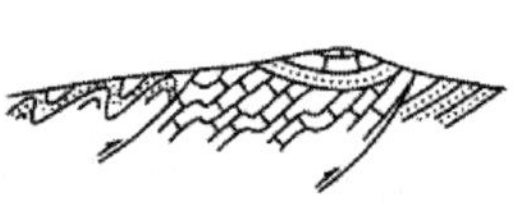	地层发生强烈的构造变形，发育大量的逆冲断裂，在构造带的中南段发育大量的飞来峰构造，该带构造的特征是韧性-脆性变形
前缘-褶皱冲断带	马角坝-通济场-双石断裂(或与之可以对比的断裂)、广元-关口-大邑隐伏断裂(或与之可以对比的断裂)	Q，K，J，T，P	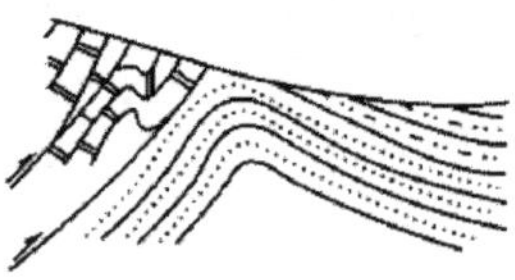	该带为龙门山褶皱带与川西前陆盆地的耦合带，地层构造变形明显减弱，发育少量的逆冲断裂和褶皱等构造
前陆凹陷带	广元-关口-大邑隐伏断裂(或与之可以对比的断裂)、熊坡断裂(或与之可以对比的断裂)	Q，K，J	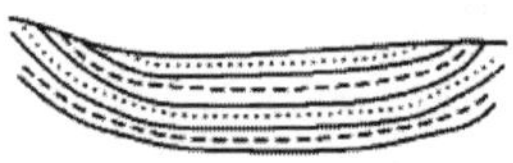	地层基本没有经历大的构造变形，地层平缓

2. 二郎山区域地质背景

二郎山位于扬子陆块西缘，紧邻东特提斯构造域松潘—甘孜褶皱带，横跨康滇地轴与上扬子台拗 2 个构造单元(图 2.4)，隶属于扬子古陆块。所在古陆块形成于前震旦纪，震旦纪以来的沉积盖层发育较全，经历了晋宁—澄江、加里东、海西、印支、喜马拉雅等多旋回构造运动。区内褶皱、断裂比较发育，岩浆活动频繁。

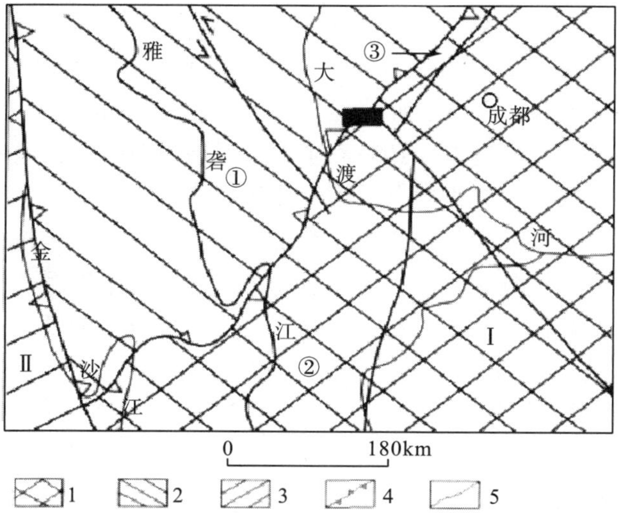

图 2.4　二郎山区域大地构造图

注：Ⅰ. 扬子陆块；Ⅱ. 羌塘—宝山陆块；①松潘—甘孜褶皱带；②康滇地轴；③龙门山推覆构造带；1.元古宙；2. 印支期；3. 海西期；4. 地壳拼接带；5. 构造单元界线

二郎山区域所处大地构造位置特殊，物质建造、变形形式、地质演化等方面都存在较为明显的差异。以二郎山西支断裂为界，可将二郎山区域划分为东段沉积盖层变形岩块和西段基底变形岩块 2 个构造单元[39]。

基底变形岩块：分布于二郎山区域西段。由构成“康滇地轴”的太古宙—古元古代的变质结晶基底——康定杂岩、中条期变质基底——中酸性岩浆岩和晋宁—澄江期中酸性岩浆岩、震旦系苏雄组火山岩建造组成。经多期韧性变形-变质作用，岩体均一化较彻底，岩块整体性好，不发育褶皱构造，以早期韧性剪切变形、后期叠加脆韧性断裂变形为特征。

基底变形岩块以泸定韧性剪切带为界，根据其组成和变形差异，可进一步划分为 2 个次级断块：干沟断块(II_1)和大渡河断块(II_2)(图 2.5)。

沉积盖层变形岩块：出露于二郎山区域东段。由古生界(缺失石炭系)和少量基底晋宁—澄江期结晶岩系组成。岩块具良好的层状结构，故褶皱、断裂极为发育，以纵弯弯滑、脆性破裂构造变形为特征；岩体的分化性较强，岩体完整性、均一性较差。根据断裂对岩块的分化和变形特征的差异，将沉积盖层变形岩块进一步划分为6个次级断块：大坪山断块（Ⅰ$_1$）、烧房头断块（Ⅰ$_2$）、门坎山断块（Ⅰ$_3$）、石杠子沟断块（Ⅰ$_4$）、雪可老断块（Ⅰ$_5$）、马鞍山断块（Ⅰ$_6$）。

区域构造主要受扬子地台西缘构造带东部的北北东向龙门山构造带、西部的川滇南北构造带，以及松潘-甘孜造山带内部的北西向鲜水河断裂带共同控制。区内地质背景复杂，不同性质、不同级次的褶皱、断裂比较发育。区域北部和西部受松潘-甘孜造山带影响，发育构造变形以紧闭线状的弧形褶皱构造为主，而断裂构造不甚发育；区域东部和北东部受扬子地台西缘推覆作用影响，褶皱、断裂强烈。由于区域遭受至少2次或2次以上不同方向、方式构造力的同时或先后作用，因此各种构造形迹呈相互过渡、迁就和歪曲、改造、转化的构造联合、构造复合现象频繁出现，构成一幅极为复杂的形变图像。

区内褶皱构造主要发育于沉积盖层变形岩块中，以一系列排列紧密的平行褶皱和单斜构造为主，受断裂作用影响，发育大量次级褶皱和派生构造，断裂性质以逆断层发育、平移断层切割为特征；基底变形岩块以早期韧性剪切变形、后期叠加脆韧性断裂变形为特征，仅在下震旦统苏雄组安山段（Z_1s^{α}）凝灰岩中局部出现流面而略显层状构造[40]。

2.2.2 泸定-理塘段

进藏公路与铁路泸定-理塘段穿过大渡河断裂带。大渡河区域地处扬子准地台（西缘）[1]与松潘-甘孜褶皱造山带。跨越康滇SN向构造带（Ⅰ$_1$）、龙门山前陆冲断带（Ⅰ$_2$）、金汤弧形构造带（Ⅰ$_3$）、川西前陆盆地（Ⅰ$_4$）、小金弧形构造带（Ⅱ$_1$）、鲜水河走滑构造带（Ⅱ$_2$）及雅江弧形构造带（Ⅱ$_3$）7个二级构造单元（表2.2）。本区长期的构造作用以及与之相伴随的岩浆作用、变质作用，形成了由NE向、NW向、SN向构造带构成“Y”字型为主体的特殊构造格局（图2.5）。

表2.2 构造单元划分表

二级构造单元	三级构造单元
扬子准地台（西缘）	康滇SN向构造带（Ⅰ$_1$）
	龙门山前陆冲断带（Ⅰ$_2$）
	金汤弧形构造带（Ⅰ$_3$）
	川西前陆盆地（Ⅰ$_4$）
松潘-甘孜褶皱造山带	小金弧形构造带（Ⅱ$_1$）
	鲜水河走滑构造带（Ⅱ$_2$）
	雅江弧形构造带（Ⅱ$_3$）

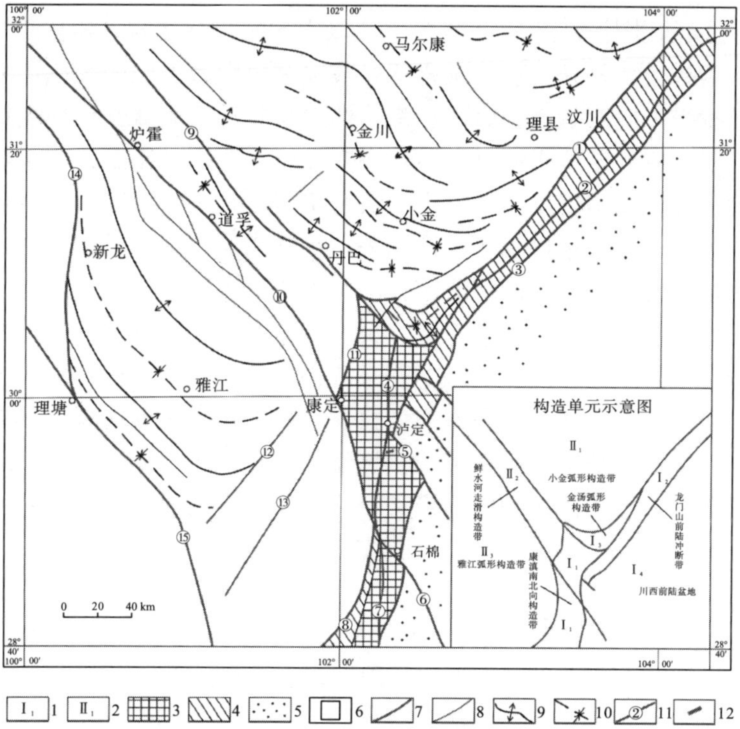

图 2.5　大渡河区域构造纲要图

注：1. 扬子准地台构造；2. 松潘-甘孜褶皱造山带；3.康滇 SN 向构造带；4.龙门山前陆冲断带；5.川西前陆盆地；6.构造单元示意图；7.主干断裂；8.其他断裂；9.背斜轴迹；10.向斜轴迹；11.断裂及其编号：①吃堂子-跃坝-汉川断裂；②二郎山-映秀断裂；③双石-苟家断裂；④大渡河断裂(北部为昌昌断裂、瓜达沟断裂，南部为泸定韧性剪切带)；⑤金坪断裂；⑥石棉(普雄河)断裂；⑦安宁河断裂；⑧乞小金河断裂；⑨玉科断裂；⑩鲜水河断裂；⑪红峰断裂；⑫合合海子断裂；⑬玉农希断裂；⑭甘孜-理塘断裂；⑮理塘-德巫断裂

1. 龙门山前陆冲断带

龙门山前陆冲断带呈北东-南西向展布，地形上构成东西地貌的分野，是青藏高原与四川盆地的过渡带。该带出露以彭灌杂岩、宝兴杂岩、康定杂岩为代表的基底杂岩系和位于变质杂岩之上的元古宇变火山—沉积岩系，震旦系—三叠系浅海相沉积盖层，侏罗系—古近系红色磨拉石为主的沉积。

龙门山逆冲推覆构造是阶段性、持续性发展的结果，表现为清楚的叠瓦状断层，断块的叠瓦状排列非一次构造作用的结果，而是多期性、持续性作用的产物。龙门山逆冲推覆带宝兴杂岩推覆体与“康定杂岩”基底变质岩系具有良好可对比性，两者都经历了同样的演化历程。从扬子西缘演化历史看，“在古特提斯洋开合演化和中生代碰撞造山过程中，龙门山-锦屏山地区始终处在洋-陆边界和克拉通-造山带之间的过渡带位置”。从古生代以来的沉积建造看，其与西部金川小区的沉积环境具有较大差异，而与康定杂岩基底变质岩系之上的沉积环境相近。这说明海西期拉张环境下基底变质岩系都随伸展滑脱构造面隆升到地表经受剥蚀，而后接受沉积。海西期拉张背景下，基底变质岩系的隆升彻底改变了两侧的沉积环境，西侧继续为海相沉积环境；东侧从海相演化为海陆过渡相-陆相沉积环境。

龙门山逆冲推覆带是自晚印支期以来，伴随着特提斯洋的闭合和前陆盆地的形成，经历持续性、阶段性演化的产物。其形成大致可分为三个阶段，每个阶段都在前陆盆地堆积形成了磨拉石建造。第一阶段，以盐井断裂为仰冲面形成龙门山逆冲推覆体和置于须家河组之上的飞来峰，前陆盆地形成侏罗纪五龙沟砾岩；第二阶段，龙门山持续逆冲推覆作用，再次出现古生界呈断块置于早期推覆体、飞来峰之上，并在前陆盆地堆积形成白垩纪—古近纪大溪砾岩；第三阶段，随着青藏高原的隆升，龙门山逆冲推覆带又一次活跃，并向前山迁移。

2. 金汤弧形构造带

其也称金汤滑脱-推覆构造带，涵盖天全等多个地方，呈一个向南部凸起的弓状构造，该构造带以震旦纪和古生代的地层为主，弧顶位于金棚山、黑悬河一带，东翼较长，往东南逆冲于龙门山推覆体之上，往南及南西逆冲于康滇基底隆起带之上，北部为小金弧形滑脱-推覆带的上古生界三叠系西康群覆盖。

3. 川西前陆盆地

川西前陆盆地位于四川盆地西部，东界为龙泉山前陆隆起。测区南东部为该前陆盆地的一部分，主要涉及地层有中生界三叠系、侏罗系、白垩系和新生界古近系、新近系及第四系。区域内前陆盆地由一系列宽缓的褶断变形带组成，主要表现为两类显著不同的构造形迹。其一为由一系列北东向及北北东向雁行排列的褶皱及伴生压扭性断层组成的褶断变形带，其二为弱变形或未变形断陷盆地，与褶断变形带呈渐变过渡关系。

4. 鲜水河走滑构造带

其为小金和雅江两个弧形褶皱带的分界断裂，断裂带呈北西走向，自泸定向北经康定、炉霍、大塘坝至石渠长沙贡玛进青海省内，长 600km，宽 10～20km。该断裂带将松潘-甘孜造山带一分为二。

该断裂带在历史上活动较为频繁，在不同的发展阶段表现出不同的性质和活动方式。断裂于早二叠世开始活动。二叠纪至晚三叠世，根据沉积建造分析，本带主要为一张性断裂带。三叠纪滑塌堆积中的早二叠世岩块，多为具重力流成因的角砾状灰岩。这说明早二叠世时，沿这个条带已出现相对两侧较深的海槽环境。

晚二叠世至晚三叠世早-中期，形成了两套玄武岩建造并夹有复理石沉积。其中晚二叠世玄武岩之上出现的深水洋脊-海盆环境的红泥-微晶碳酸盐建造，表明断裂带拉张已达硅镁层，沿断裂带形成火山喷发和扩张脊，并导致初始洋壳的生成。

晚三叠世中-晚期，随着地槽关闭，断裂带的性质和活动方式发生重大变化。两侧的马尔康和雅江地块，由原来的张裂转化为挤压、碰撞，彼此闭合、挤压，而且沿顺时针方向发生扭动，形成了北西—北北西向褶断带，而且作为边界条件影响到两侧地块内弧形构造的生成以及弯隆型区域动力热流变质作用的发生。其后，断裂带还控制了古近纪红色盆地的分布和沉积。

新近纪，断裂带又一次发生重大变化。随着高原的隆起，该断裂带前期的北西向断层发生变化，演变为如今的北西-北西西向左行走滑断层。根据两侧被错移的三叠纪、古近纪和印支—燕山期岩体推算，其水平错距可达 15～76km，并控制了新近纪晚期至第四纪盆地的形成、沉积的分布及地震的活动。此时，断裂主要为地壳上部的硅铝层断裂。

本断裂带在航片、卫片上的线性影像十分醒目，形状如刀切。沿断裂带多发育成河谷，两侧为北东-南西向支沟，在通过北西向断层时，均发生突然的弯折。断裂带上出现密集的断层带、劈理带、挤压片理带、破碎褶皱带，表现出强烈的挤压破碎现象。断裂面产状以北东倾向、陡倾角为主。板岩常炭化、石墨化，砂岩、砾岩多被碾搓成碎块或构造凸镜体，玄武岩多已片理化且片理又遭揉皱，花岗岩常形成碎裂岩或糜棱岩。这些反映了断裂带具地壳表层的脆性变形特征。挽近时期，沿断裂带有频繁的破坏性地震发生。

5. 雅江弧形构造带

雅江弧形构造带，东以玉龙西断裂带、南以理塘-德巫断裂带、西以甘孜-理塘断裂带、北以鲜水河断裂带围限构成，断块整体性相对较好。该处的断裂构造不发育，以弧顶向南的凸出的块内构造格局为主的雅江弧形构造带，也称为雅江弧。雅江弧的断裂构造并不发育，而是以紧闭的复式褶皱为主。其构造变形组合以向南突出的弧形褶皱为特征。由于处在雅江弧的弧顶附近，构造线方向自西向东呈北西西—东西向的弧形弯转。因强烈挤压作用产生的弧形，其褶皱变形主要以纵弯滑-弯流变形为特色。少量以脆韧性挤压变形为主的断裂，整体的构造变形显示浅变质岩区脆韧性变形性质。从构造形式上看，雅江弧形构造带褶皱多为复式背斜、向斜，并可划分为三级甚至更次级别。

2.2.3　理塘-巴塘段

进藏高速公路与铁路理塘-巴塘段处于羌塘-昌都陆块与松潘-甘孜造山带的拼

合部位，早二叠世末期—早、中三叠世(P_1–$T_{1\text{-}2}$)，由于南古特提斯洋(金沙江洋)不断向西俯冲，在理塘-巴塘一线形成了多重“火山弧+复理石增生楔+俯冲杂岩”组合，具有主动大陆边缘沉积的典型特征[41]。晚新生代以来，伴随着青藏高原的快速隆升及高原上地壳物质向东蠕散的影响，藏东块体沿金沙江断裂带明显地由 W 向 E 逆冲于川滇块体之上，形成宽度达 30km 的中咱推覆体，主要表现为藏东的古生代岩块逆冲于川西的三叠纪复理石及古近纪红层之上[42]。在深部，藏东和川滇块体地壳结构的地震波层析成像方法研究结果表明，藏东块体和东喜马拉雅构造结分别自 W 和 SW 两个方向挤入了川滇块体的下地壳底部或上地幔顶部，特别是 60km 深处的理塘-巴塘地区大片高速体的存在，意味着藏东块体沿金沙江构造带已插入川滇块体之下[43, 44]，导致该地区的地壳异常增厚。藏东块体由 W 向 E 的挤入作用，在理塘-巴塘地区的上地壳内部还派生了浅层次的近 EW 向的断裂构造。

1. 理塘断裂

理塘断裂是川滇块体内部的一条与鲜水河断裂近于平行展布的全新世走滑活动断裂，见图 2.6。NW 起于蒙巴西北，向 SE 延伸经查龙、毛垭坝、理塘、甲洼、

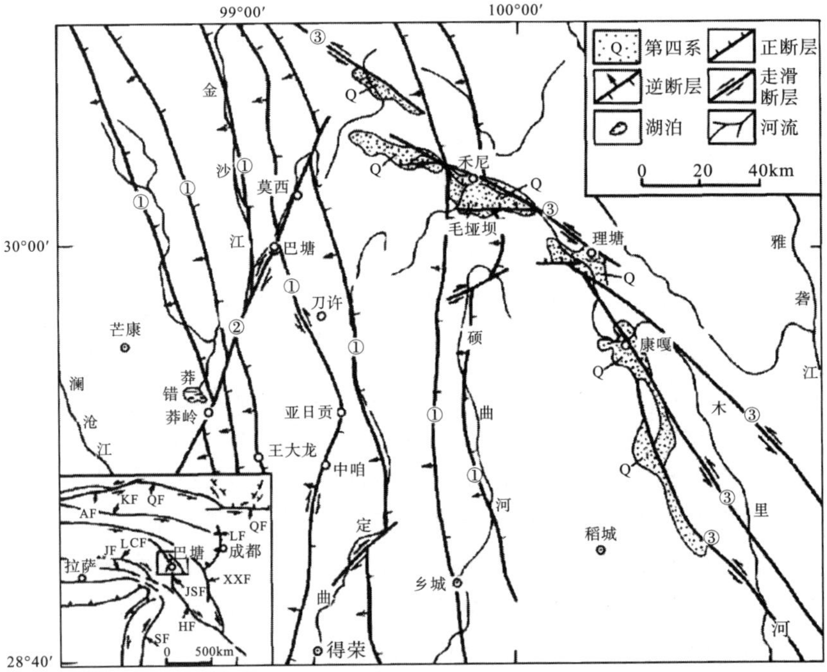

图 2.6 理塘—巴塘地区活动断裂分布图

注：AF. 阿尔金断裂；QF.祁连山断裂；KF.昆仑山断裂；LCF.澜沧江断裂；JF.嘉黎断裂；SF.沙该(Sagaing)断裂；QF.秦岭北缘断裂；LF.龙门山断裂；XXF.鲜水河-小江断裂；JSF.金沙江断裂；HF.红河断裂；①金沙江断裂带；②巴塘断裂；③理塘断裂

德巫至木里以北消失，全长约 385km。断裂走向 N40°～50°W，总体倾向 NE，倾角较陡，显示出左旋走滑运动特征，控制了毛垭坝、理塘、甲洼及德巫等古近纪—第四纪盆地的成生和发展，并使古近纪—第四纪地层普遍遭受了褶皱或断错作用。理塘盆地以西，该断裂带主要由数条断层右阶羽列而成；理塘盆地以东则主要是由 3 条断裂(即理塘断裂、擦忠断裂和木拉断裂)近于平行展布组合而成[45]，它们均具有明显的新活动特征。

2. 巴塘断裂

该断裂 NE 起于莫西附近，向 SW 延伸经松多、雅洼、黄草坪、巴塘、水磨沟，过金沙江后继续向 SW 延伸经打呷丁乡、莽岭至澜沧江边消失，全长约 200km。断裂走向约 N30°E，总体倾向 NW，倾角较陡，显示为右旋走滑运动，斜切金沙江构造带主体，是特提斯造山系后期陆内变形作用的产物。

2.2.4　三江断裂区

八宿西侧以东的进藏高速公路与铁路沿线地区，包括左贡、芒康至金沙江地区。本区的地质构造特征是以一系列南北向的断裂、褶皱、花岗岩体为主。由怒江断裂、澜沧江断裂、金沙江断裂组成的“三江断裂”控制了本区的构造格架，并控制了区内山川河流的地貌格局。“三江断裂带”形成历史悠久，经历了复杂的地质过程。尤以中、新生代构造运动的影响最为强烈，并在历次运动期间，伴有强烈的岩浆活动，造成花岗岩沿构造线广泛分布，重力异常反应明显。“三江断裂带”可能切穿岩石圈。由于印度板块的冲撞，形成了压性的“三江断裂带”，在应力的转移过程中，断裂带之内形成大量的同向压性次级的断层与次级褶皱。在断裂带之间的地区，由于压性派生的次级张性应力作用，形成了一些规模较小的同向张性断层和垂直于断裂带的横向断层，构成特殊的三江地貌区。

1. 金沙江断裂带

金沙江断裂带西起龙木错，经玉树，然后弧形拐折转而顺金沙江沿岸 SN 向延伸至德钦东侧，被德钦-中甸断裂所截，长达 1250km。金沙江断裂带是松潘-甘孜褶皱系与唐古拉-兰坪-思茅地槽褶皱系的界线。形成于加里东期，并在海西期、印支期、喜马拉雅期多次活动。它是切割岩石圈的深大断裂，沿线有基性枕状熔岩和超基性岩成带成群出现。

金沙江断裂带主要由三条主要断裂组成，包括金沙江断裂带西界断裂(金沙江缝合带西界)、金沙江断裂带东界断裂(中咱推覆体东界)、构成金沙江缝合带与义敦中生代岛弧及中咱推覆体边界断裂的金沙江主断裂。受北东向巴塘断裂和北西向中甸-德钦断裂的切割(图 2.7)。

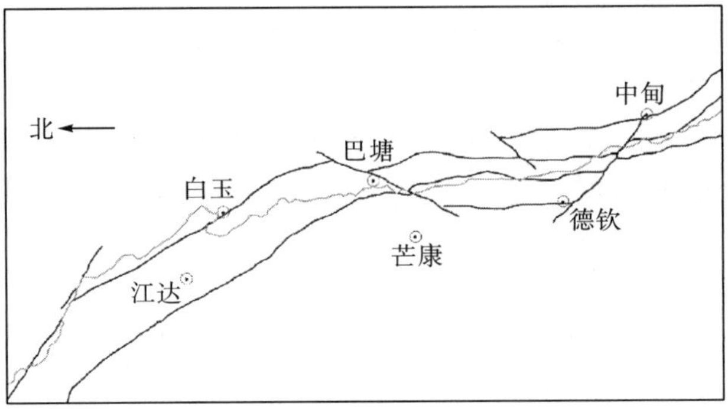

图 2.7 藏东南金沙江断裂简图

2. 澜沧江断裂带

澜沧江断裂带大致沿澜沧江河谷延伸。其北部呈南北走向，向南至旧州一带转为北西；南部从保山瓦窑沿澜沧江西侧顺江而下，经云县、景谷、景洪延入缅甸，从北到南，断裂带走向从近南北向转为北西向，最后呈近南北向延出境内，总体显示“S”字型断裂形态。澜沧江断裂带是海西末期一条十分重要的碰撞结合带，在新生代，它开始活化转化为走滑断裂带，与东侧的红河断裂带，西侧的怒江断裂带构成一个巨大的走滑变形域。

3. 怒江断裂带

怒江断裂带西起班公错，东经改则、东巧，然后在丁青转向东南经八宿，继而沿滇西怒江谷地，一直延伸到国外，长约 1800km，是一条岩石圈断裂。

西藏八宿一带，可见一套以大理岩、绿泥石片岩及千枚岩为主的沉积变质岩和变质中基性火山岩逆冲于晚三叠世—早侏罗世的泥质硅质复理石和绿泥石石英片岩之上。下盘岩石遭受强烈剪切塑性变形，其中混杂有蛇纹石化辉橄岩、辉长辉绿岩以及大理岩的外来岩块。这些外来岩块大小不一，一般长几百米，长轴的定向方位与断裂走向近于一致，为 NW 向。构成宽 2km 左右的混杂岩带。混杂岩又向 SW 逆冲到古近纪红色砂砾岩、泥岩之上，红层已褶皱。从左行斜列的向斜的组合形式看，八宿一带班公错-怒江断裂带既具逆冲挤压性质，又兼有右旋性质。

2.2.5 八宿-波密-东久段

八宿-波密-东久一带的进藏高速公路与铁路沿线地区为东段南北向构造与西

段东西向构造的过渡区。区内构造线方向为北北西向，构造形式为大规模北北西向展布的花岗岩体，小规模北北西或北西向的断层和褶皱展布。该区大部分地处雅鲁藏布一级支流帕隆藏布流域，位于西藏自治区波密县和巴宜区境内。

1. 雅鲁藏布江接合带

雅鲁藏布江接合带挟持于冈底斯岩浆弧和北喜马拉雅康马隆子褶冲带之间，是一条狭长的强烈构造变动带。带内发育远洋深水放射虫硅质沉积、镁铁质火山熔岩、席状岩墙群、堆晶杂岩及超镁铁岩。并发育三叠纪和白垩纪深海平原、浊积扇及少量以浅海为主体的湖前盆地复理石沉积楔形体(图 2.8)。

图 2.8　帕隆藏布流域位置图

2. 帕隆藏布流域

帕隆藏布流域是雅鲁藏布江的一级支流。行政上帕隆藏布流域分属波密、林芝、嘉黎、边坝和八宿。川藏公路从流域东南角北边的安久拉山垭口进入本流域，沿帕隆藏布干流从东南向西北，在通麦折向西南，沿拉月河上行，经色齐拉山垭口走出本流域，全长 296km。

地质条件为山区道路灾害的形成提供了特定的环境和固体物质。帕隆藏布流域是古今印度板块和欧亚板块碰撞挤压作用的接触地区，地质构造复杂，地层分布悬殊，第四纪作用强烈，地震活动频繁，这些为山区道路灾害的形成提供了必要的条件。

地质构造方面，帕隆藏布流域西南毗邻的南迦巴瓦峰地区是由印度板块分裂出来的高喜马拉雅基底推覆地体，其北缘板块缝合线在朗县断开。帕隆藏布流域的主体属于北冈底斯弧后盆地，主干断层和连片分布的花岗岩走向都呈北西-南东向。背斜向斜一个接一个，都呈近东西或北西-南东向。褶皱紧闭，岩层倾角近于90°。

基岩地质岩性方面，帕隆藏布流域岩层产状近于直立，一般倾角都在 75°以上，大部分在 84°～89°。帕隆藏布流域主要有泥盆纪、石炭纪和侏罗纪的灰岩、大理岩、板岩、砾岩和砂岩，以及大片燕山期花岗岩分布。帕隆藏布干流上游南岸还分布有一长条带的新近纪地层。主干断层都是压性和压扭性断层，小断层多系张性和张扭性断层。

帕隆藏布流域属青藏高原南部地震区，地震烈度为 9 度。帕隆藏布流域处于新构造运动强烈活动区，流域南部印度板块以 50～64mm/a 的速率向青藏高原推进；在雅鲁藏布江下游的喜马拉雅山南部边界地区板块碰撞边界上，印度板块以 60mm/a 的速率向东喜马拉雅山山下插入。主干断层和小断层在这种地壳水平运动的背景下，也成了活动断层。另外，流域内也是新构造强烈隆升区，河流下切速率远小于地壳隆升速率。所以，主河下游岭谷高差大，越向干流和大支流上游，高原地势越明显，波状起伏、切割较浅。

2.2.6 东久-林芝-拉萨段

东久-林芝-拉萨一带，包括林芝、工布江达、墨竹工卡等地区。该区发育东西向深大断裂和同向花岗岩体，纵贯东西向的工布江达断裂与拉萨断裂，控制了该区构造线的展布。由于地处雅鲁藏布江断裂与三江断裂之间的应力缓冲地带，也是南北向与北东向应力场过渡区，所以区内构造相对不太复杂。

2.3 川藏公路西藏段的主要地质灾害

2.3.1 主要地质灾害

根据对川藏干线公路铁路沿线地质灾害进行的全面调查，其主要灾害有泥石流、滑坡、崩塌、公路水毁、冻土冻融五大类型。

泥石流：指在山区沟谷或者其他沟谷深壑以及地形险峻的地区，由暴雨、暴雪或其他自然灾害引起的山体滑坡并带有大量泥沙以及石块的特殊洪流。

滑坡：指山坡上的土体或者岩体，受河流冲刷或地下水活动、地震及人为活动等因素影响，在自身重力作用下，沿着一定的软弱面或软弱带，整体或者分散地顺坡向下滑动的现象。

崩塌：山坡上具有一定势能的岩土体，在内外动力作用下，突然脱离母岩崩落滚动，堆积于坡麓的地质现象称为崩塌。

公路水毁：主要是沿河路基长期遭受河水冲刷、掏蚀，特别是在洪水季节，侧蚀现象严重，同时造成公路路基及公路沿线桥涵构造物等冲毁；或者岸坡为冲洪积的漂卵砾石，结构较松散，稳定性差，在河水、湖水的长期侧蚀作用下，特别是洪水季节水位高、河流量大，造成岸坡坍塌后退。

冻土冻融：指温度等于或低于 0℃且含有冰的各类土。多年冻土区对工程有影响的不良冻土冻融现象从其本质上讲都是热交换过程的表象，季节冻结层的冻融循环产生冻胀问题，多年冻土热平衡破坏，导致冻土上限下降、融化下沉。即冻胀和融沉是冻土区地表变形和造成工程建筑破坏的主要原因。对公路工程来讲，在公路纵向上由于多年冻土的不均匀融化，路基路面呈大波浪型不均匀沉陷；也会普遍形成路堤阳坡效应，进而导致公路向阳坡倾斜，使阳坡侧路面拉裂，产生贯通纵向裂缝。

以下将结合西藏自治区国省干线公路沿线病害调查情况，针对以上五类公路病害进行病害成因机制分析和对策研究。

2.3.2　地质灾害特点

川藏公路西藏段路线地处地壳强烈隆升、河流下切、冰川运动活跃、风化强烈的地带，跨越陡峭的高山峡谷和厚达数百米的古冰碛层和冲洪积层。沿线地质灾害主要表现为泥石流、滑坡、崩塌、滚石、水毁以及面状碎屑流和冰雪灾等，其分布广泛、灾种多、规模大、暴发频繁。

从林芝至八宿全长仅 427km 的路线上发育各类地质灾害达 229 处之多，详见表 2.3。在公路的一些局部路段，地质灾害发育更为密集，如 102 道班附近在小到 3km 长的范围内，共发育大小滑坡 22 处，其中直接危害川藏公路且规模较大的滑坡有 6 处，整个路段均受滑坡威胁；位于东久河沿岸的路段完全处于东久滑坡区或崩塌区；还有老虎嘴段，沿途路线均受滚石威胁。

表 2.3　川藏公路西藏段地质灾害表

区段	长度/km	泥石流						滑坡		大塌方	崩塌		溜砂坡	冰雪灾害	总计
		潜在型	小型	中型	大型	特大型	冰川型	大型	一般		一般	大型			
林芝-鲁朗	41	8				1		1	2		2			3	17
鲁朗-通麦	80	1	6	2	1	8	10	4	3	5	7	4			51
通麦-波密	89	2		4	4	10	14	1	2	1	8	1			47
波密-松宗	41	1	2		6	3	1	2	1						16
松宗-然乌	86	6	3		6	10			1		1	1	6	17	51
然乌-安久拉	20	5				2					2	1		12	22
安久拉-八宿	70	1	5	2	12	2					1		2		25
合计	427	24	16	8	29	36	25	8	9	6	21	7	8	32	229

沿线不仅发育典型的滑坡、泥石流和崩塌，还发育具有地区特色的碎屑流、滚石、冰雪灾等地质灾害。其中泥石流以冰川型泥石流、冰湖溃决型泥石流、雨洪型泥石流和混合型泥石流为主，几乎代表了其所有的存在形式；滑坡则主要发育于高陡边坡和岩石松散破碎的峡谷地段，以松散堆积体崩塌、滑坡为主。

该区地质灾害集特大型、大型、中型和小型等多种类型于一身，且频繁暴发，威胁着川藏公路的运营，给人民生命和财产也带来巨大威胁。1953 年夏季古乡沟发生的特大规模泥石流，龙头高达几米，挟带大量石块、泥浆、树木等，奔涌而下，山麓的农田、村庄、森林、寺庙毁于一旦，泥石流堆积扇面积达 4 km^2，总堆积方量达 1.5 亿 m^3，淤积了川藏公路，暴发的前后几年中多次造成公路中断，影响公路运行近 30 年；1983 年培龙沟暴发泥石流，其挟带巨大的裹泥冰块、巨砾、黏土下泄，直接注入帕隆藏布江，形成了堆积方量 100 万 m^3 的泥石流堆积扇，冲垮川藏公路上的钢筋混凝土大桥，摧毁川藏公路 320m 长的路段，经济损失 50 多万元；1988 年 7 月米堆沟发生的泥石流，冲毁川藏公路，断道阻车 1 年之久，损失巨大；东久滑坡群 1991 年全面滑动，目前仍不断发展扩大，是迄今为止中国规模最大、世界罕见的高速巨型滑坡，间接冲毁了通麦大桥等 5 座桥梁，严重摧毁公路及通信设施；1991 年 102 滑坡群发生大规模滑动，滑坡体积高达 510 万 m^3，堵塞帕隆藏布江，严重摧毁川藏公路，其后经常发生，时常引起断道阻车，据资料统计 1991～1994 年每年断道天数均超过 100 天。现已经形成“常滑常治，常治常滑”的局面，且自始至终严重影响川藏公路的交通。松宗滑坡群，自 1990 年雨季开始连年坍塌，给国民经济带来了巨大的损失。中小型滑坡、泥石流、崩塌和滚石等地质灾害在该区沿途分布更为广泛。

该区地质灾害的分布具有明显的区段性，《川藏公路地质灾害及其防治对策研究》一书中，根据地质灾害分布的密集程度和区段内的工程地质条件等特点将该区划分为 8 个区段，如表 2.4 所示。

表 2.4 川藏公路西藏段主要地质灾害分布表

地段	八宿-仲沙			仲沙-81 道班		81 道班-87 道班		87 道班-92 道班		92 道班-98 道班		98 道班-拉月桥			拉月桥-109 道班		109 道班-林芝		
区段	1			2		3		4		5		6			7		8		
长度(km)	10	40	30	8	2	20	40	20	30	40	20	30	20	20	20	20	20	30	10
主要地质灾害	线状碎屑流、滚石、中小型泥石流	中型泥石流、面状碎屑流、滚石	冰雪灾害	崩塌、滚石	水毁	崩塌、滚石	面状碎屑流、泥石流、滚石	水毁、滚石	滑坡、滚石		小型滑坡	滑塌、滚石	滑坡、崩塌、滚石、泥石流	泥石流、崩塌、滚石、滑塌	小型泥石流、滑塌	滑塌		冰雪灾害	
工程地质条件评价	较差			中-较差		较差-差		中-较差		较好-中		较差-差			较差		较好-中		

2.3.3 灾害成因分析

该路段发育如此众多的地质灾害是有多种原因的，从大的方面来看，总是离不开内外因素相互作用的结果。

1. 内部作用方面

(1)特殊的岩体工程性质是地质灾害形成的内在因素。路线经过的正是印度板块与欧亚板块碰撞挤压而成的东构造结北部中区的高山峡谷区，地层岩性变化大，地壳构造活动特别强烈，岩层和褶皱轴部近于直立，岩体破碎，软弱结构面发育，并伴有岩浆侵入和喷出活动，岩性软硬相间，岩体的工程地质性质特殊，是形成地质灾害的内在因素。

(2)频繁的地震活动是地质灾害形成和诱发的重要因素。在较大的区域内地震地质构造复杂，断裂带发育，分布密度大，并分布有第四纪以来活动性断裂，新构造活动强烈，使地壳强烈抬升和地下深部受严重挤压变形。高原天气变化剧烈，昼夜温差大，寒冻风化强烈。强烈的寒冻物理风化作用和卸荷节理裂隙的联合作用，造成斜坡表面岩石风化严重，破裂成碎块状，崩塌、滑坡、滚石，以及线状、面状碎屑流灾害发育，为地质灾害的大规模发生提供了大量的固体碎屑物质来源；路线地处青藏高原南部，发育第四级以来的现代冰川，冰雪害、寒冻物理风化作用盛行，经多次强烈的冰川作用形成了几百米厚的冰碛层且含量巨大。毋庸置疑，固体碎屑物质和冰碛层这些松散堆积物，结构松散、成分复杂且不均匀和稳定性差，这为该区地质灾害的发育提供了有利的物质基础。

2. 外部作用方面

(1)充沛的降水是地质灾害发育的充分条件。来自孟加拉湾的水汽经雅鲁藏布江下游通道长驱直入，沿程爬高在此冷凝，给帕隆藏布流域带来了充沛的降水(年降水量为 700～1000mm)，且降水分配均匀，是沿线冰川、泥石流、滚石、冻融、潜蚀的形成，河流冲刷和岩土软化以及改善地下水的力学效应等的充分条件。

(2)人类活动直接或间接影响地质灾害的发生。川藏公路西藏段属山区公路，在修建的过程中进行了大量的开挖或爆破，破坏了坡脚原有的稳定；对沿线森林的砍伐致使植被减少，破坏了原有的自然平衡。交通量的增加，车辆震动频繁等人类活动都是直接或间接诱发地质灾害的重要原因。

2.3.4 地质灾害形成条件与地质过程联系

川藏公路沿线地质灾害的主要种类为泥石流、滑坡、崩塌及水毁。其中危害最大、分布普遍的是泥石流和滑坡。这些地质灾害的形成，主要与所在地区的地形地貌、水文气象、地层岩性、地质构造、新构造运动、地震及人类活动等因素有关。

1. 地形地貌的影响

区域内地形地貌复杂，受新构造运动的影响切割强烈，地形破碎，切割密度达 2～3km/km^2，为滑坡、崩塌的形成提供了基本条件。影响泥石流形成的地形要素主要有流域形状、面积、山坡坡度、主沟纵坡、相对高差等，区域内大多数沟谷流域形状呈瓢形、桃叶形、漏斗形，利于雨水汇集和固体物质的滑动，流域面积、各种地形均利于泥石流的形成。

2. 地质构造的影响

区域地质构造复杂，褶皱、断裂分布广泛，且呈现多期活动特征，次一级褶皱、断裂发育，不同方向断裂及褶皱裂隙相互交切使岩体严重破碎，为滑坡和崩塌的形成、发育提供了条件，是其发生、发展的重要影响因素。

3. 地层岩性的影响

区域岩体工程地质性质较差，局部所夹的炭质千枚岩、板岩等软岩抗剪强度大，遇水易软化、泥化，极不利于坡体稳定，为滑坡、崩塌的形成提供了有利条件。另外，广布的岩石风化物、崩滑堆积物、残积物、黄土、冲积物等松散固体物质为泥石流的形成提供了充分的松散固体物质来源。

4. 地震活动的影响

地震活动直接松动斜坡岩土体，破坏岩体结构和坡体稳定性，引发滑坡、崩塌等地质灾害。大多由地震直接造成的滑坡均具有规模大、滑面埋藏深、滑坡后壁陡峻及成群发育等特征。

5. 雨水的影响

地下水对斜坡的变形破坏主要反映在碎块石和土质滑坡上，地下水位上升增加了岩土体的荷载，从而增加了坡体的下滑力；地下水的浸润、潜蚀及对岩土体易溶矿物的溶解等作用，造成坡体抗滑阻力的降低；支沟沟道狭窄，滑坡堆积体直接压迫沟道，阻碍水流，沟谷常年性地表水及降雨引发的短暂洪流直接侵蚀、冲刷坡脚，滑坡前缘物质不断流失，引发后部坡体失稳。降雨是滑坡、崩塌、泥石流发生的主要诱发因素。长期降雨使雨水不断渗入坡体，坡体自重及静水、动水压力增大，使结构面抗剪强度降低，导致新滑坡的形成或老滑坡的复活；暴雨对滑坡的影响主要表现在对坡体冲刷、侵蚀及掏蚀滑坡前缘、两翼和坡脚， 对滑坡稳定影响较大。

6. 工程活动的影响

随着社会发展、人口增长，人类活动范围、方式都在不断发生变化，一些不合理的工程活动直接或间接地诱发地质灾害的发生；修筑公路等工程直接破坏了斜坡的原始结构，降低了坡体的稳定性，甚至直接导致滑坡、崩塌现象发生。

第3章 进藏高速公路与铁路沿线地质灾害时空分布特征与演变规律

3.1 沿线地质灾害类型及时空分布特征

进藏高速公路与铁路沿线是我国灾害分布最集中、活动最频繁、暴发规模最大、危害亦很严重的重点灾害区域，素有“灾害博物馆”之称，崩塌、滑坡、泥石流、水毁、翻浆冒泥、冰冻雪害等均为沿线常见病害，对公路危害和威胁最大的是泥石流、滑坡、崩塌、冰冻雪害和水毁等，其中以泥石流、滑坡、崩塌为甚。以进藏高速公路与铁路为例，据1987～1988年的野外现场调查，沿线各类地质灾害共3422处(已发生的)，进藏公路与铁路沿线除成都-雅安(149km)、达孜-拉萨(12km)段外，均存在较显著的地质灾害。根据其空间位置、降水规律与形成条件的差异，研究沿线公路的主要灾害——崩塌、滑坡、泥石流的时空分布规律，以便有重点、有针对性地对典型地质灾害和重大地质灾害体进行规避、预警和防治。

3.1.1 沿线地质灾害发育类型、规模及成因

川藏公路沿线地质灾害的种类主要有泥石流、崩塌、滑坡、水毁、冰冻雪害、溜砂、翻浆冒泥等。在各类灾害中，泥石流、滑坡、崩塌灾害对公路危害最大。

据不完全统计，川藏公路沿线已发生各类灾害3482处，其中泥石流1036处，占29.7%；崩塌1525处，占43.8%；滑坡419处，占12%；水毁154处，冰冻雪害303处，其他灾害45处，泥石流、崩塌、滑坡合计占比超过八成。

川藏公路沿线灾害按规模分别统计，全线中型及以上病害严重破损公路的长度达370km，占全长的17.3%，其中特大型6处，大型50处，中型270处。

川藏公路沿线地质灾害主要由自然因素和人工活动造成，通过降水诱发泥石流、崩塌、滑坡、水毁等地质灾害的发生，人为的公路切坡也使山体失稳，造成崩塌、滑坡等地质灾害。

3.1.2 地质灾害时空分布特征

1. 泥石流灾害

川藏公路沿线是我国泥石流灾害分布最集中、活动最频繁、暴发规模最大、危害亦很严重的重点灾害区域，按照泥石流形成时的水动力条件，该区泥石流可分为冰川型泥石流、雨洪型泥石流和冰川-雨洪型泥石流三种基本类型。

1) 冰川型泥石流

冰川型泥石流是以大量冰碛物与冰湖溃决洪水、冰川及冰雪融水为水动力条件而形成的。川藏公路的然乌-林芝区段是我国海洋性冰川的主要分布区，也是我国冰川型泥石流的主要集中分布区。公路沿线仅一侧就有冰川型泥石流沟若干，若加上公路对岸的冰川型泥石流沟，则总数可达到多条。该区受印度洋孟加拉湾暖湿气流的直接影响很大，降水丰富，气温亦较高，从而导致冰川积累消融强烈，运动速度大。有利的地质地貌条件，促使大量的冰雪融水与陡峻不稳定的松散固体物质遭遇形成冰川积雪融水泥石流。这类泥石流规模宏大，搬运力和破坏力极强，治理难度大。古乡泥石流、迫龙沟泥石流、冬茹弄巴泥石流等均分布在该区段内。大量冰川型泥石流的分布、活动与危害，是川藏公路西藏境内公路病害的一大特点。

冰川型泥石流中的一种特殊表现形式是冰湖溃决型泥石流。现代冰川的强烈活动，导致冰川末端的冰碛湖出口的堤坝突然溃决，产生大量洪水，冲刷、搬运沿途沟床及谷坡松散固体物质，使之逐渐形成冰湖溃决型泥石流。这类泥石流主要分布在然乌-墨竹工卡有现代冰川和冰湖分布的沟谷内。据调查，该区历史上已发生过冰湖溃决型泥石流 6 次，其中川藏公路建成通车后 2 次，即 1964 年 9 月尼洋河上游支沟唐不朗沟的冰湖溃决型泥石流和 1988 年 7 月波密境内的米堆弄巴冰湖溃决型泥石流。此类泥石流虽然分布不多，发生频率也较低，但一旦发生，则危害极大。由于冰湖多分布在沟源，不仅海拔高，而且交通极为不便，因此很难收集到溃决前后的有关系统资料。再加之其他影响因素如冰川活动、湖口堤坝自身的稳定性又十分复杂，因此很难做出准确的预测预报。暴发的时间和地点具有相当的偶然性，是一种非常难以控制的灾害。据航片判读分析，公路沿线有潜在危害的冰湖，至少有 14 个。

2) 雨洪型泥石流

雨洪型泥石流是由于降雨径流所激发而成的泥石流，具有暴发频率高、危害性大的特点。夏季暴雨径流对谷坡松散固体物质进行强烈侵蚀、搅合、搬运，导致泥石流的发生。主要分布在安久拉山以东路段及非冰川作用区内的中小流域内，业拉山至安久拉山分布数量最多，总计 274 条，平均 1km 路段分布有 1.32～1.47 条泥石流沟，是川藏公路全线分布密度最大的路段。但由于该路段内干旱少雨，暴雨强度较小，出现频率也较低，加之公路距泥石流沟口均有一定距离，故泥石流的规模和危害相对较小，危害最大路段是金沙江大桥至海通沟，该路段为沿溪线，沟谷狭窄，谷坡陡峻，坡面松散堆积物发育，暴雨量大，故极易形成雨洪型泥石流灾害。

3）冰川-雨洪型泥石流

冰川-雨洪型泥石流是以冰川冰雪融水与降雨作为水动力条件。该类泥石流主要水动力来自中低山区的暴雨径流和高山区的冰雪消融洪水的混合补给，灾害规模随其流域面积的增大而加大，特大型规模的泥石流暴发，多数属于此种类型。在高温加暴雨的条件下，极易暴发此类泥石流，川藏公路的帕隆藏布流域，凡是冰川积雪分布区距离沟口较远的流域，多数都暴发过此类泥石流。

冰川-雨洪型泥石流主要分布于八宿以西的安久拉山到墨竹工卡米拉山以东区段之间。既有冰川积雪，又有大量降雨补给的沟谷，普遍发育冰川-雨洪型泥石流。上游的冰雪融水与中下游暴雨径流叠加均会产生特大的混合型泥石流，如 1985 年 6 月排龙沟发生的特大规模泥石流。

2. 滑坡灾害

滑坡分布广泛，是川藏公路阻车严重、治理困难、投资巨大的地质病害。川藏公路沿线虽然在不同路段都有滑坡分布，但危害性较大的滑坡分布相对集中于地质构造交叉复合部位和新构造运动活跃的峡谷地段。大型滑坡主要集中于东久河、帕隆藏布江、巴曲、西曲等河流的峡谷地段。帕隆藏布江、东久河为雅鲁藏布江的支流，第四纪早期的冰川堆积形成松散堆积台地，稳定性差，加上当地降雨丰富，极易形成滑坡。典型的 102 滑坡群就产生在冰积台地前缘的陡坡地带。滑坡群位于雅鲁藏布江大转弯北侧支流帕隆藏布峡谷中，其中的 2 号滑坡经过长期的蠕动变形，于 1991 年 6 月 20 日突然剧烈下滑堵江。堰塞坝溃决形成的迅猛洪流冲刷江岸，引发一系列滑坡，形成滑坡群。

巴曲与西曲为金沙江的支流。巴曲河谷两岸山坡松散、破碎，在河流冲刷侵蚀下，前缘发生坍塌斜坡变形破坏逐渐向上边坡发展而形成一系列滑坡，它们经常挤压、阻塞河道。正在活动的波戈溪、格丹两处特大型滑坡，沿路线方向宽 600m 左右。西曲的峡谷中，有一系列滑坡发育在断裂带上，正在活动的最大滑坡宽 350m，纵向长度 700 余米。

帕隆藏布、东久河峡谷、海子山至拉乌山的峡谷地带、塔鲁滑坡群等，这些地段往往成群出现滑坡。既是全线滑坡相对集中分布路段，也是潜伏性的崩塌、滑坡分布路段。这些发育在峡谷地带的大型滑坡，规模大、发生灾害多、危害严重、路线绕避困难，治理难度极大。

3. 崩塌灾害

川藏公路沿线边坡的挖填方现象十分普遍，多路段从峡谷陡坡坡脚附近及河深谷地段通过路线沿河傍山，经常直接或间接地遭受崩塌危害。峡谷地带山坡陡峻，岩石风化强烈、疏松破碎，稳定性差，容易产生崩塌。从规模上看，川藏公路沿线包括了小型崩塌、中型崩塌、大型崩塌和特大型崩塌等不同规模的崩塌等类型。线路上的崩塌具有发生频繁、类型多样、规模以中小型为主的特点。数量多、分布广泛的小型崩塌破坏方式为侵占路面、毁构造物、砸车伤人。

区域环境因素产生的大型崩塌灾害，具有偶发性和毁灭性特点。例如，1976年8月发生轰动全国的东久拉月大塌方。当时东久河右岸山体突然崩倒下来，撞击公路对面山体，对面山体又反撞崩塌体，造成重大伤亡事故。自此拉月地貌为之骤变，东久河改道，后来于1973年、1977年、1978年、1980年又先后发生崩塌，并伴有河谷泥石流活动。2000年冷曲河北岸山体塌方造成堵江，淹没川藏公路2km，断道1个多月；2000年4月发生的易贡山体塌方，形成堰塞大坝，排险泄洪造成巨大洪流，摧毁14km川藏公路、一座200m大桥，冲毁人行吊桥及道路不计其数；2001年西曲河南岸山体塌方造成堵江，淹没公路1.8km，断道1个月。

更多经常性的崩塌是公路上边坡风化破碎物质的大量塌方。作为单个灾害点，规模仅数十立方米至数百立方米，但因总数量大、分布广，对公路构成较大危害。川藏全线有坍塌灾害点48余处，累计直接危害公路长度42.45km，平均每千米约为33m，坍塌最严重的路段为金沙江流域的海通沟路段、觉巴山越岭线路段、吴仲河沿溪线路段、嘎玛沟及然乌沟路段、然乌湖-松宗路段、通麦-鲁朗路段等。这些地区线路紧邻陡峻的山坡坡脚，边坡岩层构造断裂发育，风化破碎强烈，岩性又多属松散层或薄层软质岩类，稳定性很差，再加之降水集中和植被稀少等，极易造成山坡局部坍塌。当然人为不合理的削坡、掏挖坡脚、对森林植被乱砍滥伐等也是促使坍塌的重要因素。

4. 水毁灾害

水毁一般发生在河床纵坡大，阻塞严重的峡谷段。因地形限制，川藏公路多为沿河溪展线的路段，由于长期受到夏季洪水的严重冲刷和淤埋作用，路基或桥涵、护岸等构筑物被毁坏或淹没，从而给公路运输等造成极大的损失。全线共有674处水毁灾害点，累计直接水毁长度为89.5km，平均每千米水毁长度为70.9m。然乌-中坝、海通沟西曲沿河路段是全线水毁最严重的地段，平均每千米直接水毁长度，前者高达320.5m，后者亦达220.8m。其次是绒曲、吴仲河、冷曲河、东久河及尼洋河等沿河溪线，色季拉山东坡盆地区严重水毁路段，平均每千米水毁长度为57.3～176.7m。水毁路段河谷狭窄、多易堵塞，河床纵坡大。由于洪水位、流量、泥沙含量等变化幅度大，河床冲淤变形十分强烈，岸坡侧蚀严重，是造成水毁的主要原因。部分路基标高低于洪水位或受支沟泥石流、山崩滑坡堵塞河道，形成回水，使公路长期被淹没和冲刷。路堤护岸及桥涵设计标准低，基础埋深浅，过流断面及结构尺寸小，经受不了洪水的强烈冲击和冲刷，也是造成水毁的重要原因。

5. 雪崩和冰害

大量山坡积雪在重力作用下，产生滑动，并在山坡积雪中发生连锁反应，引起雪体内挟大量的泥沙石块向下崩塌。雪崩具有暴发突然、运动快速、崩塌量大等特点。公路沿线除有关支沟上游及以上(海拔 4800m)为常年雪崩区外，近公路两侧的雪崩一般均为季节性雪崩。按雪崩工程综合分类，可将川藏公路沿线上的雪崩分为坡面雪崩、沟槽雪崩及跳跃雪崩三类。雪崩主要发生于大量降雪的秋冬季节和春季融雪开始时期。全线以安久拉山垭口以西的 79-81 道班、82-86 道班内的雪崩分布最集中。其中安久拉山西坡路段均处于高山峡谷内，两侧山坡每年都发生 3～5 次雪崩，每次埋没道路长度 100～500m，路面雪崩堆积厚度达 2.5m。1979 年 80 道班附近一次雪崩，埋没公路达 1km，雪崩堆积厚度 1.5m，奋力抢险 15 天后才以单行道通车。然乌峡谷路段，每年冬春季节经常发生雪崩挟石块，路面上雪崩堆积厚达 3～4m。82-86 道班，地处高山峡谷，两侧高山区海拔 4500～5000m，一般均有常年积雪，在 3～4 月的春融季节，时有雪崩发生。每次雪崩在公路上的堆积厚度为 2.1m，雪体内挟的石块粒径一般为 0.2～1.5m，大者达 3～4m，危害公路长度 200～700m，严重者还会堵塞帕隆藏布，形成临时性湖泊，溃决后，又形成洪水灾害，给公路交通造成严重损失。

冰害包括涎流冰和壅冰两种。因受地形、地貌及水文地质条件的限制，冰害主要分布在海拔较高、地形浑圆起伏的丘状高原盆地、越岭线路或海拔较高、气温较低的峡谷与山岭过渡的地段。在公路两侧地下水常年出露之处，地形平缓、排水不畅，使之缓慢地流入公路路面，在低温下冻结成冰，并逐渐累积、延伸扩大，使公路路面产生溜冰，给行车安全带来极大威胁。一些常流水溪沟，在低温下逐渐结冰，对桥涵产生阻塞及冻胀作用，使其造成胀裂破坏。全线有严重冰害点 63 处，累计直接危害长度大于 8km。冰害最严重的地段是吴仲河峡谷沿溪路段及东达山越岭路段，累计直接危害长度分别为 2.1km 及 2.8km，平均每千米危害长度分别为 123.5m 及 57.3m。其次为安久拉越岭路段和然乌沟峡谷路段、米拉山越岭路段等，路面结冰厚度达 20～30cm，部分路段结冰厚度达到 70cm 以上，滑溜现象十分严重。

6. 溜砂灾害

溜砂灾害是砂石在重力作用下向坡脚运动与堆积的过程。溜砂坡的物质组成以砂粒为主，并夹有碎块石，在坡面不稳定时以砂粒流动的形式达到新的平衡状态。因砂粒补给物的不间断性，溜砂活动具有频繁发生的特性，严重影响通过坡脚的公路的安全。大量溜砂堆积于公路上，不仅造成断道阻车，而且向下冲击的砂石还会打中行人及车辆，给行车安全带来极大威胁。川藏公路全线有溜砂坡22处，累计危害公路长度大于14.9km。溜砂坡主要分布于84-86道班境内，86道班中坝溜砂坡是活动最强、危害最大的一处溜砂坡。干旱少雨时，只要略吹一点风，砂石就会以颗粒状滚滚而下，淹埋公路，阻断行人和车辆。溜砂坡的上限可达数十米至几百米高，而且后缘不断有物质补充，因此很难进行有效治理。特别是由花岗岩风化破碎而形成的溜砂坡治理更加困难，就算是部分能治理好的工点，也需要巨大的花费才能达到治理的目标。

3.2 沿线地质灾害演变过程与规律

进藏高速公路与铁路工作区位于四川盆地边缘与青藏高原过渡带，抬升作用强烈，地应力高，以高山峡谷深切地貌为主，相对高差巨大，在内外营力特别是人工卸荷作用下，严重破坏岩体的完整性，降低了岩体质量，同时也构成风化营力、地下水等外动力作用的通道，极易引发崩塌、高边坡失稳和泥石流，特别是青藏高原独有的冰川型泥石流，规模大、危害强，治理难度大。据统计，仅帕隆藏布流域在进藏高速公路与铁路沿线的冰川泥石流沟就有20多条，对进藏高速公路与铁路危害极大。因此，在进藏高速公路与铁路建设过程中必须在掌握沿线崩塌、滑坡、泥石流的灾害现状、分布特征和孕灾机理的基础上，研究崩、滑、流灾害的孕灾过程及规律，为崩、滑、流灾害的防治提供理论基础。

3.2.1 地质灾害形成及诱发因素

1. 地形地貌对地质灾害的影响

进藏高速公路与铁路区域地形呈西高东低之势，由四川盆地及青藏高原两大地貌单元组成。成都-雅安段沿线为平原及丘陵低山，高程460～900m，属四川盆地部分。雅安以西即进入青藏高原。青藏高原大致可分为川西-藏东横断山区及藏东南高山峡谷区和藏南山原河谷区两种类型。其中川西-藏东横断山区及藏东南高山峡谷区切割强烈，山高谷深，为川藏公路地质灾害最严重地段，公路在这里长 2539km，发生各类地质灾害 3111 处，占全线地质灾害总数的 91%。

2. 地层岩性对地质灾害的影响

川藏公路沿线地层复杂，震旦系—第四系均有出露，以三叠系、二叠系出露最广。岩石种类齐全，以变质岩为主。受强烈的构造力作用，岩石破碎，裂隙发育。

3. 地质构造对地质灾害的影响

川藏公路经过区主要受青藏川滇“歹”字型构造体系和喜马拉雅-帕米尔“歹”字型构造体系的控制，它们由一系列大型褶皱带及大型断裂带组成，主要有龙门山褶皱带、沙鲁里山褶皱带、雅碧江-丹巴褶皱带、巴塘-哀牢山褶皱带、羌塘-昌都断褶带、澜沧江褶皱带、宁静山-无量山褶皱带、冈底斯-伯舒拉岭断褶带，以及鲜水河大断裂带、甘孜-理塘大断裂带、金沙江大断裂带、澜沧江断裂带、怒江深大断裂带、松宗-嘎达大断裂带、雅鲁藏布江大断裂带等。这些构造带控制了区域地形地貌及山川的发育展布，区域地层岩石亦由于强大的构造力作用变得支离破碎，成为地质灾害形成的构造条件。

4. 新构造运动及地震对地质灾害的影响

川藏公路二郎山以西为新构造运动强烈上升区，古近纪以来除区域强烈上升以外，尚伴有水平挤压和差异性升降。这些运动更明显地表现在一系列强烈活动的断裂构造带上，如二郎山断裂带、大渡河断裂带、鲜水河断裂带、理塘-德巫断裂带、乾宁-康定断裂带、巴塘-莫西断裂带、澜沧江断裂带、怒江断裂带、波密断裂带、林芝断裂带及雅鲁藏布江断裂带等。这些断裂带挽近期活动强烈，地震频繁，同时构成区内的主要地震带，既是地质灾害的形成条件，又是诱发因素。

5. 气象条件对地质灾害的影响

区内气象因素对地质灾害的影响突出表现在 3 个方面，即气温低、温差大、降雨集中。气温低，一是在极高山、高山区形成大量冰雪堆积，是冰川泥型石流的冰源；二是寒冻作用强烈，形成寒冰风化层，为泥石流的物质来源。温差大易使岩石产生机械破碎，破坏岩石结构，降低斜坡稳定性或形成较厚风化层。降雨集中则是泥石流产生的直接水源因素和滑坡产生的诱发因素。

6. 人类工程活动对地质灾害的影响

人类工程活动在这一地区主要表现为道路的开凿、兴修水利和垦荒伐木等。道路开凿，破坏坡脚，促使斜坡失稳。水利工程的渗漏，加剧了水与斜坡的相互作用，促进了斜坡的变形破坏。垦荒伐木，使斜坡失去了水土涵养能力。上述人类工程活动，既可使老的变形体复活、加剧，亦可形成新的变形体。波戈溪滑坡、义敦滑坡的复活均与此有关。

3.2.2 地质灾害影响因素分析

地质灾害的发生是地质环境的内在特征和外部营力共同作用的结果。内在特征构成其主控因素，控制了地质灾害的分布；外部营力是其诱发因素，促使地质灾害的发生。

1. 地质灾害的主控因素

地质灾害与地貌的关系：川藏公路沿线河谷剧烈下切，形成大面积的峡谷地貌，高陡的地形条件为地质灾害的形成提供了空间及势能条件。

地质灾害与岩性的关系：川藏公路沿线地层有出露不同期次的岩浆岩，也有变质程度不同的沉积相岩，以及第四系松散堆积物。地质灾害多发育在斜坡松散堆积体和松散物质丰富的沟谷中，坚硬、软硬相间及软变质岩中发育地质灾害相对较少，碳酸盐岩和岩浆岩中很少发育地质灾害。

地质灾害与斜坡结构的关系：滑坡、崩塌、不稳定斜坡等斜坡灾害与斜坡结构关系密切，包括灾害体结构和基岩斜坡结构两种结构类型。不同岩性结构决定发育特定的灾害类型和发育程度，斜坡的物质结构特征对斜坡的稳定性也具有明显影响，并且易于滑动的层面是斜坡灾害发生的重要因素。

地质灾害与地质构造的关系：川藏公路沿线地质构造背景复杂，分布有一系列深大断裂和复式褶皱，著名的金沙江断裂带和鲜水河断裂带贯穿川藏公路，且长期处于活动中。褶皱的发育控制构造附近的地形条件，为地质灾害提供所需的动力和临空条件；强烈的构造活动导致岩层错动、岩体破碎，各类地质构造结构面的发育控制了岩土体的滑、崩；周边断裂构造决定了地下水的分布规律；地下水沿各类裂隙和溶洞的侵入，软化地层中的软弱夹层，决定了岩土体滑动的层面，也起到了加速蠕动的润滑作用。

2. 主要诱发因素

主要诱发因素是地质灾害发育分布的决定性因素，是内因，从根本上控制地质灾害的空间发育及分布范围、方向、规模等。同时，外因激发内因促使地质灾害的发生。川藏公路诱发地质灾害的因素主要有气象条件、水力作用、地震活动、人类工程活动等。

3.2.3　滑坡灾害演变过程与规律

合理的滑坡分类是滑坡分析和防治的基础。因为滑坡的孕育环境是滑坡变形演化的基础条件，不同的孕育环境，滑坡也通常体现出不同的形态和特征。现行的滑坡分类方法众多，主要可以归纳为：按滑动面与层面的关系分类，按滑坡时代分类，按滑坡岩土体类型分类，按滑坡力学性质分类等。在众多的滑坡分类方法中，按滑坡力学性质分类的方法对滑坡的防治具有重大的意义，因而应用较为广泛。该分类标准的主要内容是：滑坡按照其起始滑动部位的差异和滑动力学性质的不同，可以分为推移式滑坡、牵引式滑坡和平移式滑坡，见图 3.1。

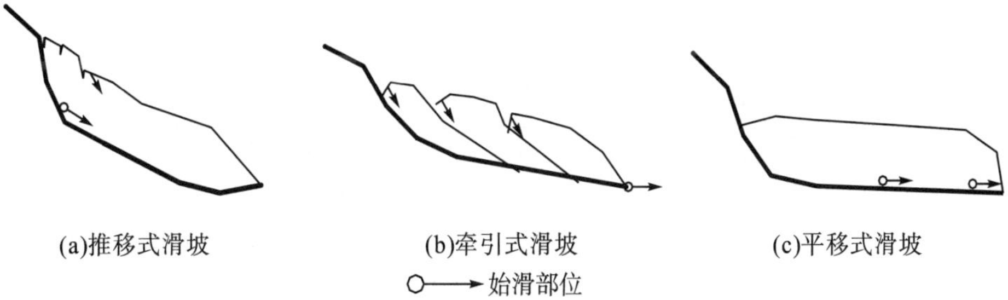

图 3.1　滑坡力学性质分类

推移式滑坡见图 3.1(a)，变形和滑动起始于滑坡的后缘位置，后缘滑体的滑动逐渐向坡体前缘扩展，推动前缘滑体滑移。作用方式上表现为后缘滑体推动前缘滑体变形移动，因而被贴切地称为推移式滑坡。引起推移式滑坡后缘滑体滑移的主要因素有：后缘崩坡积物质的堆积，后缘重物堆载，后缘建(构)筑物的修建等。牵引式滑坡见图 3.1(b)，变形和失稳滑移起始于滑坡的前缘，前缘块体首先失稳滑移，后缘滑体由于前缘滑体滑移而临空，进而产生变形和失稳滑动，灾变滑坡的变形和破坏逐渐由前缘向后部扩展。引起牵引式滑坡前缘变形失稳滑移的主要因素有：斜坡坡脚部位受河流冲刷、侵蚀，人工开挖坡脚等。平移式滑坡见图 3.1(c)，起始滑动部位分布于滑坡的众多部位。起始滑坡的众多部位同时启动，并逐渐扩展、发展、贯通。本节主要选取推移式滑坡和牵引式滑坡作为研究对象。

1. 滑坡渐近破坏过程

渐进破坏的概念首先由 Terzaghi 在研究脆性斜坡稳定性时提出，其认为渐进破坏是土体材料由初始强度向塑性状态转变的中间状态，并同时指出土体中的应力分布不均匀和抗剪强度的重分布特征。Skempto 指出黏土斜坡中的滑动面并不是同时出现，而是由局部破坏发展至整个斜坡。

众多的室内试验和滑坡监测资料都表明：斜坡的失稳破坏并非一蹴而就，而是一个由局部破坏向整体失稳的渐进演化过程。如图 3.2 所示，斜坡的渐进破坏过程可概述如下：降雨或者开挖坡脚等引起坡脚部位 1 应力集中，该应力集中区域内的抗剪强度由峰值强度过渡到残余强度；坡体应力的调整引起部位 2 应力集中，部位 2 土体向残余强度过渡，进而引起部位 3 达峰值强度；重复这一应力转移和调整过程，坡体局部区域的破坏逐渐扩展至部位 4 潜在滑动面渐进扩展、传递、贯通，引起整体失稳破坏。

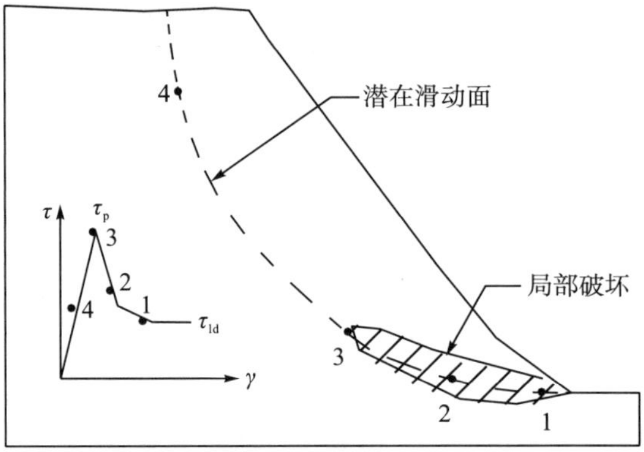

图 3.2 斜坡渐进破坏示意图

推移式滑坡和牵引式滑坡的受力特点存在一定的差异，下面将针对两种不同类型的滑坡分别论述其失稳机理和演化阶段。

2. 推移式滑坡渐进失稳机理

如上所述，推移式滑坡变形演化起始于后缘拉裂失稳，坡体内部应力调整和重分布导致变形破坏逐渐向坡脚部位发展、转移。推移式灾变滑坡后缘块体的失稳滑移主要由以下两方面的因素引起：①坡体后缘堆载、建(构)筑物修建、桩基础施工等引起后缘荷载效应增强，后缘块体首先拉裂破坏，过渡到残余强度；后缘块体强度的丧失引起坡体内部应力的重分布；随着荷载的增加，后缘块体的破坏不断向坡体前缘扩展、传递，最后引起整体滑动面的贯通。②雨水沿坡体后缘张拉裂缝入渗，雨水的入渗引起坡体重度增大，增大了下滑力；同时水的软化效应，导致土体抗剪强度的丧失，降低了抗滑力，引起后缘坡体的破坏。雨水的持续入渗，导致坡体内部的变形、破坏扩展传递。以上两种作用往往混合进行。

3. 牵引式滑坡渐进失稳机理

自然斜坡在孕育、演化过程中，其坡体内部应力调整已经完成，坡体处于自然平衡状态。在河流侵蚀、库水位涨落、人工开挖坡脚等外荷载的作用下，坡体内部应力调整，在坡脚部位形成剪应力集中区域；随着应力集中程度的增大，应力集中区域内材料强度首先由峰值强度过渡到残余强度；破坏首先出现在坡脚部位 1(图 3.2)；当坡脚部位 1 出现塑性破坏后，坡体应力调整和转移导致塑性区的扩展传递至坡体部位 2(图 3.2)；在此应力调整转移过程中，坡体应变能释放，能量释放进一步导致塑性区不断扩展、传递，滑动面不断扩展至坡体部位 3 和 4(图 3.2)；形成贯通的滑动面。进藏高速公路与铁路沿线斜坡坡脚部位常常遭受河谷水位侵蚀和水位涨落的影响，常常表现为多级次的渐进牵引式破坏。

3.2.4　崩塌源危岩演变过程与破坏机理

迄今，危岩领域的研究成果可分为四个方面，即危岩失稳模式及机理、危岩稳定性分析、危岩防治技术及新构造应力场对危岩的影响，这些研究为实施崩塌演变规律研究奠定了重要基础。为了系统地建立崩塌理论及防治技术体系，作者及团队成员基于大量的现场调查，运用工程地质学、地貌学、气象学理论方法，对崩塌的发育规律进行研究。

1. 危岩主控结构面形成机制

基于现场调查发现，危岩分布与陡崖、陡坡、江河沟谷切割及地层组合密切相关。而且，所有危岩均位于陡崖上，在其他条件相同时，可从河谷、岸坡的切割推断危岩的形成过程。如果陡崖或陡坡由软硬相间的地层组合，如砂岩和泥岩，便会存在显著的差异风化。

1) 危岩与构造应力场之间的关系

地球表面任何地区均存在水平地应力，即新构造应力场。新构造应力场由两个剪切带和一个主压应力构成。对于某一特定地区剪切带区域抗风化能力较差，易于诱发泥石流、水土流失等灾害，而与新构造应力场主压应力垂直或大角度相交的陡崖或陡坡，则易于孕发崩塌、滑坡等地质灾害。一些学者的研究证实了三峡库区滑坡的滑动方向不是任意的，与区域新构造应力场密切相关，即在长江上游地区滑坡通常发育在北西剪切带区，而在下游地区则易于发育在北西剪应力带和主压应力带之间。

2)卸荷作用

一般来说，如果说新构造应力场是危岩发育的宏观背景，那么卸荷作用则是危岩发育的本质。陡崖或陡坡以及沟岸卸荷均源于河流切割作用，危岩的主控结构面随着沟岸的卸荷而发育，同时由于砂岩底部泥岩的抗风化能力较差而极易形成岩腔，加速了主控结构面的扩展、断裂，渐渐形成危岩。

大量的数值模拟表明，边坡岩体内地应力的大小和方向会随着沟岸的切割而发生变化，换言之，卸荷裂隙通常近似平行于边坡倾向。以三峡库区万州首立山为例，该边坡走向347°，前沿为长江，两侧均为陡崖。1998～2004年的现场观测表明，砂岩和泥岩的风化速率分别为$(7.1\sim8.3)\times10^{-4}$cm/d和$(1.0\sim1.6)\times10^{-2}$cm/d。由于当地长江切割速率小于 1.1×10^{-7}cm/d，因此目前影响危岩发育最主要的因素是由岩腔诱发的二次卸荷。

2. 危岩主控结构面损伤区

在危岩研究体系中，危岩发育机理是关键，而研究危岩发育机理的核心技术是主控结构面的形成及发展。将危岩体后部贯通或断续贯通且力学强度较低的面或带定义为主控结构面，其非线性失稳扩展是危岩失稳的根本原因。而主控结构面失稳扩展是基于岩体内地质缺陷如微孔洞、微裂缝、晶间错位及软弱夹层等在荷载作用下损伤演化的宏观表现。所以对危岩主控结构面的损伤进行研究可为危岩发育机理研究奠定相应的理论基础。

由于危岩多发育在砂岩、灰岩等脆性岩体内，为了研究主控结构面裂端损伤发展问题，必须解决裂端损伤集中发育的区域问题，以便在该区域中应用连续介质损伤力学的模型及方程求解损伤问题，并顺利和断裂力学相耦合，以最终解决危岩体损伤-断裂过程研究的问题。在一般损伤力学中，将裂端区域分为无损区、连续损伤区和局部损伤带(图3.3)，据此思路，定义危岩主控结构面裂端损伤发育区域为主控结构面裂端损伤区，为一个半径为R的圆(图3.4)。

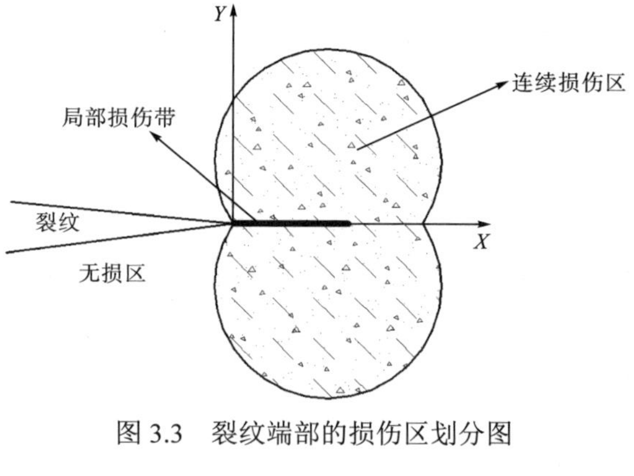

图3.3 裂纹端部的损伤区划分图

对于危岩主控结构面，可以认为是半无限长裂纹的平面应变问题，将坐标原点建在结构面尖端(图 3.4)。假定在主控结构面尖端发生应力跌落的损伤区长度为R，它与远场的应力强度因子有关且 R 远小于裂纹尺寸，即认为损伤范围很小，不影响远场的应力分布。则在远场拉伸应力σ_∞作用下的应力强度因子为

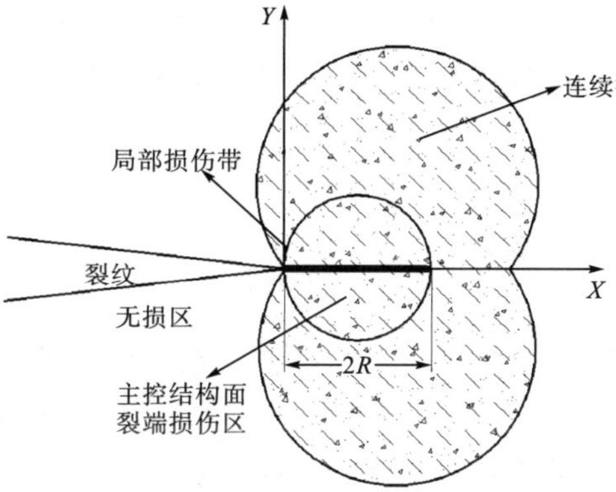

图 3.4 危岩主控结构面裂端损伤区划分图

$$K_\infty = \sigma_\infty \sqrt{\pi c} \tag{3.1}$$

在 $x=\xi(\xi<0)$ 处作用一对集中力 $\tilde{\sigma}(\xi)\mathrm{d}\xi$ 时，产生的应力强度因子为

$$\mathrm{d}K_\mathrm{D} = -\frac{2\tilde{\sigma}(\xi)}{\sqrt{2\pi(-\xi)}}\mathrm{d}\xi \tag{3.2}$$

则由损伤带内的分布力产生的应力强度因子为

$$K_\mathrm{D} = \int_{-R}^{0} -\frac{2\tilde{\sigma}(\xi)}{\sqrt{2\pi(-\xi)}}\mathrm{d}\xi \tag{3.3}$$

由于 $x=0$ 附近的应力有限，应有

$$K_\infty + K_\mathrm{D} = 0 \tag{3.4}$$

即有

$$\int_0^R \frac{2\tilde{\sigma}(-\xi)}{\sqrt{2\pi(\xi)}}\mathrm{d}\xi = K_\infty \tag{3.5}$$

对于弹脆性模型，假设损伤区内应力为常数分布时，得到损伤区裂端x方向长度为

$$R = 2\pi\left(\frac{K_\infty}{4\sigma_0}\right)^2 \tag{3.6}$$

假设损伤区内的应力呈线性分布时，即

$$\tilde{\sigma}(x) = \frac{R+x}{R}\sigma_0 \qquad (-R \leqslant x \leqslant 0) \tag{3.7}$$

得到损伤区裂端x方向长度为

$$R = 2\pi\left(\frac{3K_{\infty}}{8\sigma_0}\right)^2 \tag{3.8}$$

以上式中，σ_0为裂端应力；$\tilde{\sigma}$为损伤区应力；c为裂纹长度；ξ为x轴上任意坐标值。

危岩随着主控结构面的失稳扩展，损伤区将随着断裂过程和时间的推进而扩展直至阈值而发生失稳断裂。

3.2.5 泥石流灾害演变机制

泥石流是一定自然条件组合作用下的产物。水、地形坡降和松散固体物质是泥石流形成的三个基本条件，但必须在诱发因素作用下才能发生。根据泥石流发育条件的形成规律与自然环境演变规律之间的关系分析，泥石流物质来源主要积累于物理风化盛行的冰期或冰缘气候环境阶段，水动力条件主要出现在融冰雪水或降水骤增时间。进藏高速公路与铁路沿线山高谷深，坡地物质处于不稳定状态，加上季风性暴雨侵袭，所以第四纪以来泥石流活动十分频繁。本节以地处青藏高原东缘的 2010 年舟曲县特大泥石流为研究对象，分析泥石流灾害的形成机制。

1. 泥石流形成的潜在性

1）泥石流沟形成在构造应力场作用下的必然性

印度洋板块和欧亚板块碰撞作用决定了西北地区新构造运动的基本特征。由此可知舟曲新构造运动主要受印度洋板块和欧亚板块碰撞作用控制。舟曲地区构造应力场中主压应力方向大致为东南-西北方向。为进一步确定舟曲新构造应力场方向，根据舟曲内中上志留统白龙江群碳质千枚岩中的 123 条裂隙进行统计，采用裂隙走向玫瑰花图反演构造应力场。统计结果中可分出北西—西、北—北西和北东—东三组优势方向，见图 3.5。

由第一组裂隙和第二组裂隙在平面上组成 X 共轭裂隙，推测出舟曲构造应力场主压应力方向如图 3.6 所示。三眼峪沟方位角为 25°，罗家峪沟方位角为 57°（图 3.7），三眼峪沟和罗家峪沟与主压应力方向σ_1夹角在 20°左右，在地质研究上可把这两条泥石流沟与新构造应力场的主压应力方向视为垂直的。对于泥石流的暴发，暴雨是不可缺少的外界营力条件，但泥石流沟发育的优势方向与新构造应力场的主压应力方向是垂直的，可知三眼峪和罗家峪泥石流沟发展的优势方向正处在与主压应力垂直的方向上，说明两泥石流沟的形成存在必然性和天生性。

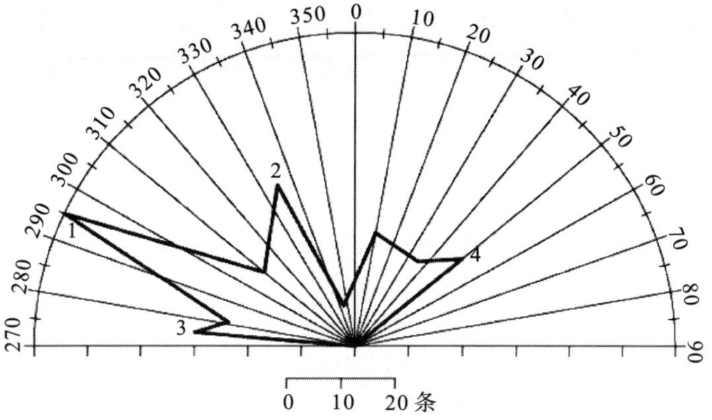

图 3.5　碳质千枚岩内裂隙走向玫瑰花图

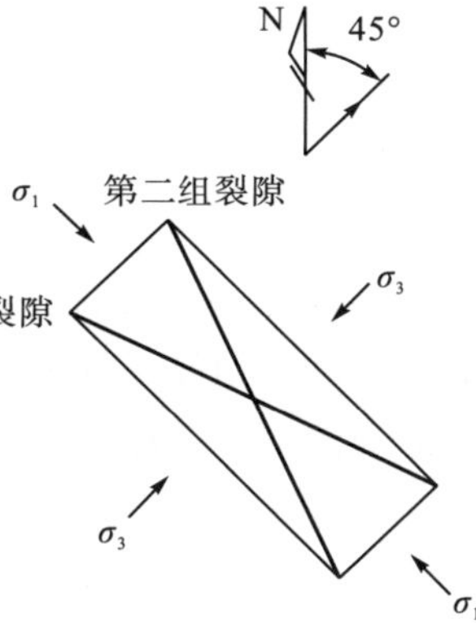

图 3.6　构造应力场主压力方向

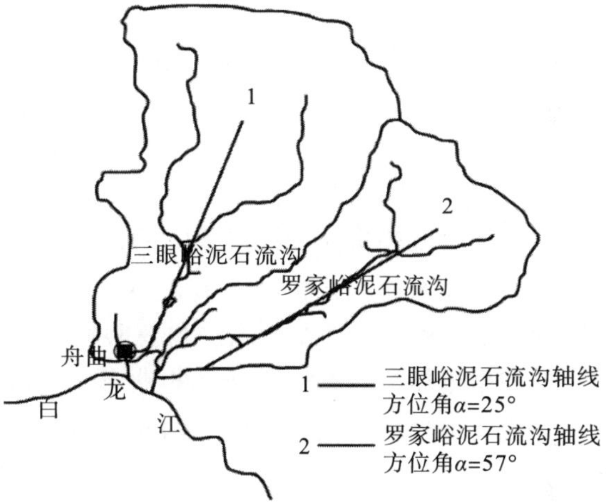

图 3.7　三眼峪和罗家峪泥石流沟方位角

2)沟内丰富的物源

泥石流形成的物源主要为第四纪松散物质，包括冲洪积物、泥石流堆积物、重力堆积物、残-坡积物黄土。在三眼峪、罗家峪上游泥石流沟内主要分布大量的重力堆积物，泥石流形成区处于秦岭东西向构造带的西延部分，受西秦岭构造多期活动的影响，构造活动十分强烈，断裂发育，并且河流切割强烈，岩体破碎，区域内地震活动频繁，崩塌、滑坡发育，在沟内形成大量松散物质也就是重力堆积物，是泥石流主要的物源。下游沟口中低山处分布有大量的黄土，这也是泥石流的重要物源(图 3.8)。

三眼峪的大眼峪和小眼峪形成了 4 座 80～280m 高的堆积坝，三眼峪 4 条支沟共有滑坡 8 处，滑动面 0.88km^2，滑坡总体积 1303.9×10^{4}m^3，发育崩塌体 58 个，体积约 2830.1×10^4m^3，此外沟内还发育滑塌、坍塌和沟道堆积物约 1029×10^4m^3，以上各项共计 5163×10^4m^3，可以直接补给泥石流的松散固体物质 2510×10^4m^3(图 3.8)。

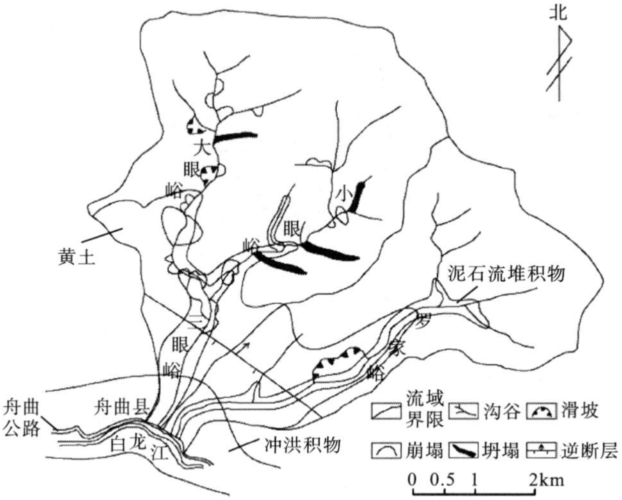

图 3.8 三眼峪和罗家峪物源图

3) 利于物源聚集流动最终致灾的地形

三眼峪泥石流沟在平面上大致呈直线形，利于泥石流流动并且流速不会因为受阻而降低(图 3.9)。在龙庙沟与三眼峪沟汇集处由于冲击消能使泥石流流速减缓，但在聚集口下方有一个陡降的地形，又增加了泥石流流速(图 3.10)。罗家峪没有支流，地形较三眼峪缓(图 3.11)，并且加上其沟在平面上呈弧形，在弯道处降低了泥石流流速(图 3.9)，最后致灾后果三眼峪稍轻。三眼峪和罗家峪流域上中游的地形决定了泥石流形成的必然性。

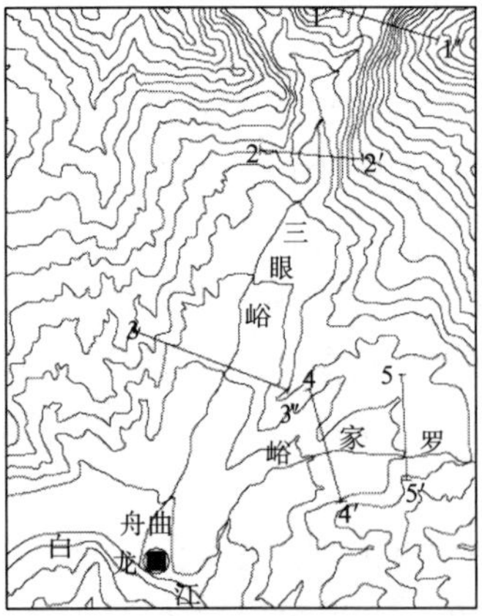

图 3.9 两泥石流沟横纵剖面布置图

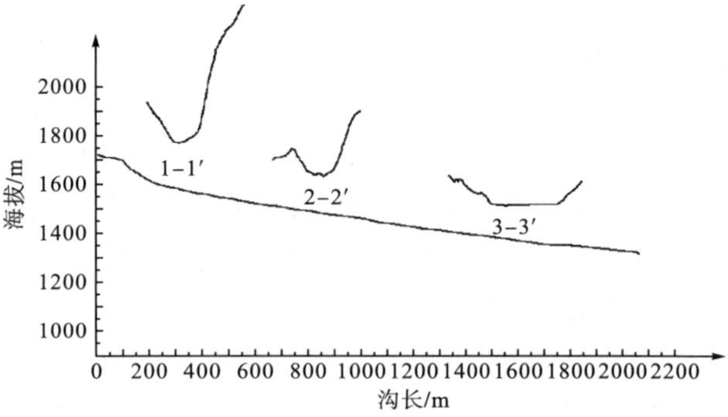

图 3.10 三眼峪下游横纵剖面图

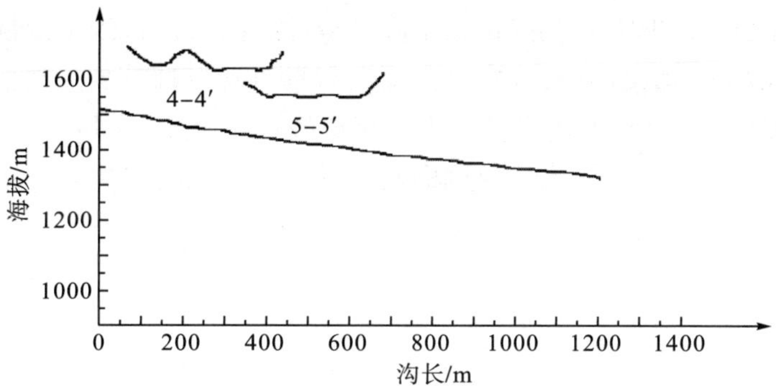

图 3.11　罗家峪下游横纵剖面图

舟曲泥石流区为高山峡谷地貌，三眼峪、罗家峪地形呈圈椅形，上中游支沟沟谷狭窄，呈“V”字型，沟谷两侧坡角大于 40°，利于物源水源的聚集，并且坡降大，支沟比降在 30%左右，具有有利的启动条件，启动速度大，在地形上不管是坡降还是谷降，对泥石流的运动都有推动作用。两流域下游沟谷呈窄深的“U”字型，利于泥石流的流动。

4) 封闭的地形导致水汽在大气环流作用形成高强度降雨

舟曲泥石流暴雨区域集中于泥石流形成区的中上游，即峪支沟-罐子坪以上的区域。三眼峪和罗家峪沟谷地区强降雨不是在气流带的影响下形成的，降雨呈现局部性是由于舟曲县城附近属于高山峡谷地形，这种地形导致在舟曲县城小范围强降雨。舟曲县城附近地面水汽蒸发气压上升，气流到达山顶受到峡谷的阻碍，导致气流方向发生变化而在泥石流沟谷上空汇集形成高气压，最后在狭窄的谷地降大暴雨(图 3.12)。

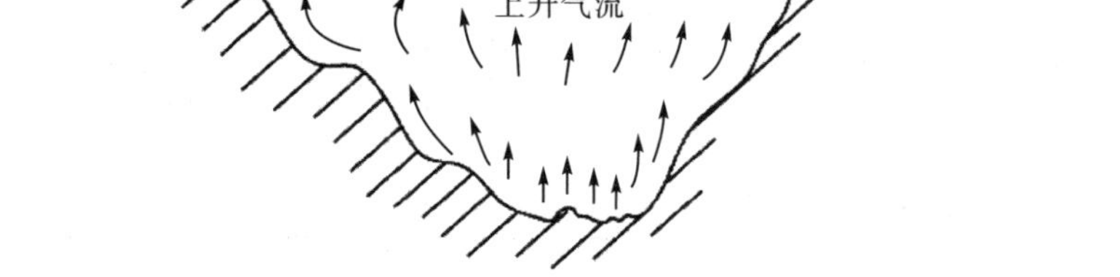

图 3.12　局部强降雨

舟曲每年每月的蒸发量都远远超出降水量(图 3.13)，月均蒸发量和降水量在 7 月、8 月以前呈现增加趋势，在 7 月、8 月以前气温逐渐升高，其中降水量远小于蒸发量且其差值增大，在泥石流沟上空聚集的水汽增加，7 月、8 月舟曲上空的气压增到最大，在峡谷区域形成急剧的局部暴雨，造成了这次泥石流的发生。

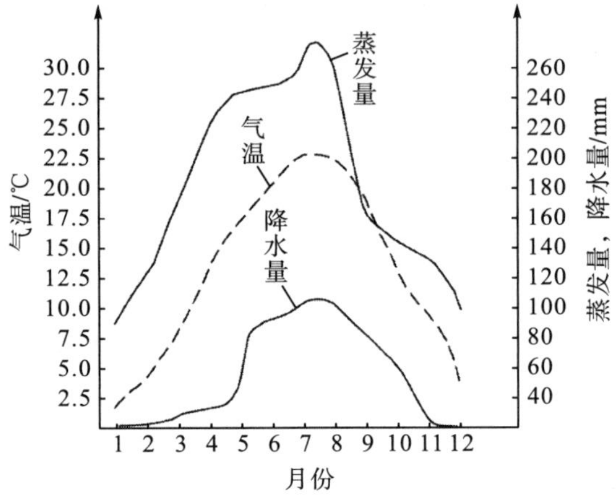

图 3.13 舟曲县月均蒸发量、降水量、气温

2. 高强度的降雨

水源是形成泥石流的诱发条件，2010 年 8 月 7 日 22 时舟曲发生强降雨，暴雨引发了本次特大型泥石流。舟曲县降雨多集中于 6～9 月(图 3.14)，这些月份降雨频率高，并且雨量大，常以连阴雨和暴雨形式出现，这次泥石流发生在 8 月，正是降雨集中的月份，并且局部强降雨，降水量 1h 达到 77.4mm，4h 达 99.6mm，暴雨只需降水量 1h 大于或等于 50mm，而在这次灾害中 1h 达到 77.4mm，4h 降水量就高达 99.6mm。三眼峪、罗家峪沟谷中上游汇集了大量的降雨形成洪水，具备充分的水源条件。

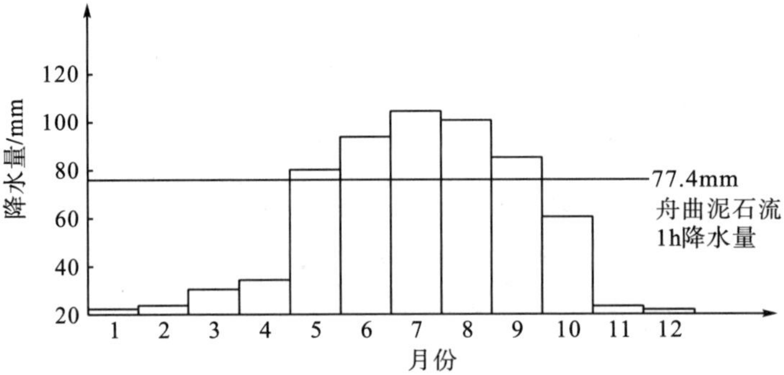

图 3.14 舟曲县月均降水量图

3. 开发不合理导致泥石流

三眼峪和罗家峪山地冬冷夏热，沟谷冬暖夏凉，沟谷成了人们选择的良好居住地。除此之外，人类有着靠山而建的传统。大量居民区选择建在地势平坦开阔、基础较软且物质均匀的泥石流堆积区，人们居住的地方以及种植的农作物恰好位于泥石流沟的泥石流沉积区内，泥石流来临时，泥石流体覆盖农作物与房屋，导致灾情的发生。灾难是针对人类而言，没有人类的选择问题，泥石流的发生不至于形成灾难。

第 4 章　进藏高速公路与铁路沿线地质灾害危险性评价

4.1　地质灾害危险性评价

地质灾害危险性评价即通过对典型灾害区域资料收集、野外调研与系统分析，在查清地质灾害活动历史、形成条件、变化规律与发展趋势的基础上，研究沿线地质灾害活动强度、频次、范围以及持续时间等特征，确定危害范围与危害强度等级，编制地质灾害危险性分区图。其目的是为评价地质灾害破坏损失程度以及规划、部署、实施地质灾害防治工作提供科学依据。

4.1.1　自然灾害风险评价研究概况

人类社会生存史始终伴随着与自然灾害的斗争。可以说，人类社会生存史就是一个与自然灾害不断抗争的艰苦历程。灾害也是一把双刃剑，在遏制文明进步的同时，人类为了抵御灾害，进行了不懈的探索，也推动了历史的前进。

人类对于灾害的研究可以追溯到大禹治水、精卫填海、诺亚方舟的神话时代，然而，作为风险学与灾害学结合的一门分支学科，自然灾害风险评价的理论和方法的研究仅几十年而已。因风险评价的结果不易验证，并且风险预测常使人联想起古老的占卜等玄学，在概率统计和模糊数学等定量评价方法被广泛接受之前，对于自然灾害风险评价的研究进展得十分缓慢[46]。最初对于自然灾害的研究多集中于灾害机理分析的定性评价与预测。

20 世纪 70 年代后，随着自然灾害破坏损失的急剧增加，人们将减灾工作提升到前所未有的高度，开始着手于灾害的定量评估工作。进入 20 世纪 80 年代中期，美国等发达国家开始注重整治环境和治理灾害的投入产出问题，纷纷斥资资助科学家研究如何在不确定条件下进行合理的决策。这样，风险评价才作为一个科学问题被系统地研究。

长期以来在灾害领域存在一种偏向，就是把自然灾害作为一种自然现象，着重调查分析其形成的自然条件、活动的自然过程等，忽视对人类社会经济的影响以及人类社会经济对自然灾害的反作用。因此研究主要集中于对自然灾害的自然特征和灾变方面，而对于区域承灾能力以及受灾体易损性的研究则非常肤浅。这种状况进一步影响了灾害损失评估，以致迄今尚未形成比较完善的、普遍适用的灾害损失评估方法和成灾程度的划分方案。这种情况，无法满足防灾减灾和社会经济发展对灾情的需要[47]。

近年来，人们对自然灾害风险分析的研究不断深入，研究方法也日趋丰富，数理统计分析方法的介入以及对灾害社会属性的关注衍生出一系列灾害评估方法，如概率统计法、趋势分析法、聚类分析法、层次分析法、模糊综合评判法、神经网络法、信息量法、信息权法等多种分析方法。而信息技术尤其是 GIS 的快速发展大大推动了风险评估结果定量化的进程。

4.1.2　国外对地质灾害风险评价的研究

地质灾害风险评价涉及地质学、地理学、灾害学、经济学、统计学等多门学科，作为一门新兴的学科，其形成与发展才经历了几十年的时间。20 世纪 70 年代，随着地质灾害破坏损失的日益严重，世界各国开始将防灾减灾的研究提升到前所未有的高度，一些发达国家首先拓宽了研究思路，将之前对于成灾机理与对于灾害预测的研究深入到对灾害的损失评价领域，由此揭开了地质灾害风险评价研究波澜壮阔的发展篇章，人类历史进入了对灾害主动防御的阶段。

早期的地质灾害风险评价主要集中于对滑坡的研究。当时关于灾害和风险的研究通常与滑坡事件的频率相关，并且大多是定性而非定量的评价。20 世纪 70 年代关于滑坡稳定性和危险分区已有很成熟的运用[48-51]，研究者绘制的滑坡风险图能够显示出区域滑坡的稳定性以及哪些地区在未来一段时间可能受到滑坡的威胁；Varnes[52, 53]指出滑坡风险图还应当能够反映滑坡发生概率的大小以及发生的强度等信息。然而，早期的滑坡风险图都不具有预测灾害发生概率大小的能力。

20 世纪 70 年代风险分析与风险管理理论以一种定性的方式被用于对城镇建设选址规划和滑坡治理中滑坡危险性区划的实践中。80 年代以后，尤其是 90 年代以来，风险分析与风险管理方法发展至定量研究的阶段，广泛应用于对单体滑坡的工程治理、管线铺设的风险治理、洋底边坡的稳定性和全球范围内更多边坡稳定性的风险管理中。关于此方面的研究有 Varnes 和 Keaton[54]、Whitman[55]、Einstein[56, 57]、Fell[58]、Leroi[59]、Kvalstad 等[60]。

20 世纪 70 年代以来，地质灾害风险的评价方法和理论取得了巨大的进步，尤其是在由定性分析转为定量评估方面，这要归功于空间技术与信息技术的发展，使得原本复杂的运算过程和烦琐的数据获取变得容易操作。近年来国外部分研究成果主要如下。

Düzgün[61]对地下煤矿坍塌的事故风险进行了概率分析。对 5 个煤矿获得的坍塌事故的发生率进行统计分析。风险由坍塌事故的概率和事故的后果两部分组成。坍塌事故的概率经由一个与事故发生率相符的概率分布函数计算得出，事故的后果由一个损失模型被定量成数值。

Metternicht 等[62]针对瑞士阿尔卑斯山区自然灾害严重的现状，将多源遥感数据分别用于灾害识别、监测与预测的不同阶段，为遥感技术用于自然灾害数据库构建提供了一个概念性的框架。

Saldivar-Sali 和 Einstein[63]在对菲律宾碧瑶市(Baguio)的滑坡研究中构建了滑坡风险率系统。该系统通过灾害贡献因子和风险贡献因子对滑坡进行描述。前者包括滑坡的岩性、坡度和植被度，后者包括人类活动和土地利用程度。

Calvo 和 Savi[64]使用蒙特卡罗法对泥石流风险进行定量评估。该方法随机选择各种适用的数学公式对泥石流的物源区、流通区和堆积区进行模拟，采用了 3 个不同的易损度方程，其中的两个与自然风险有关，如雪崩和洪流；另外一个易损度的数据来自意大利的萨尔诺(Sarno)地区一次泥石流灾害中受损建筑的结构。该研究应用于阿尔卑斯山区的阿尔登诺(Ardenno)泥石流风险评估，并针对不同易损度进行了风险制图与比较分析。在其研究中，因为无法获得建筑物具体的结构和材质数据，因此通过选用不同的易损度曲线特征来表现建筑物本身对风险的防御能力，具有一定的创新性。

Corominas 和 José[65]基于历史记录的滑坡事件，探讨了利用滑坡频率进行滑坡风险评估与区划的方法。该方法以历年灾情资料(主要是人员伤亡数据和财产损失数据)为基础，一般要求灾情统计资料的统计年限至少有 20 年。在分析时，先要统计评估区内每种地质灾害年均造成的伤亡人数，然后对伤亡人数由大到小进行排序，以此识别造成人员伤亡和财产损失的主、次灾害。历史灾情分析法能定量地表达评估区的灾害类型及灾害对人员伤亡和财产损失的影响大小，但也存在一定的局限性：该方法需要连续多年的灾情统计数据，就我国现实状况看，相当一部分地区并不能达到这一要求。

Kawagoe 等[66]使用多元逻辑回归分析方法构建了概率模型，对日本因融雪造成的滑坡的风险进行了评价，该方法的参数包括水文、地质和地貌三个方面的因子，通过对日本进行 1km×1km 的格网划分，计算滑坡风险和风险区划。

Westen[67]通过数字高程模型和卫星遥感图像获取空间数据，对洪都拉斯的特古西加尔巴地区的滑坡进行了风险评估。在其研究中，通过对历史灾情与地震和降雨之间的耦合关系的统计进行滑坡时间概率的评估。

为有效降低灾害的风险和广泛推进国际协调与合作，在 1987 年第 42 届联合国大会上，确定 1990～2000 年在全世界范围内开展“国际减轻自然灾害十年”活动，其宗旨是通过国际上的一致努力，将当前世界上各种灾害造成的损失，特别是发展中国家因自然灾害造成的损失减轻到最低限度。

近年来发展起来的非线性科学理论，因其一系列的新思想、观点和方法，如人工神经网络、分数维理论、耗散、混沌等，引起了世界各国科技工作者和各学科领域的广泛关注，自然也给地质灾害的研究注入新的活力。并随着计算机的发展，目前广泛应用的地理信息系统(GIS)利用其采集、存储管理、检索和综合分析等多方面的空间数据处理能力也对地质灾害评价领域的发展起到了很大的促进作用。

4.1.3 我国对地质灾害风险评价的研究

我国是世界上记录灾害历史最悠久、史料最丰富的国家。20 世纪 80 年代以前，地质灾害研究主要局限于对灾害分布规律、形成机理、趋势预测等方面的分析。真正意义上的地质灾害风险评价开始于 80 年代以后，地质灾害研究开始突破传统的研究模式，研究水平不断提高，研究内容日渐丰富，开始向新的独立学科发展。随之，灾害风险评价开始起步[68-70]。几十年来，国内学者也针对地质灾害风险评价方面进行了大量的研究和实践。

黄崇福和白海玲[71]以模糊集理论为基础，将自然灾害各环节(致灾因子、承灾体、损失等)有机地结合起来，并对从前的研究进行了改进，给出了基于模糊数学模型的城市自然灾害风险评估二级模型、城市地震灾害风险评估的数学模型、地震孕灾环境的模糊系统模型、地震强度衰减的模糊数学模型、模糊震害预测等方法；将风险评价的理论和方法建立在信息扩散理论之上，认为对于不完备的信息进行适当的信息膨胀有助于提高风险评价的精度。

刘希林和苏鹏程[72, 73]致力于泥石流风险评价、风险区划的研究。根据大量调查和统计资料，提出了判断泥石流危险程度和评估泥石流泛滥堆积范围的方法。例如，对四川省土地资源调查和人口统计数据的分析，采用时间对比的方法，探讨泥石流灾害风险及其变化特征；通过采集研究区 15 年的自然经济人口和土地利用的基础数据，运用 ArcGIS 9.0 的成图技术，绘制研究区泥石流危险度、易损度和风险区划系列图。

黄润秋及其研究团队通过遥感等技术手段对长江三峡库区进行调查，通过多种数学模型利用 GIS 对库区的地质灾害和地质环境进行了风险评价；以西南地区及其主要江河流域为研究对象，通过现场调查，在获取丰富的第一手资料基础上，将数理理论与 3S 技术有机结合，建立了山区及江河流域生态地质环境评价的模型和方法，形成了区域地质灾害危险性评价和地质灾害风险管理的技术方法体系[74-76]。

向喜琼[77]提出了区域地质灾害风险评价的途径，可遵循“成因机制分析-亚区划分-敏感因子分析和定性分析推理-数学模型分析-综合评价”的流程，并将这一流程应用于自主开发的区域地质灾害风险评价与预测系统中。

任鲁川[78, 79]认为风险分析可归结为风险辨识、风险估算、风险评价三个环节，风险估算数学模型的演进可概括为极值风险模型、概率风险模型、可能性风险模型三个阶段，并指出，为了提高区域自然灾害风险分析的可靠性，应加强对区域自然灾害孕育与发生机制、区域自然灾害风险辨识方法、区域脆弱性分析方法的研究。

宁宝坤[80]借助 GIS 技术构建地震灾害风险评价系统，整合遥感数据资源和地震专家知识，实现了地震灾害风险的快速评价。

吴树仁等[81]在探讨地质灾害风险评价技术体系时指出地质灾害风险评价应该遵循的 6 条基本原则，并提出地质灾害易发性、危险性和风险评价区划的基本工作流程。

石菊松等[82, 83]探讨了滑坡风险评价中存在的主要难题，如滑坡编录数据库建设，滑坡影响因素的识别和建模，滑坡时间、空间预测的不确定性，滑坡诱发因素动态变化的定量刻画，承灾体识别和易损性定量评价等方面的定量问题，并指出这些难点与不确定性主要来源于滑坡的自然属性，以及由于缺少通用的可接受的易损性评价模型和可接受的容许风险准则等因素限制了定量风险评价的广泛应用。

与此同时，尚有更多的学者投身于我国地质灾害风险评价的事业，经过几十年的发展，在理论和实践方面都取得了丰富成果，虽然目前还没有形成完善的理论与方法体系，但已有的工作为今后的深入研究奠定了坚实的基础。

4.1.4 地质灾害风险评价研究中存在的问题

通过对国内外地质灾害风险评价研究历程的分析，认为现今研究中存在以下 3 个问题亟待解答。

1. 如何建立区域性的风险评价指标体系

无论国内还是国外，每一例风险研究中都无一例外地选择了一些因子作为指标构建评价体系，并且对其合理性进行了分析和说明。然而，现如今的学者在进行区域性地质灾害风险评价的时候，仍会不断遇到这样的烦恼：因为涉及的因子众多但又无法全部获取，或因为各评价单元自然条件和社会状况不一而难以统一量化与分级。构建风险评价指标体系是风险评价中最关键的一环，评价指标对评价结果具有绝对的控制作用。在风险评价中如何构建指标体系仍需要进一步解答。

2. 如何验证风险评价结果

由于地质灾害本身的突发性和不确定性的特征，加之在进行风险评价过程中无论采用何种模型方法，前提都是基于对未来条件的假设，难以避免与现实存在一定差距(异)，因此需要对评价结果进行验证。当今的许多研究，有些根本未经验证，而验证的方法往往是观测历史灾情与评价结果之间的耦合程度。这里需要对一个问题进行探讨：历史是否对未来具有影响，以及有多大的影响。在风险评价的发展历程中，结果的验证曾经是掣肘发展的一个瓶颈，现在仍然是需要突破的一项难题。

风险评价最终是为风险管理服务的。本次研究将风险管理方案是否满足“投资-收益”，能否有效地避免损失或获得明显的社会经济效益作为风险评价结果验证的标准。

3. 如何正确看待新技术、新方法和新理论

新技术、新方法和新理论指当今在风险评价中被广泛使用的 GIS、RS 和各种数理统计和逻辑分析方法。这些新元素一方面促进了学科的发展，同时也带来一些新问题——对它们的过分依赖。

4.1.5　地质灾害风险评价研究的发展方向

通过对国内外地质灾害风险评价研究情况的总结和分析，可以看到当今存在着 4 个值得注意的发展趋势，归纳起来就是“评价手段信息化、评价过程可视化、评价结果定量化、评价目的服务化”。

(1) 评价手段信息化指的是在进行风险评价的过程中越来越注重对于信息科学的使用，如利用 GIS 进行数据的分析与管理，通过网络进行数据的共享等。

(2) 评价过程可视化指的是利用计算机图形学和图像处理技术，将风险评价的成果转换成图形或图像，在屏幕上显示或打印成专门的风险图。

(3) 评价结果定量化指尽量采用数值以便更直观地对风险进行表达。然而有些指标尤其是易损性评价中人的价值，或是灾害对于环境的影响往往是不可直接数值化的，遇到此类问题的解决方案是采用具有相关性的指标进行替代，或用指数代替绝对值，并力求纳入统一的信息系统。

(4) 评价目的服务化是指风险评价要以指导防灾减灾为目的，或能够为区域规划和灾后恢复重建提供决策支持。任何学科和技术最终都要能够服务于生产实践

才能够获得长久的发展动力。

4.2 地质灾害风险评价方法及评价内容

对地质灾害进行评价的方法多种多样，20 世纪 70 年代以前对地质灾害的评价主要是定性评价，70 年代以后评价方法由定性转为半定量、定量评价。地质灾害风险评价的应用前景良好，其发展方向也走向评价定量化、综合化，管理空间化。风险评价不仅是风险管理和减灾管理的基础，在对资源和环境保护方面也有着重要影响。

4.2.1 基本概念组成

1. 风险

风险是一个复杂的问题，风险本质上是指风险承载体在未来损失(或灭失)的可能性(不确定性)。奈特(Night)在《风险、不确定性和利润》一书中强调：“风险”指可度量的不确定性，“不确定性”指不可度量的风险。具体讲，风险的特征是概率估计的可靠性，以及将它作为一种可保险的成本进行处理的可能性。奈特区分风险和不确定性的哲学意义在于：风险是一种人们可知其概率分布的不确定，人们可以根据过去推测未来的可能性；而不确定性则意味着人类的无知，因为不确定性意味着人们无法预知没有发生过的将来事件，它是全新的、唯一的、过去从来没有发生过的。

1998 年，国家科委、国家计委、国家经贸委和自然灾害综合研究组在《中国自然灾害区划研究进展》中对风险的理解是“灾害风险指灾害活动及其对人类生命财产破坏的可能性。具体而言，就是指某一地区某一事件可能发生哪些自然灾害，其活动程度和破坏损失有多大”。

2. 风险分析、风险评估与风险评价

在风险的资料和文献研究中，经常会出现“风险分析、风险评估与风险评价”三项术语，本质来说都是指“对可能遇到的自然环境的灾难和危害的潜在频率和后果，所提出的各种备选方案，做出评估和分析”的这一过程，而在方法和结果中存在细微的差别。

风险分析更注重风险成因和风险结果之间的关联，总体上属于定性分析的过程。

风险评估就是量化测评某一事件或事物带来的影响或损失的可能程度，属于定量评估的过程。

风险评价可以看作风险分析和风险评估的综合结果，即通过定性分析和定量评估的手段对事件的风险和事物可能遭受风险的损失进行评价，进而提出减少和规避风险的建议。

3. 地质灾害风险评价

地质灾害风险评价，即分析不同强度的地质灾害发生的概率及其可能造成的损失，是对风险区发生不同强度地质灾害活动的可能性及其可能造成的损失进行的定量化分析与评估的过程。其清晰地反映评价区地质灾害总体风险水平与地区差异，为指导国土资源开发、保护环境、规划与实施地质灾害防治工程提供科学依据。地质灾害风险区划是按计算的地质灾害期望损失值分成不同等级的风险区，针对不同风险区的特点提出减少风险的各项对策。

4.2.2　理论框架

地质灾害风险评估的目的是确定因发生地质灾害所遭受损失的总值，期望损失通常包括人员的伤亡、物质财产的损失及因灾害对经济活动的中断造成的损失[84]。地质灾害风险评价的第一项工作是风险认知，通过对潜在的风险承载体的价值评价与风险特征分析进行风险的识别与描述。地质灾害危险性分析一般建立在如下 4 种假设的前提下[85]：

(1) 过去的地质灾害发生在同一孕灾环境条件下，如地质构造、地貌形态、水文地质条件、气候条件等是长期保持恒定的；

(2) 致灾的主要条件是由可识别的物理因素控制的；

(3) 地质灾害的级别是可以被估定的；

(4) 所有的灾害都可以被识别和进行分类。

一般而言，地质灾害风险评价工作依照如图 4.1[86]所示的流程进行开展。风险评价由对灾害及其后果的评价开始，然后制定与灾害风险评价相应的风险防治措施，风险评价的最后一项是风险级别的划定，同时风险级别也决定究竟采取何种防治措施规避风险。

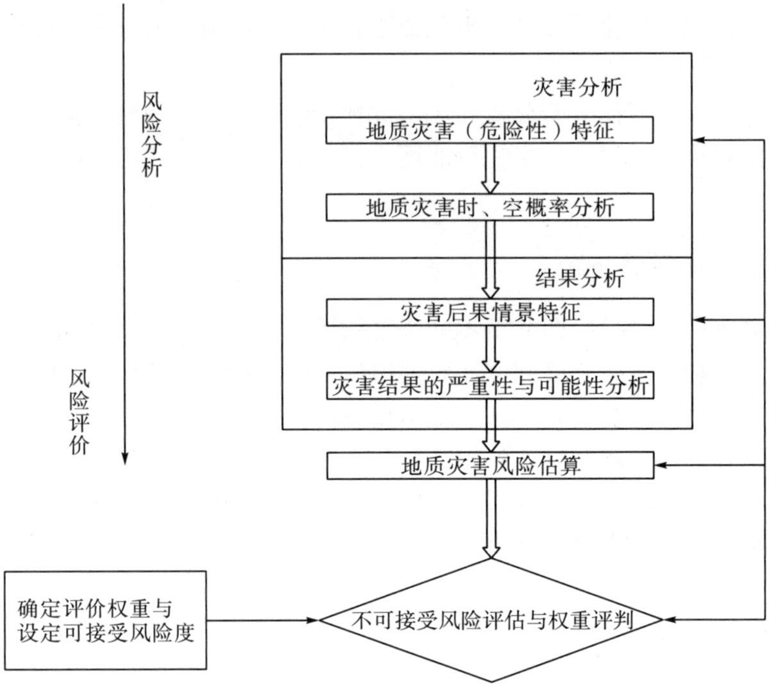

图 4.1 地质灾害风险评价流程图[86]

4.2.3 概率分布方法

1) 泊松分布

泊松分布是一种概率统计里常见的离散概率分布。

2) 均匀分布

均匀分布又称为矩形分布。对连续随机量来讲，选中指定区间上一个点的概率为零，所以，均匀分布的区间是开还是闭，对分布性质都没有影响。通常选用闭区间。

3) 正态分布

正态分布是概率统计中最重要的一个分布。正态分布是具有两个参数 μ 和 σ^2 的连续型随机变量的分布。第一个参数 μ 是服从正态分布的随机变量的均值，第二个参数 σ^2 是此随机变量的方差，所以正态分布记作 $N(\mu，\sigma^2)$。服从正态分布的随机变量的概率规律为取与 μ 越近的值的概率越大，而取离 μ 越远的值的概率越小；σ 越小，分布越集中在 μ 附近，σ 越大，分布越分散。正态分布的密度函数的特点是：关于 μ 对称，在 μ 处达到最大值，在正(负)无穷远处取值为 0，在 $\mu\pm\sigma$ 处有拐点。它的形状是中间高两边低，图像是一条位于 x 轴上方的钟形曲线。当

μ=0、σ^2=1 时，称为标准正态分布，记为 $N(0，1)$。μ 维随机向量具有类似的概率规律时，称此随机向量遵从多维正态分布。多元正态分布有很好的性质，如多元正态分布的边缘分布仍为正态分布，它经任何线性变换得到的随机向量仍为多维正态分布，特别是它的线性组合为一元正态分布。

4) 指数分布

指数分布是一种连续概率分布，可以用来表示独立随机事件发生的时间间隔。

4.2.4　统计方法

1. 极大似然估计

极大似然估计，只是一种概率论在统计学的应用，它是参数估计的方法之一。当已知某个随机样本满足某种概率分布，但是其中具体的参数不清楚时，参数估计就是通过若干次试验，观察其结果，利用结果推出参数的大概值。极大似然估计是建立在这样的思想上：已知某个参数能使这个样本出现的概率最大，我们当然不会再去选择其他小概率的样本，所以干脆就把这个参数作为估计的真实值。极大似然估计只是一种粗略的数学期望，要知道它的误差大小还要做区间估计。

2. 区间估计

区间估计是参数估计的一种形式。通过从总体中抽取的样本，根据一定的正确度与精确度的要求，构造出适当的区间，以作为总体的分布参数(或参数的函数)的真值所在范围的估计。

3. 经验贝叶斯估计

在自然灾害的概率风险评估中，用样本估计出的概率分布由于样本的随机性，而且参数本身也是一个随机变量，从而可有相应的概率密度函数，假设其为 X 的先验分布，现有一些观测值，在出现这样一组特定观测值的条件下，参数的条件概率密度函数叫作参数的后验分布，可用经验贝叶斯公式，由先验分布和样本的似然函数来估计。

4. 直方图估计

研究人员常常并不知道风险系统的有关总体分布形式，所以直方图估计被大量使用。直方图是用区间对数据分组的一个图，这里，每一个区间上的有关数值是用矩形块高低来表示。

4.2.5 地质灾害风险评价的内容

地质灾害风险评价是对风险区遭受不同强度的地质灾害的可能性及其可能造成的后果进行定量分析与评估，其评价方法分类见图4.2。不仅要分析其发生的可能性，即不同强度地质灾害发生的概率，而且要评估由此引起的可能后果。因此，地质灾害风险评价的主要内容通常包括以下4个方面。

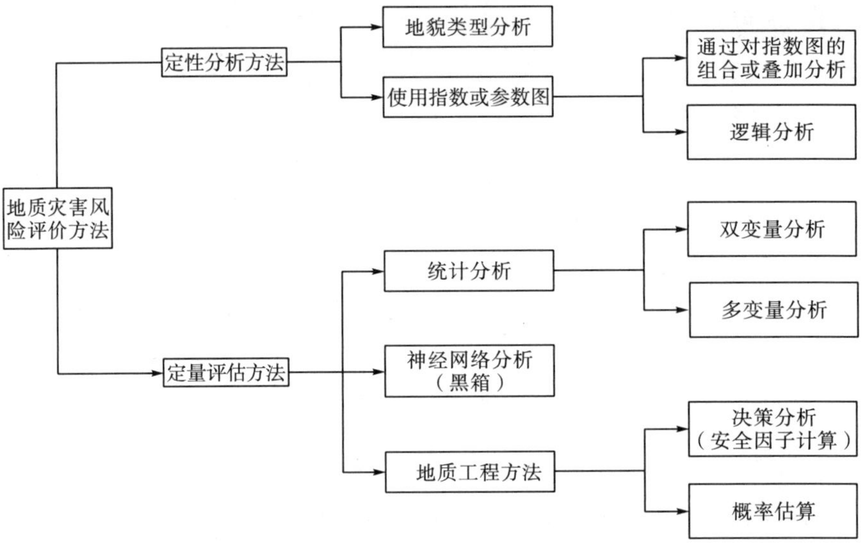

图4.2 地质灾害风险评价方法分类

1. 致灾因子风险分析

致灾因子风险分析即地质灾害危险性分析。地质灾害系统中的不确定性，从属性上来分，有随机不确定性和模糊不确定性两种。地质灾害风险评价涉及的随机不确定性，主要来自致灾因子。因此，致灾因子风险分析的主要任务之一就是掌握致灾因子的统计规律。

地质灾害（危险性）分析通常包括对孕灾环境和致灾机理的研究、灾害当前发生的概率和强度以及可能造成的损失大小等问题。地质灾害危险性评价由分析地质灾害发生机理和对其在时间和空间上的发生概率以及它们的强度方面的定量评估两个方面构成。

多年以来国际上对地质灾害（危险性）的分析进行了大量的研究，取得了巨大的进展[87]，从专家分析到启发式分析、统计分析或是基于流程的方法应有尽有[88]。每种方法都有优点和不足，究竟选用哪种分析方法取决于所要研究的主体和研究的尺度，同时也要考虑获得的数据的情况。

2. 承灾体易损性分析

承灾体易损性分析主要包括三个方面内容。

风险区的划定，即明确发生一定强度地质灾害时的受灾范围。相对滑坡而言，依据滑坡的规模、滑距、滑速等因素确定受灾范围；对于泥石流而言，根据方量大小、流速、物质组成等研究将冲毁多大的范围、程度如何等问题，都归于风险区的划定。由于所研究的区域系统涉及诸多要素(如地质条件、地形、地貌等)，不可能准确地认定致灾因子影响的范围。因此，受灾的范围，属于一个风险问题。

承灾体特征分析：对风险区内主要建筑物、固定设备和建筑物内财产，风险区内的人口数量、分布、经济发展水平等进行分析和评价。风险区内人类社会的结构异常复杂，要进行确切的数字化表达几乎不可能。对有关属性进行多种判断，有利于较全面地了解风险区特征。

承灾体抗灾能力分析，即对风险区内承灾体在可能遭受的地质灾害中的破坏的程度进行分析。

3. 地质灾害风险评价

地质灾害风险评价就是制定决策，给出建议，现有的风险是否能够接受，现有的风险控制措施是否可行等，如果是否定的，那么风险控制措施就需要进行调整和修正。风险评价是风险分析和风险评估的复合体，风险评估是进行因子评定与确定权重过程的阶段，确切地说，它包括对评估风险及其相关的对社会、经济和环境可能造成的后果的重要性的思考，风险评价就是为风险控制提供更多可供选择的方案。

风险分析与地质灾害危险性分析和结果分析是一种互相关的关系，它是基于建立一件或一组灾变事件发生的概率组成的，如生命损失的可能性，或是由于地质灾害造成的 N 个或是多大的次生性灾难事件的概率大小[89]。根据研究尺度、数据获得情况、专家经验、灾害和风险评价的范畴和目的等可以进行不同的定性和定量研究。Leroi[59，90]针对不同尺度效应对风险分析进行了详细的论述，每一种尺度都界定了其特定的研究目的和研究方法。

对于区域地质灾害风险研究，其过程和方法可以利用遥感，如卫星影像和航空摄影像片的方式进行；而对于更小尺度的研究，则需要研究区与风险相关的背景知识和参数、因子数据库系统。城市范畴的风险评价可以进行定量的或半定量的评价方法，全尺度的定量评价常常受到缺乏十分准确的和具有扩展性的数据等限制，同时也因为参数和因子的时空变异性或是诸多不可预知的不确定性而难以进行。

4. 灾情期望损失评估

灾情期望损失评估是指评估风险区内一定时段发生的一系列不同强度地质灾害给风险区造成的可能后果。损失包括可用风险财产的损失来计算的直接损失和如通信、交通中断导致风险区与区外正常的信息、物质交流困难和失灵而造成的间接损失以及人员伤亡三方面。结果分析包括对生命、财产、环境等承灾体的识别和承灾体价值的定量化分析，以及对人的伤亡和物质损失可能性的易损性分析。灾害结果分析通常使用资产价值表来表达或是量化承灾体的价值，或是刻画易损性曲线。

4.3 地质灾害评价指标体系

4.3.1 指标体系建立原则

地质灾害的形成条件包括内因、外因等诸多因素，其涉及的内容非常广泛和复杂，因此在分析其危险性时，如果将所有反映地质灾害形成条件的要素都纳入危险性分析之中，这不但不可能，而且也是不必要的。为了使纳入的指标适应危险性分析的需要，就要以下列原则为依据进行指标的选取。

系统性原则。公路地质环境是一个复杂的系统，它不但包括自然的地质环境因素，还包括人为的社会影响因素。有时社会因素比自然因素更能起到决定性作用。因此，指标体系应尽可能全面、系统地反映研究区地质环境条件质量情况，符合研究区地质灾害危险性评价的内涵，避免指标之间的重叠。评价目标和指标必须有机联系起来组成一个层次分明的整体。

主导性原则。因素不同对地质灾害危险性的影响和作用不同，因此建立评价指标体系时应考虑主导性原则，剔除次要指标，提高评价工作的效率。

充分性原则。对评价目标的影响程度达到一定影响水平的评价指标，原则上必须参与评价。

可操作性原则。保证评价指标在实际中比较方便获取，并较统一地进行地质灾害评价，因有些资料现场较难获取，指标较多，赋值较困难，因此只要在保证精度的前提下，选取具有针对性和代表性的指标就好，避免指标间的重叠和交叉。

科学性原则。所谓“科学性”是指评价方法能够真实地反映事物的本质，体现地质灾害危险性评价科学合理、客观公正。指标体系结构是否科学，直接关系到评价结果的合理性。因而整个指标体系应能充分反映地质灾害的特点，涉及各个领域的综合指标、单个指标的选取要考虑到各个因素对地质灾害危险性的影响大小、影响范围。

定性指标与定量指标相结合的原则。定性评价是采取经验判断与观察的方法，评价结果具有一定的模糊性，具有不确定性。定量评价是采用量化的方法，其评价结果往往带有局域性，评价不容易深入。将定性和定量评价相结合，可以弥补各自的不足之处，达到较好的评价效果。

4.3.2　评价指标因子的筛选

由于地质灾害危险性评价系统的多层次性和复杂性，因此需要请多位不同地域、不同研究领域的专家对各方面的指标进行筛选，优化地质灾害评价指标体系。同时对初选的指标应当进行科学性检验，包括单体测验和整体测验。

单体测验是指测验每个指标的可行性和正确性。可行性是指该指标的数值能否获得，那些无法或很难取得准确资料的指标，或者即使能取得但费用很高的指标，都是不可行的。正确性是指指标的计算方法、计算范围以及计算内容应该是正确的。

整体测验主要是测验整个指标体系的指标重要性、必要性及完备性。重要性是指保留那些重要指标，提出对评价结果无关紧要的指标。一般利用德尔菲法对初步拟出的指标体系进行匿名评议。必要性是指组成指标体系的所有指标从全局考虑是否都是必不可少的，有无冗余现象。一般可用相关系数来进行检验。指标之间通常都存在着一定的相关关系，即观测数据所反映的信息有所重叠，若指标体系中存在着高度相关的指标，会影响评价结果的客观性。因此，必须对指标体系进行相关性分析。相关系数一般可采用简单相关系数法、斯皮尔曼相关系数法等方法求得。完备性是指指标体系是否全面地、毫无遗漏地反映最初描述的评价目的和任务。一般通过定性分析进行判断。

4.3.3　地质灾害危险性评价指标权重的确定方法

影响地质灾害评价的各因素之间存在着错综复杂、相互联系又相互制约的关系，对其评价是一个多目标多属性的问题。在这个复合环境系统中，各子系统或各要素的改变对整个系统的改变贡献不同或者说整个系统对其不同子系统、不同要素的改变响应不同。因此，不同的指标在评价体系中的重要程度有所差别，即不同的指标就具有不同的权重。而其要兼顾各因子在指标体系中的重要程度与出现次数来确定权重的分配，这是进行评价工作的必备条件。

目前，对权重的确定问题进行了大量的研究，大致分为以下两类。

主观赋权法：指评价者对指标的重要程度给出人为的评价，通常采用向专家征集意见的方法。主观赋权法得出的权值主要取决于提供意见的人对研究对象的认识，不同的人对同一问题会有不同的看法，所给出的权重也会千差万别。这种赋权方法的缺点是带有较多的主观色彩。

客观赋权法：指根据指标数值变异的程度所提供的信息来计算相应的权重。客观赋权法利用指标数据提供的信息确定权重，避免了主观因素的影响，使不同的评价者就相同的数据可以得到相同的评价结果，因此，被认为是较为科学的确定权重的方法，但该方法的缺陷是对具体实际重视不够。这里需要说明的是，并不是只有客观赋权法才是科学的方法，主观赋权法同样也是科学的方法。因为，人们对指标重要程度的估计主要来源于客观实际，主观看法的形成往往与评价者所处的客观环境有直接的联系，因此从某种程度上说，主观赋权法也具有一定的客观性。

4.3.4 指标体系的建立

1. 川藏公路地质灾害危险性评价体系的建立流程

川藏公路地质灾害危险性评价体系是一个动态的过程，它通过对客观材料和源数据进行分析来建立系统与环境之间的关系，是一个多指标、多内容的评价系统。评价过程主要包括拟定评价指标和标准，用具体评价方法进行优选。

2. 川藏公路地质灾害危险性评价指标体系

地质灾害危险性分析，主要是对历史地质作用情况和影响致灾地质作用发育的各种条件的分析。通过对研究区地质灾害环境的调查分析，以及对研究区公路沿线崩塌、滑坡、泥石流、水毁等灾害的分析，选定的评价指标主要有公路沿线灾害体、暴雨、年均降水量、路基位置、岩性条件、地貌类型、地震烈度、年均温度、植被覆盖率、地质构造等。

4.4 进藏高速公路地质灾害风险评价

4.4.1 风险分析的技术方法

众多学者提出了很多风险分析的方法，这里将其归为两大类：蒙特卡罗法和系统工程法。

1. 风险分析的蒙特卡罗法

蒙特卡罗法广泛应用于计算各种领域的工程风险，是预测和估算失效概率常用的方法之一。它的处理手段是计算机模拟与仿真。该方法的主要思路是：按照概率定义，某事件发生的概率可以用大量试验中该事件发生的频率估算。因此，可以先对影响其失效概率的随机变量进行大量随机抽样，获得各变量的随机数，然后将这些抽样值一组组地代入功能函数式，确定系统失效与否，统计失效次数，并算出失效次数与总抽样次数的比值，此值即为所求的失效概率。

蒙特卡罗法就是依靠上述思路求解系统失效概率的。该法使系统风险的计算有可能通过电子计算机试验进行。

2. 风险分析的系统工程法

风险分析的系统工程法就是指：应用系统工程的原理与方法，将风险客体所面临的风险看作是一个包括众多组成部分的系统，如导致风险产生的因素(在灾害风险领域，被称作致灾因子)、风险区、风险客体和最后的风险损失等构成一个风险系统，研究系统内各部分之间的相互影响和相互关系，为风险管理者提供一个既能对风险造成损失的可能性进行预测，又可对风险进行定性、定量评价的方法，从而为有关决策人员提供决策依据，并据此采取相应的风险管理措施。

4.4.2　地质灾害风险评价模型

地质灾害风险分析的基本任务是总结灾害频发地区历史上不同风险水平发生的频率，绘制回归风险图；针对系统可能出现的变化，研究未来风险，绘制未来风险图。

风险可以理解为概率和结果的一种关联。联合国地球科学滑坡风险评价工作委员会将风险表述为灾害在一定时期内(通常为 1 年)发生的概率与可能造成的损失的乘积。

4.4.3　进藏高速公路地质灾害风险度分析

1. 评价指标分析与量化

1) 指标选取及权重系数

基于对川藏公路实地调研，结合资料收集、整理、分析，筛选出公路沿线灾害体(x1)、暴雨(x2)、年均降水量(x3)、路基位置(x4)、岩性条件(x5)、地貌类型(x6)、地震烈度(x7)、年均温度(x8)、植被覆盖率(x9)、地质构造(x10) 10 个地质灾害危险性评价指标，作为川藏公路地质灾害危险性评价的指标。

2) 指标分级赋值

各地质灾害危险性评价指标的分级赋值是根据川藏公路的具体实际情况，依据专家系统法收集调查表获取的，将 10 个指标分为 4 级，每个因子赋值的最高值为 100，最低值为 0。赋值越高，表示该等级对公路地质灾害危险性的贡献率越大。例如，公路沿线灾害体这个指标，依据研究区分布的规模、密度和数量，总结出 4 种主要的公路沿线地质灾害，包括泥石流、滑坡、崩塌和水毁。其中，泥石流对公路地质灾害危险性影响最大，水毁相对泥石流对公路地质灾害危险性影响较小。各个指标的具体分级赋值如表 4.1 所示。

表 4.1 地质灾害危险性评价指标分级赋值表

指标	分级赋值				
x1	分级	泥石流	滑坡	崩塌	水毁
	赋值	[100，90)	[90，70)	[70，50)	[50，0]
x2	分级/mm	≥15	15～10	10～5	≤5
	赋值	[100，90)	[90，80)	[80，60)	[60，0]
x3	分级/mm	>1000	1000～800	800～600	≤600
	赋值	[100，90)	[90，70)	[70，50)	[50，0]
x4	分级	沿河	跨河	山坡	高原
	赋值	[100，90)	[90，80)	[80，60)	[60，0]
x5	分级	岩浆岩	沉积岩	第四系松散堆积物	变质岩
	赋值	[100，80)	[80，70)	[70，50)	[50，0]
x6	分级	河谷	山坡	山岭	平原
	赋值	[100，80)	[80，60)	[60，40)	[40，0]
x7	分级/度	≥9	8	7	6
	赋值	[100，70)	[70，60)	[60，40)	[40，0]
x8	分级/℃	≤2	2～6	6～10	≥10
	赋值	[100，60)	[60，50)	[50，40)	[40，0]
x9	分级/%	≤10	10～20	20～30	≥30
	赋值	[100，60)	[60，50)	[50，40)	[40，0]
x10	分级	断裂	向斜	背斜	单斜
	赋值	[100，60)	[60，50)	[50，40)	[40，0]

2. 地质灾害危险性评价模型

公路地质灾害危险性评价方法主要采用综合指数评价方法。公路地质灾害危险性综合指数是公路地质灾害危险性分区的量化指标，据此进行分级、分区评价。公路地质灾害危险性指数是由分指数叠加得出，该方法适宜研究多因子评价体系结构的特点。公路地质灾害危险性综合评价指数模型由综合评价指数计算获取，其计算公式为

$$F = \Sigma k_i W_i$$

式中，F 为地质灾害危险性综合指数；k_i 为指标权重；W_i 为因子的赋值，采用分段评价法。

3. 公路地质灾害危险性分区

1) 建立数据库

研究过程中，将川藏公路沿线向公路两侧扩展 30km 作为研究区域，利用 ArcGIS 技术强大的空间分析和叠加功能，对研究区域的基础数据进行处理和分析，得到用于公路地质灾害危险性分区的数据库。

根据所收集到的川藏公路沿线各个指标的资料，结合 ArcGIS 缓冲区分析功能，分别绘制出川藏公路沿线灾害体分布图(图 4.3)、10min 暴雨分布图(图 4.4)、年均降水量分布图(图 4.5)、路基位置分布图(图 4.6)、岩性条件分布图(图 4.7)、地貌类型分布图(图 4.8)、地震烈度分布图(图 4.9)、年均温度分布图(图 4.10)、植被覆盖率分布图(图 4.11)以及地质构造分布图(图 4.12)。

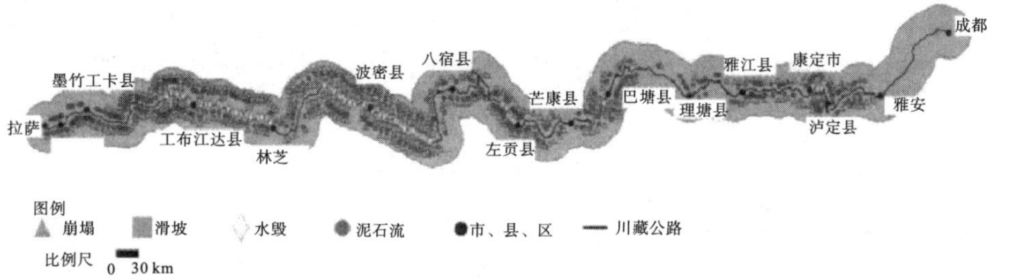

图 4.3　川藏公路沿线灾害体分布

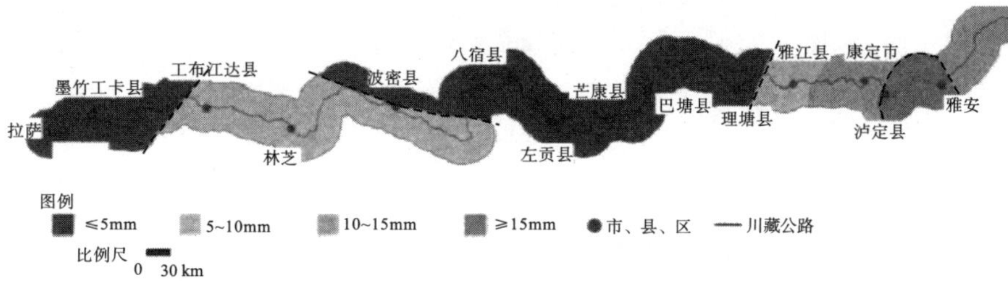

图 4.4　10min 暴雨分布

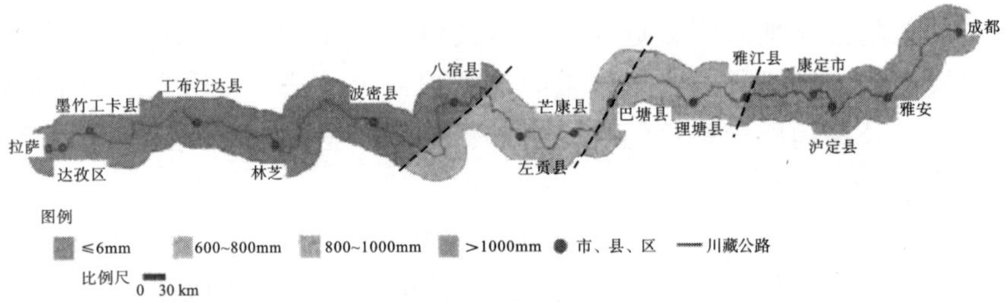

图 4.5 年均降水量分布

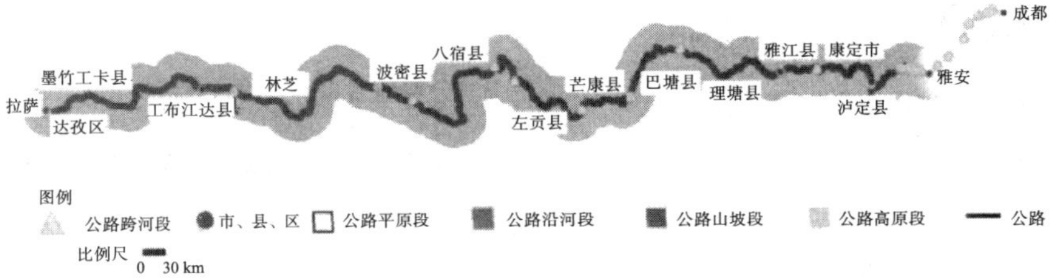

图 4.6 路基位置分布

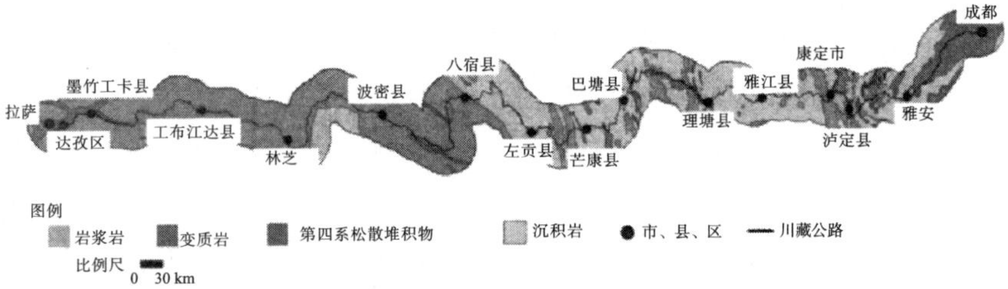

图 4.7 岩性条件分布

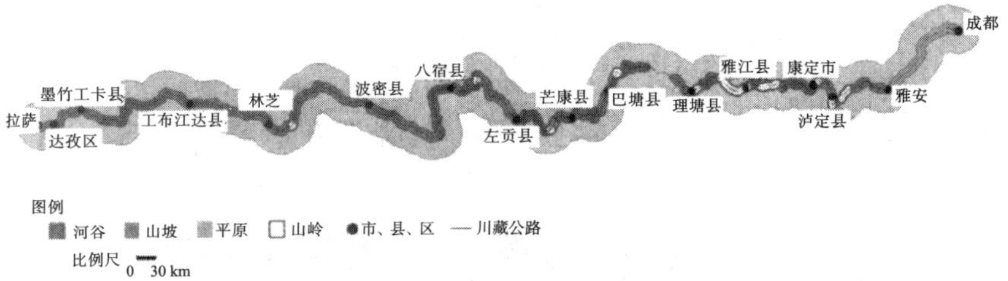

图 4.8 地貌类型分布

2)川藏公路地质灾害危险性分区

从拉萨开始把川藏公路分为 15 段(表 4.2),在 ArcGIS 平台利用所建立的川藏公路地质灾害危险性评价数学模型对所建立的川藏公路地质灾害危险性评价数据库(图 4.3～图 4.12)进行量化运算，得出每段公路的地质灾害危险性综合指数。地质灾害危险性综合指数越大，公路受到地质灾害的危险性越严重。将川藏公路沿线的地质灾害危险性划分为 4 个等级，即危险区(地质灾害危险性综合指数>65)、高易发区(地质灾害危险性综合指数在 55～65)、中易发区(地质灾害危险性综合指数在 45～55)和低易发区(地质灾害危险性综合指数≤45)。

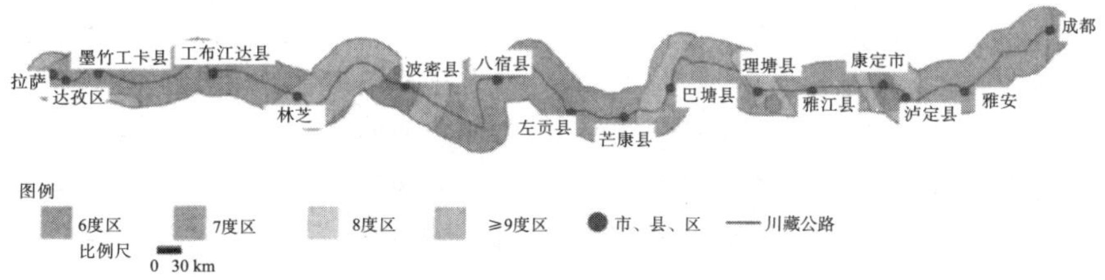

图 4.9　地震烈度分布

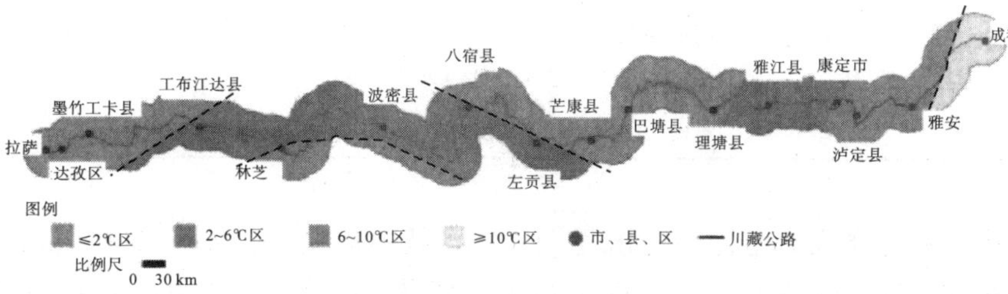

图 4.10　年均温度分布

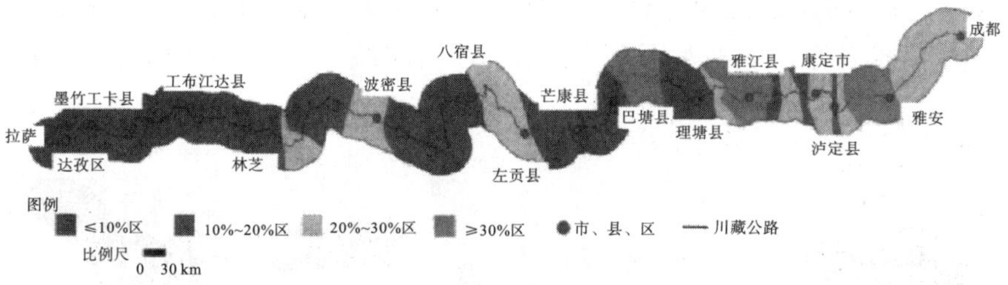

图 4.11　植被覆盖率分布

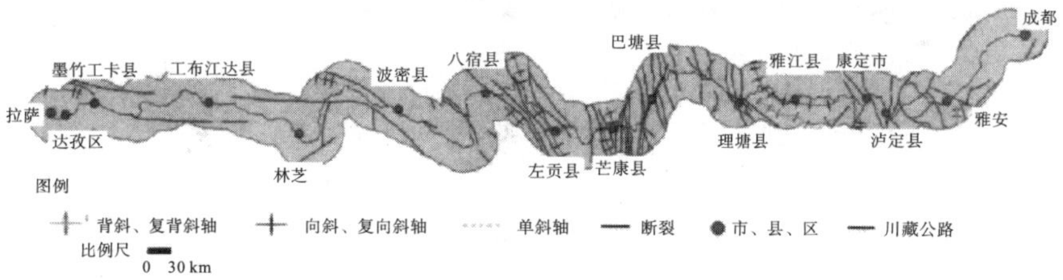

图 4.12　地质构造分布

表 4.2　川藏公路分段地质灾害危险性综合指数

序号	公路分段	每段长度/km	占全长比例/%
1	拉萨-达孜	25.08	1.17
2	达孜-墨竹工卡	52.47	2.44
3	墨竹工卡-工布江达	224.45	10.44
4	工布江达-林芝	144.99	6.75
5	林芝-波密	236.33	11.00
6	波密-八宿	237.94	11.07
7	八宿-左贡	189.96	8.84
8	左贡-芒康	126.37	5.88
9	芒康-巴塘	103.48	4.82
10	巴塘-理塘	200.04	9.31
11	理塘-雅江	125.75	5.85
12	雅江-康定	135.20	6.29
13	康定-泸定	52.19	2.43
14	泸定-雅安	131.92	6.14
15	雅安-成都	162.81	7.57

川藏公路地质灾害危险性分区见图 4.13，其中危险区长度为 184.11km，占路线总长的 8.57%，主要分布在二郎山两侧；高易发区有 1047.90km，占路线总长的 48.77%，主要分布在雅砻江流域、金沙江流域和帕隆藏布流域；中易发区有 839.42km，占路线总长的 39.05%，主要分布在成都平原、理塘高原、他念他翁山、墨竹工卡-达孜高原；低易发区有 77.55km，占路线总长的 3.61%，主要分布在藏南谷地。

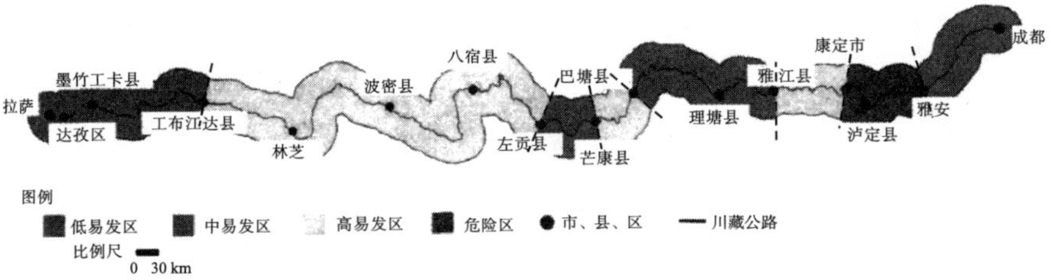

图 4.13　川藏公路地质灾害危险性分区

第 5 章　进藏高速公路与铁路桥梁地震灾害

5.1　地　　震

地震是破坏力最强的自然灾害之一，成灾突然，持续时间短暂，但影响范围极大。强烈的地震甚至会引发山崩地裂，河川倒流，导致人类社会生活的各类基础设施严重受损、倒塌，给人们的社会和经济生活带来巨大的损失。据统计，全球平均每年发生 500 多万次地震，平均每年大约有 10000 人死于地震，平均每年因地震造成的经济损失有数十亿美元[91]。

我国是世界上遭受地震灾害最严重的国家之一。我国地处环太平洋地震带和欧亚地震带之间，地震活动分布广、强度大，6 级以上地震几乎遍布全国。然而，我国地震活动在空间上分布极其不均匀，西藏、新疆、云南、四川等西部地区集中了 1949 年以来发生的绝大多数强震，其中 6 级以上地震占 90%以上，7 级以上地震占 87%以上[92]。这给进藏高速公路与铁路带来了极大的安全隐患。进藏高速公路与铁路沿线穿越三江峡谷区和青藏高原两大地貌单元，以高山峡谷为主，地形陡峻而险要，本身就已经给公路与铁路的建设带来了巨大的困难，势必会采用大量的桥梁结构来串联。桥梁结构的选型和设计都会受到险要地形地貌的强烈约束，而现有研究表明，特殊结构形式的桥梁在抗震性能方面可能会受到严重的不利影响。目前国内外较为成熟的抗震设计理论和方法一般仅限于相对规则、相对简单的结构体系，如连续梁、简支梁、连续刚构等，且这些桥型在质量分布和刚度分布上也不能过于特殊，否则也会对现有设计理论和方法形成挑战。由此可见，进藏高速公路与铁路桥梁的抗震研究形势非常严峻，从总体上对其地震环境、结构选型、抗震对策等方面进行分析研究是必要的，也是亟需的。

5.1.1　地震的成因和基本概念

地震是地壳中的能量释放所引起的强烈地面震动。这些能量的来源可能是火山活动，地壳错位，也可能是爆炸、矿坑坍陷等人为活动。从工程的角度来看，影响最大的地震主要还是地壳错位(或称板块运动)造成的地震，一般可称为构造地震，与地壳中大规模应变有关的地震。构造地震一般发生的频次高，释放的能量巨大，影响的范围也最广泛。

地球上板块与板块之间相互挤压碰撞，造成板块边沿及板块内部产生错动和破裂，是引起地震的主要原因。据统计，地球上每年大约发生 500 万次地震，即每天要发生上万次地震。但这些地震中，绝大多数太小或太远，不容易被人们察觉到。只有 1%的地震是人们可以感觉到的，真正能对人类造成严重危害的地震平均每年只有十几次，而能造成特别严重灾害的地震平均每年有一两次。

产生构造地震的准确原因至今仍是一个疑问。一般理论认为构造地震与地质构造密切相关，往往发生在地应力比较集中、地质构造比较脆弱的地段。产生地应力的原因较为公认的是板块构造学说。板块构造学说认为地球表面的岩石圈不是一块整体，而是被地壳的生长边界海岭和转换断层，以及地壳的消亡边界海沟和造山带、地缝合线等一些构造带，分割成许多构造单元，这些构造单元就称为板块。地球的岩石圈分为六块，分别称为欧亚板块、太平洋板块、美洲板块、非洲板块、印度洋板块和南极洲板块。其中，太平洋板块几乎完全被海洋所覆盖，而其余五大板块都包括大块陆地和大面积海洋。六大板块还可以进一步细分为次一级的小板块。这些板块漂浮在“地幔软流层”之上，处于不断运动之中。一般说来，板块内部的地壳比较稳定，板块与板块之间的交界处则是地壳运动比较活跃的地带。由于板块之间的相互制约，各板块始终处于拉伸、挤压和剪切的状态，从而形成了地应力。

在板块运动中，在断层形成的地方大量释放地应力能量，使地表产生剧烈振动，此处就称为震源。震源是地壳内的一个点，理论研究表明第一条地震波发源于该点[93]。震中是震源在地表的竖直投影。震源距和震中距分别指建筑物距离震源和震中的距离。震中与震源之间的距离叫作震源深度。图 5.1 为地震震源、震源深度、震中和震中距等的示意图。

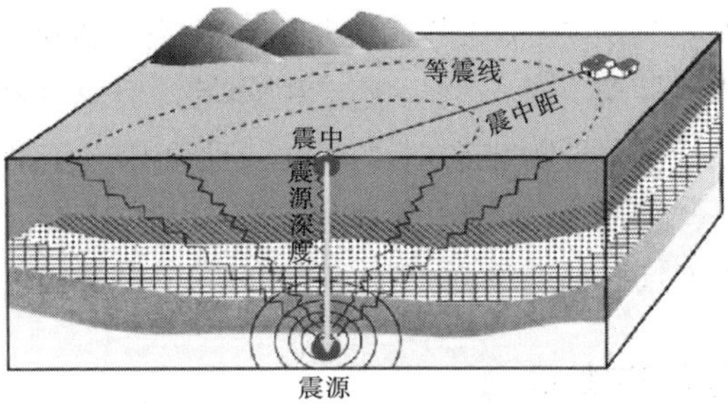

图 5.1 地震的基本术语

根据震源的位置，地震可分为浅源地震、中源地震和深源地震。其中，浅源地震是指震源深度小于 60km 的地震，大多数破坏性地震是浅源地震；中源地震是指震源深度为 60～300km 的地震；深源地震是指震源深度在 300km 以上的地震，目前世界上记录到的最大震源深度为 786km。据统计，全球每年地震所释放的能量中约有 85%来自浅源地震，12%来自中源地震，3%来自深源地震。根据震中距的远近，地震又可分为地方震、近震和远震。其中，地方震是指震中距小于 100km 的地震；近震是指震中距为 100～1000km 的地震；远震是指震中距大于 1000km 的地震。

地震的震级是衡量一次地震大小的等级，目前国际上比较通用的是里氏震级，常用 M 表示，由 Richter 于 1935 年提出。根据其原始定义，里氏震级是将设置在离震中 100km 处的坚硬地表上的标准伍德-安德生(Wood-Anderson)型地震仪(摆的自振周期为 0.8s，放大倍数为 2800 倍，阻尼系数为 80%)记录到的曲线的振幅取常用对数得到的。对于震中距不是 100km 和土质条件不同的情况，Richter 编制了经验图表以作校正。里氏震级的定义和校正曲线仅严格适用于震源深度小于 30km 的地震，而校正曲线则在震源距 600km 以内时比较准确。对于震源距超过 600km 的地震来说，可采用远震震级和古登伯尔统一震级来表征，前者适用于震源距为 600～2000km 的地震，后者适用于震源距大于 2000km 的地震。值得一提的是，这两种震级与里氏震级的定义不是一个系统，不可等同对待[93]。

同样震级(大小)的地震造成的破坏不一定相同。同一次地震在不同的地方造成的破坏也不同。为衡量地震的破坏程度，就不得不介绍“地震烈度”这个耳熟能详的概念。地震烈度是衡量地震破坏程度的一个指标，用以表示某一地区的地面和各类建筑物遭受某一次地震影响的强弱程度。影响地震烈度的因素包括震级、震源深度、震源距、地面状况和地层构造等。一般情况下仅就烈度和震源、震级间的关系来说，震级越大、震源越浅，烈度也越大。一般震中区的破坏最重，烈度最高，这个烈度称为震中烈度。从震中向四周扩展，地震烈度逐渐减小。对于某一次地震来说，震级只有一个，但它所造成的破坏在不同的地区是不同的，因此可以划分出好几个烈度不同的地区。

为了在实际工作中评定地震烈度的高低，有必要制订一个统一的标准。这个统一的标准称为地震烈度表。几乎所有的烈度表都是主观的，因此世界各国使用的地震烈度表有一定的区别，但在结构上均类似于修正的麦加利地震烈度表，简称 MM 烈度表。从Ⅰ度到Ⅻ度共分 12 个烈度等级(表 5.1)。日本较为特殊，将无感定为 0 度，有感则分为Ⅰ至Ⅻ度，共 8 个等级。

表 5.1　中国地震烈度表

地震烈度	人的感觉	房屋震害		其他震害现象	水平向地震动参数	
		震害程度	平均震害指数		峰值加速度/(m/s^2)	峰值速度/(m/s)
Ⅰ	无感					
Ⅱ	室内个别静止中的人有感觉					

续表

地震烈度	人的感觉	房屋震害		其他震害现象	水平向地震动参数	
		震害程度	平均震害指数		峰值加速度/(m/s^2)	峰值速度/(m/s)
Ⅲ	室内少数静止中的人有感觉	门、窗轻微作响		悬挂物微动		
Ⅳ	室内多数人、室外少数人有感觉，少数人梦中惊醒	门、窗作响		悬挂物明显摆动，器皿作响		
Ⅴ	室内绝大多数、室外多数人有感觉，多数人梦中惊醒	门窗、屋顶、屋架颤动作响，灰土掉落，个别房屋墙体抹灰出现细微裂缝，有檐瓦掉落，个别屋顶烟囱掉砖		悬挂物大幅度晃动，不稳定器物摇动或翻倒	0.31 (0.22～0.44)	0.03 (0.02～0.04)
Ⅵ	多数人站立不稳，少数人惊逃户外	损坏——墙体出现裂缝，檐瓦掉落，少数屋顶烟囱裂缝、掉落	0～0.10	河岸和松软土出现裂缝，饱和砂层出现喷砂冒水；有的独立砖烟囱轻度裂缝	0.63 (0.45～0.89)	0.06 (0.05～0.09)
Ⅶ	大多数人惊逃户外，骑自行车的人有感觉，行驶中的汽车驾乘人员有感觉	轻度破坏——局部破坏，开裂，小修或不需要修理可继续使用	0.11～0.30	河岸出现塌方；饱和砂层常见喷砂冒水，松软土地上地裂缝较多；大多数独立砖烟囱中等破坏	1.25 (0.90～1.77)	0.13 (0.10～0.18)
Ⅷ	多数人摇晃颠簸，行走困难	中等破坏——结构破坏，需要修复才能使用	0.31～0.50	干硬土上亦出现裂缝；大多数独立砖烟囱严重破坏；树梢折断；房屋破坏导致人畜伤亡	2.50 (1.78～3.53)	0.25 (0.19～0.35)
Ⅸ	行动的人摔倒	严重破坏——结构严重破坏，局部倒塌，修复困难	0.51～0.70	干硬土上出现许多裂缝；基岩可能出现裂缝、错动；滑坡塌方常见；独立砖烟囱多数倒塌	5.00 (3.54～7.07)	0.50 (0.36～0.71)
Ⅹ	骑自行车的人会摔倒，处不稳状态的人会摔离原地，有抛起感	大多数倒塌	0.71～0.90	山崩和地震断裂出现；基岩上拱桥破坏；大多数独立砖烟囱从根部破坏或倒毁	10.00 (7.08～14.14)	1.00 (0.72～1.41)
Ⅺ		普遍倒塌	0.91～1.00	地震断裂延续很长；大量山崩滑坡		
Ⅻ				地面剧烈变化，山河改观		

注：表中的数量词：“个别”为10%以下；“少数”为10%～50%；“多数”为50%～70%；“大多数”为70%～90%；“普遍”为90%以上

5.1.2　地震分布与地震带

历史统计资料表明，地震活动在时间上的分布是不均匀的。当一段时期内，地震发生较多，震级较大，就称为地震活跃期；相反，若地震发生较少，震级较小，就称为地震活动平静期。统计资料显示地震活动具有一定的周期性，我国地震活跃期和平静期的统计情况见表 5.2。每个活跃期均可能发生多次 7 级以上地震，甚至 8 级左右的巨大地震。地震活动周期可分为几百年的长周期和几十年的短周期，不同地震带活动周期也不尽相同。一般来说，断层带的地壳有规则地移动，当地应力积累到一定程度时就会导致能量的释放，地震就发生了，因此很多地段的地震活动是有周期的。当然，也不是所有的地壳运动都是有规则的，规则之外的运动，就促生偶然的地震，偶然的地震往往能量巨大，瞬时暴发，但没有周期性特点。

我国大陆东部的地震活动周期普遍比西部长。研究表明，东部的地震活动周期大约 300 年，而西部则为 100～200 年。例如，陕西渭河平原地震带，从 881 年(唐末)到 1486 年，就没有破坏性地震的记载。渭南市华州区所在地区于 1556 年发生 8 级大地震，此后十几年地震比较活跃。但 1570 年以后，这一带就没有发生过 6 级以上的地震，连 5 级左右的地震也非常少。

表 5.2　中国科学院地球环境研究所关于 20 世纪中国地震活跃期和平静期的统计情况

	活跃期	平静期	7 级以上 地震/次	M_{max}
Ⅰ	1897～1914 年(18 年)	1915～1919 年(5 年)	6	8.25
Ⅱ	1920～1934 年(15 年)	1935～1945 年(11 年)	11	8.0
Ⅲ	1946～1957 年(12 年)	1958～1965 年(8 年)	15	8.6
Ⅳ	1966～1976 年(11 年)	1977～1987 年(11 年)	13	7.8
Ⅴ	1988～1997 年(10 年)		10	7.6

统计资料表明，地震活动在空间上的分布也是不均匀的。全球约有 85%的地震发生在各个板块的边界上，仅有 15%的地震与板块边界的关系不那么明显。地震带是地震集中分布的区域，在地震带内地震发生的密度和频次非常高，而在地震带以外，地震发生的可能性大大降低，全球的强震主要分布在环太平洋地震带和欧亚地震带两大地震带上。

1. 环太平洋地震带

环太平洋地震带主要分布在太平洋的周围，包括南、北美洲太平洋沿岸，从阿留申群岛、堪察加半岛、日本列岛南下至中国东南沿海，再经菲律宾群岛转向东南，直到新西兰。这里是全球分布最广、地震最多的地震带，所释放的地震能量约占全球的四分之三。该地震带发生的地震约占全球地震总数的80%，集中了全球80%以上的浅源地震、90%的中源地震和几乎全部的深源地震。2011年3月11日，日本当地时间14时46分，日本东北部海域发生里氏9.0级地震并引发海啸，造成重大人员伤亡和财产损失。

2. 欧亚地震带

欧亚地震带又称地中海-喜马拉雅地震带，横贯亚欧大陆南部和非洲西北部，是全球第二大地震活动带。这个地震带全长两万多千米，跨欧、亚、非三大洲。该地震带大致从印度尼西亚开始，经中南半岛西部和中国的云南、贵州、四川、青海、西藏，以及印度、巴基斯坦、尼泊尔、阿富汗、伊朗、土耳其到地中海北岸，一直伸到大西洋的亚速尔群岛。欧亚地震带所释放的地震能量占全球的15%，主要是浅源地震和中源地震，缺乏深源地震。

我国处在上述两大地震带之间，有些地区本身就是这两个地震带的组成部分。我国的地震活动主要分布在5个地区，即台湾地区及其附近海域；西南地区，包括西藏、四川中西部和云南中西部；西部地区，主要在甘肃河西走廊、青海、宁夏以及新疆天山南北麓；华北地区，主要在太行山两侧、汾渭河谷、阴山-燕山一带、山东中部和渤海湾；东南沿海地区，广东、福建等地。从宁夏，经甘肃东部、四川中西部直至云南，有一条纵贯中国大陆、大致呈南北走向的地震密集带，历史上曾多次发生强烈地震，被称为中国南北地震带。2008年5月12日汶川8.0级地震就发生在该地震带中南段。

据统计，我国大陆地区的地震约占世界大陆地震的三分之一。除浙江、贵州两省外，其他各省(自治区、直辖市)都发生过6级以上强震，其中18个省(自治区、直辖市)均发生过7级以上大震，约占全国的60%。台湾地区是我国地震活动最频繁的地区，1900～1988年我国发生的548次6级以上地震中，台湾地区共有211次，占38.5%。我国大陆地区的地震活动主要分布在青藏高原、新疆及华北地区，而东北、华东、华南等地区分布较少。我国绝大部分地区的地震是浅源地震，东部地震的震源深度一般在30km之内，西部地区则在50～60km；而中源地震则分布在新疆的帕米尔地区(100～160km)和台湾地区附近(最深为120km)；深源地震很少，只发生在吉林、黑龙江东部的边境地区。1949～2000年，全国共发生8级以上地震3次；共发生7级以上地震35次，平均每年发生约0.7次；6级以上地震194次，平均每年发生近4次。与近100年的活动水平(大于等于7级的年均值为0.66次，大于等于6级的年均值为3.6次)相比较，1949年后的强震活动水平高于前50年的活动水平。另外，我国强震分布显示了西多东少的突出差异。我国大陆地区的绝大多数强震主要分布在东经107°以西，而东部地区则很少。据统计，1949～1981 年发生的 27 次 7 级以上地震中，西部约有 20 次，约占 74%，东部只有 7 次，占 26%；而 6 级地震，东部所占比例更小。在 1895～1985 年，我国大陆地区发生的全部 7 级以上地震中，西部占 87%，其应变释放能量占 90.8%。

5.1.3　地震灾害特点

地震造成地面的强烈振动，并伴随着地面的开裂和变形。在大陆地区发生的强烈地震，会引发滑坡、崩塌、地裂缝等次生灾害；而在海底或滨海地区发生的强烈地震，能引起海啸。

地震灾害具有突发性，猝不及防，一次地震持续的时间往往只有几十秒，但这几十秒足以造成大量的房屋倒塌、人员伤亡，这是其他自然灾害难以相比的。2008 年的汶川地震所释放的能量就相当于 5600 颗广岛原子弹爆炸所产生的能量。由于地震预报还处于研究阶段，世界上绝大多数地震都不能做出临震预报。因此，地震灾害没有明显预兆，以至于来不及逃避，造成惨重的灾难。

地震灾害破坏性大，成灾广泛[94]。地震波到达地面以后，会造成大面积房屋和基础设施的破坏。地震若发生在人口稠密的城市，则将造成不可估量的人员伤亡和经济损失。据 1988 年“国际减轻自然灾害十年”专家组的不完全统计，20 世纪全球地震灾害死亡总人数超过 120 万人，其中伤亡人数最多的是 1976 年 7 月 28 日我国的唐山 7.8 级大地震，死亡 24.2 万余人，重伤 16.4 万余人。1900～1986 年地震导致的死亡人数占所有自然灾害死亡人数的 58%，其中我国的地震死亡人数最多，占 42%，这主要是因为我国早期的房屋抗震能力差，人口密集。

最近几十年来，全球发生的多次破坏性地震都集中在城市或近郊，造成了非常惨重的生命财产损失。这其中很重要的原因是桥梁工程在地震中遭到了严重破坏，切断了震区交通生命线，给震后救灾工作带来了巨大的困难，加重了次生灾害，进一步加剧了灾害的严重程度。震害调查表明，引起桥梁震害的原因主要包括：①地震强度超过了桥梁的抗震设防标准；②桥址场地对抗震不利，地震引起地基变形或失效；③桥梁结构本身抗震能力不足。从结构抗震设计的角度来看，桥梁的震害可归为两大类：地基失效引起的破坏和结构强烈振动引发的破坏。前者属于静力破坏，是由地基的相对位移引起的；后者属于动力破坏，是由振动产生的结构惯性力造成的。地震是桥梁结构最大的安全隐患之一，经过几十年的发展，尽管国内外对桥梁抗震理论和实践已经达到了新的水准，但桥梁抗震领域仍然存在很多不确定性因素，如地震危险性分析、地震破坏分析、结构地震响应分析、地震灾害预测与评估、桥梁震后修复技术、桥梁振动控制技术、非规则桥梁和复杂桥梁的抗震理论等方面的突破和进展依然任重而道远。

5.2 进藏高速公路与铁路桥梁沿线地震环境

5.2.1 沿线地震灾害分布概况

进藏高速公路与铁路沿线穿越线路通过三江峡谷区和青藏高原两大地貌单元，穿越地区以高山峡谷为主，地形陡峻而险要。从雅安开始，沿线由第二梯度的四川盆地过渡到第三梯度的青藏高原，沿线区域位于青藏高原东南部。青藏高原是欧亚板块与印度洋板块相互挤压形成的，欧亚板块和印度洋板块碰撞以后，俯冲作用并没有终止，而是以另一种形式——陆内俯冲继续进行着，如图 5.2 所示。青藏高原平均海拔超过 4000m，是几百万年以来地壳强烈运动隆起的结果，经历了由海洋变成陆地，再由陆地强烈隆升至今，是新构造运动最强烈的地区之一。由于强烈的新构造运动，青藏高原及周边地区地震分布广泛，活动频繁。据不完全统计，青藏高原及周边地区自 642 年到 2007 年底，共发生 5 级以上地震 371 次，其中 8.0 级以上地震 5 次，7.0～7.9 级地震 11 次，6.0～6.9 级地震 77 次，5.0～5.9 级地震 278 次。有记录的最早一次强地震发生在 1642～1654 年洛隆西北的 7.0 级地震。1950 年西藏察隅县发生的 8.6 级地震是区内最强烈的一次地震，震中烈度 12 度，死亡近 4000 人。受地震影响，喜马拉雅山几十万平方千米的大地面目全非，雅鲁藏布江被截成四段。

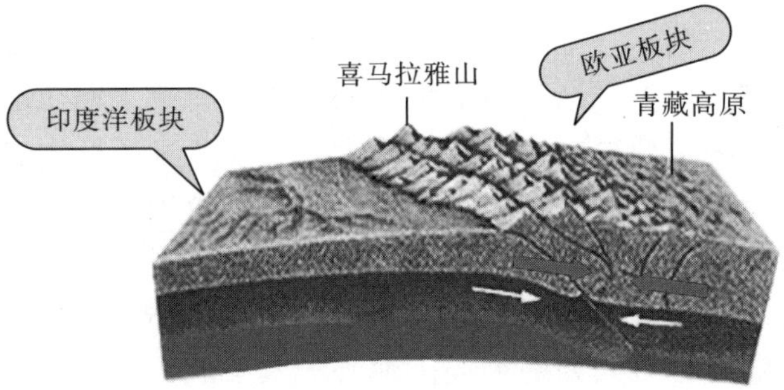

图 5.2 印度洋板块挤压青藏高原示意图

青藏高原是由几个地体拼合在一起的，各地体之间不稳定，形成川藏地区的强烈挤压带[95]，主要由雅鲁藏布江缝合带、喜马拉雅板片、班公错-怒江缝合带、冈底斯-念青唐古拉板片、金沙江缝合带、羌塘-三江复合板片构成。雅鲁藏布江流域和“三江并流区”地质构造复杂，构造线呈南北向展布，多数大断裂自古近纪来都有不同程度的继承性活动。活动性质表现为右旋走滑活动，并且该区域位于特提斯-喜马拉雅构造域东南段构造线转折的部位，是青藏板块构造活动强烈的地带。这一带恰好是进藏高速公路与铁路必经的区域，在该区域内，近几年发生了诸如汶川 8.0 级地震(2008 年)、玉树 7.1 级地震(2010 年)、芦山 7.0 级地震(2013 年)、康定 6.3 级地震(2014 年)、理塘 5.1 级地震(2016 年)等多起地震事件，造成了巨大的地质灾害，损毁了大量道路、桥梁等基础设施。其中，以汶川地震的影响最大，其次生灾害影响至今仍在持续。

进藏高速公路与铁路跨越中国地形的第二、第三台阶，在不到 200km 的范围内，从四川盆地的 400m 跨越至 4000m 以上的青藏高原。如图 5.3、图 5.4 所示，进藏高速公路通过藏东南地震活动区中的 3 个潜在强震区：①鲜水河潜在强震区(设计地震动峰值加速度 PGA = 0.3g)；②理塘潜在强震区(设计地震动峰值加速度 PGA=0.2g)；③藏东南潜在强震区(设计地震动峰值加速度 PGA=0.3g)。线路工程沿着河谷，分别穿越这 3 个强震区：沿着鲜水河谷穿越鲜水河强震区、沿着帕隆藏布河谷穿越藏东南强震区、沿着无量河谷穿越理塘强震区。经过的地质构造包括扬子地块、松潘-甘孜地块、羌塘地块、冈底斯地块、拉萨地块等，通过我国南北地震带中的武都-马边地震带，以及青藏高原地震带的康定-甘孜地震带和西藏中部地震带。汶川 8.0 级大地震和四川芦山 7.0 级地震均发生在武都-马边地震带上。

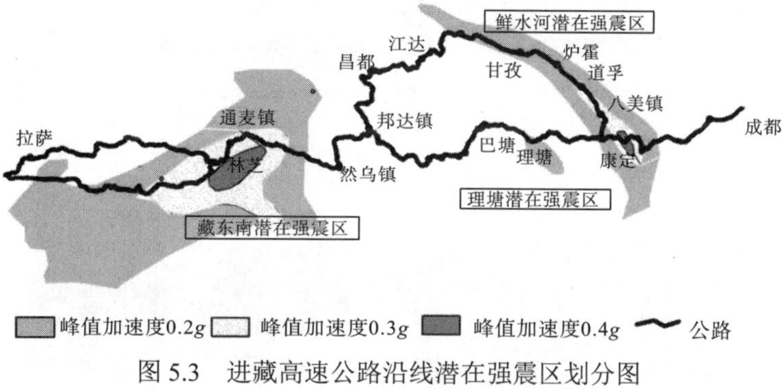

图 5.3　进藏高速公路沿线潜在强震区划分图

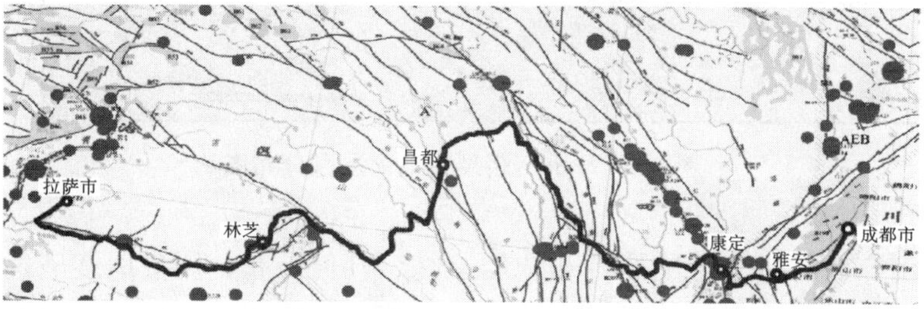

图 5.4　进藏高速沿线强震分布情况

5.2.2 鲜水河潜在强震区安全风险分析

鲜水河断裂带是青藏高原东缘一条重要的左旋走滑边界断裂带，同时也是川滇菱形块体与巴颜喀拉块体的边界断裂，在地质、地貌、地震活动、地球物理以及地壳形变等各方面均有显著的特点。该断裂带历史地震记录丰富，强震发生频繁，地表破裂清晰，是认识青藏高原块体边界断裂活动特征，开展走滑断裂强震复发机理，分析地震破裂过程等研究的极佳场所(图 5.5)。近年来，在我国大陆发生的 8.0 级以上强震中，2001 年昆仑山地震和 2008 年汶川地震都发生在巴颜喀拉块体的边界上[96]。

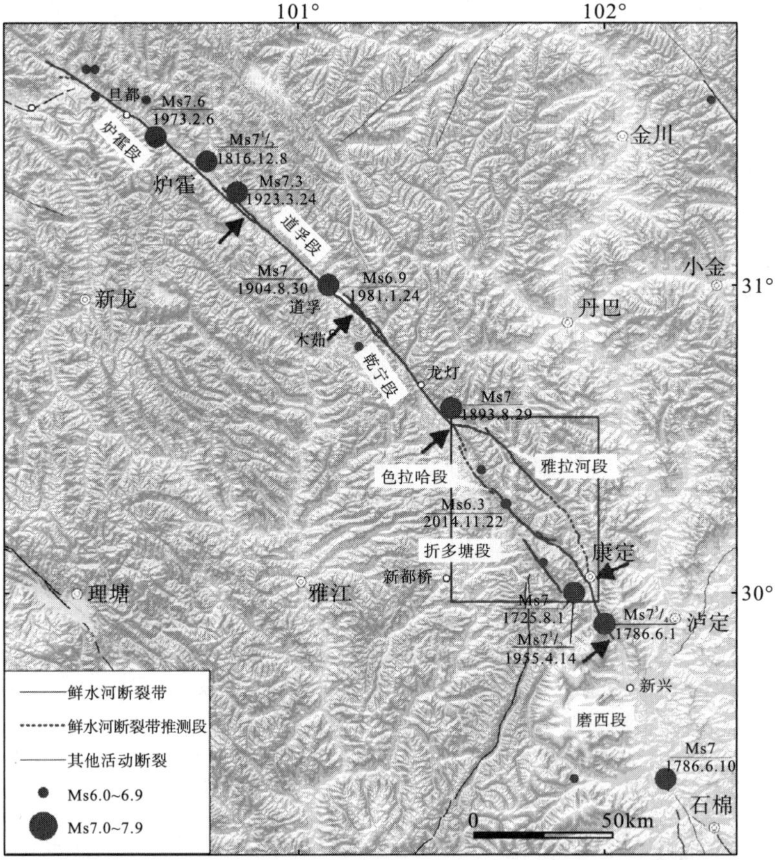

图 5.5　鲜水河断裂带几何段落分布图

根据潜在震源区划分的原则和依据，综合几何展布、历史地震破裂、地震活动、深部结构、断层滑动速率、古地震、强震复发特征以及最晚一次地震的离逝时间等资料，鲜水河断裂带可划分为八个基本潜在震源区单元：炉霍段、道孚段、乾宁段、色拉哈段、折多塘段、雅拉河段、雪门坎段和磨西段，最大震级上限分别为 7.7 级、7.7 级、7.5 级、7.7 级、7.3 级、7.3 级、7.5 级和 7.6 级。考虑到级联破裂的可能性，又可将鲜水河断裂带划分为五个主要的潜在震源区：北西段、色拉哈段、折多塘段、雅拉河段和南东段，最高震级上限分别为 7.9 级、7.7 级、7.3 级、7.3 级、7.8 级[96]。

据历史记载(表 5.3)，自 1725 年以来，鲜水河断裂带已发生 50 多次 5.0 级以上的地震，20 多次 6.0 级以上的地震。自 20 世纪以来，该断裂带上已多次发生强震，分别在 1955 年和 1973 年发生了 2 次 7.5 级以上地震。这标志着该断裂带历史地震的发生具有非常明显的原地重复特征。在未来 7.0 级以上强震作用下，鲜水河谷内线路工程将遭受类似于汶川震区中低山丘陵区的直接工程震害。

表 5.3 鲜水河断裂带 1725 年以来历史强震破裂特征表[98]

发震时间(年.月.日)	地点	震级	最大烈度	地表破裂长度/km	确认的破裂长度/km	东经/(°)	北纬/(°)
1725.08.01	康定	7.0	Ⅸ		50	101.83	20.16
1786.06.01	磨西	7.7	≥Ⅹ		90	102.04	29.87
1816.12.08	炉霍	7.5	Ⅹ		>60	100.75	31.29
1893.08.29	乾宁	7.3	>Ⅸ	60	70	101.37	30.7
1904.08.30	道孚	7.0	Ⅸ		55	101.00	31.06
1923.03.24	倡促	7.3	Ⅹ	50	60	100.90	31.17
1955.04.14	折多塘	7.5	Ⅹ	30	35	101.84	30.03
1973.02.06	炉霍	7.6	Ⅹ	90	90	100.52	31.5
1981.01.24	道孚	6.9	Ⅷ	44	45	101.15	30.95

5.2.3 理塘潜在强震区安全风险分析

理塘潜在强震区处于青藏高原东南缘内，其构造、地貌发育经历过多期构造运动。其中，印支期的构造运动奠定了该地区的基本构造格局。理塘断裂带处于藏东-川西高原地区，沿松潘-甘孜地块西南部的义敦岛弧带及与金沙江缝合带接合部位发育，周边主要分布古生界、三叠系，以及印支期、燕山期花岗岩、基性岩和超基性岩等岩石地层。该潜在区构造变形复杂、第四纪断裂活动强烈且破坏性地震频发。理塘断裂带第四纪期间以左旋走滑运动性质为主，是川滇块体内部的一条次级剪切破裂带，北起巴塘县措普沟西北，朝西南方向延伸，经理塘、甲佳、德巫、希萨寺，止于木里县沙湾一带，总体走向 N40°～50°W，区域上与“川滇弧形旋扭活动构造体系”中外弧带的边界断裂——鲜水河断裂近乎平行展布，沿断裂明显可见近南北向的岛弧岩浆岩带有左旋扭曲变形现象，如图 5.6 所示[99]。

理塘活动断裂带上的各次级断裂在几何展布上呈斜列或间断分布，整条断裂带尚未完全贯通全区，局部段落存在长达几千米的断层空缺。现今地震活动的统计结果显示，该断裂带上除了 1948 年发生过一次 7 级以上地震外，历史上尚无 6～7 级强震记录。在活动性质上，整个理塘断裂带上除了毛垭坝断裂明显是正断层性质以外，另外四条次级断裂总体以左旋走滑为主，但局部兼有垂直运动。历史地震活动状况表明，断裂带南段的地震活动强度明显比北段大，5.0 级以上地震多发生在断裂带的南段，尤其是从毛垭坝断裂向东南，地震活动明显增多，且比较集中，特别是在区域应力高集中区的弧形拐弯地段或各断裂段之间的斜列地段。1948 年的 7.3 级地震就是发生在理塘断裂段与康嘎-德巫断裂段的交叉部位，充分说明整个断裂带上毛垭坝断裂以南地段的第四纪活动性比以北地段显著。这一定程度上表明整个断裂带上的地震活动强度有从北向南增强的趋势。

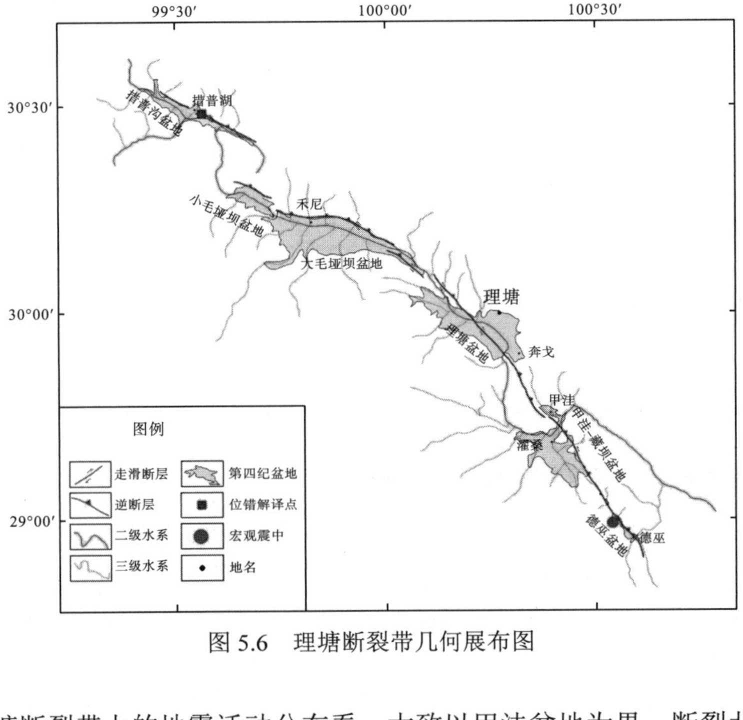

图 5.6 理塘断裂带几何展布图

从理塘断裂带上的地震活动分布看，大致以甲洼盆地为界，断裂北西段的地震多分布在断层以南，而南东段的地震则多分布在断层以北。根据地震平面分布与断裂产状的关系推断，理塘断裂带北西段应整体倾向西南，南东段则整体倾向东北，而甲洼可能处于北西段与东南段两个整体倾向不同，且走向发生弧形变化的差异转折部位。因此，它的发育应该起着调节断裂两个不同段落差异活动的作用，而这里也恰恰是 1948 年地震的宏观震中，这可能指示走滑活动断裂产状的转折部位易于成为大地震的震中位置。在未来 7 级以上的强震作用下，理塘断裂带上的线路工程将遭遇与汶川地震中低山丘陵区类似的破坏情况。

5.2.4 藏东南潜在强震区安全风险分析

藏东南潜在强震区属特提斯-喜马拉雅构造弧的东段，其形成和发展经过了古特提斯和新特提斯两大演化阶段，又处于雅鲁藏布江大拐弯地段，因此具有独特的地质构造和复杂的地质结构。该区内北东向的里龙断裂、米林断裂、墨脱断裂和阿波尔山断裂带及北西向阿帕龙断裂带在晚第四纪以来活动十分强烈，是强震发生的重要地段[4]。如图 5.7 所示，藏东南地区总体的活动背景、特殊的构造特点，使其成为地震活动最为强烈的地区之一。按地震烈度区划分，藏东南地区属于 8 度地震危险区。震中主要分布在边坝、洛隆、波密、墨脱、察隅、林芝、米林、朗县、隆子等区域，如图 5.8 所示。

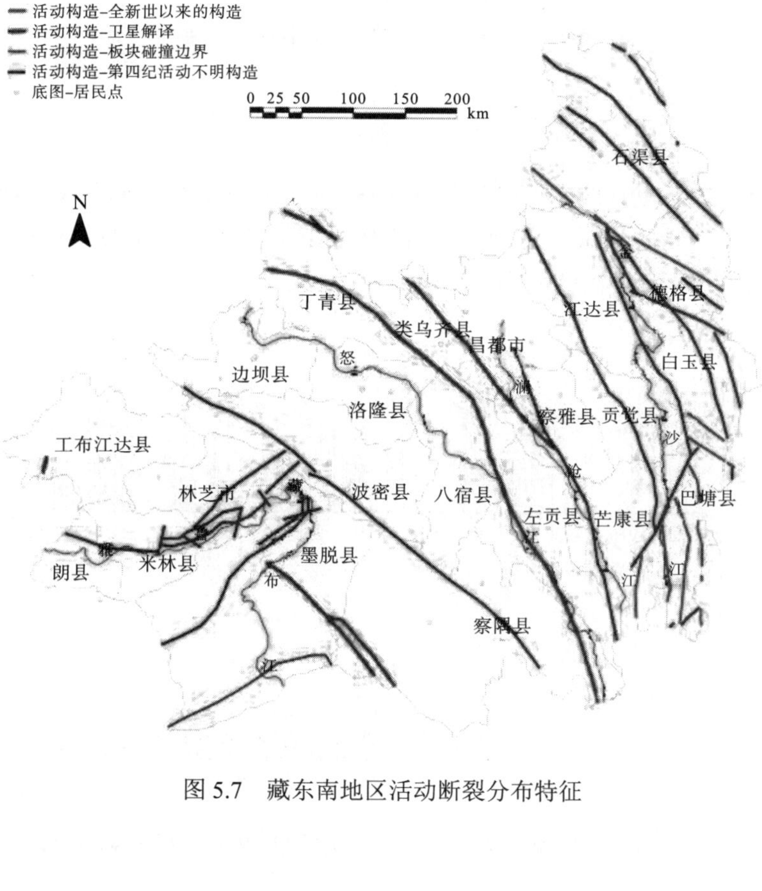

图 5.7 藏东南地区活动断裂分布特征

该区域地震活动在空间上具有明显的集群性和不均匀性，如图 5.8 所示。集群性表现为地震的分布大多与形变梯度带相吻合，与区域构造背景密切相关。不均匀性体现在南部地震分布较为密集，而北部非常稀疏，几乎没有大地震发生。中强地震带主要分布在北西向嘉黎断裂中段，尤其是嘉黎断裂与北东向米林断裂、派区断裂和近东西向南拗断裂相交的构造环境比较复杂的地区，地震烈度为 9 度。

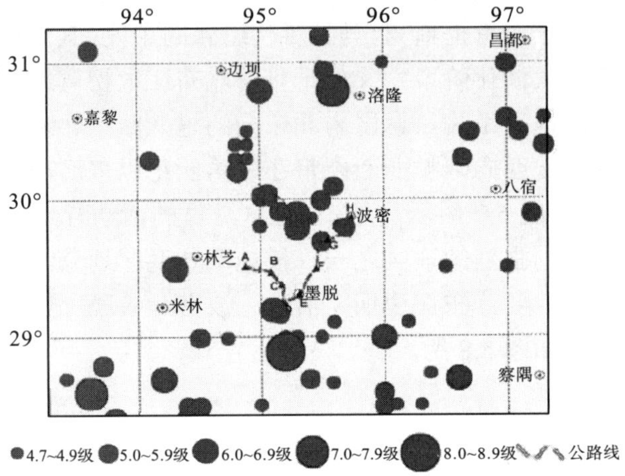

图 5.8 藏东南中强地震震中分布图

该区域地震活动在时间上的分布特征具有明显的频繁性。如图 5.9 所示，藏东南地区一直处于地震活跃状态，特别是自 1930 年以来地震发生的频率明显增加。据不完全统计，藏东南地区 5.0 级以上地震年平均发生率约为 2.41 次，6.0 级以上地震

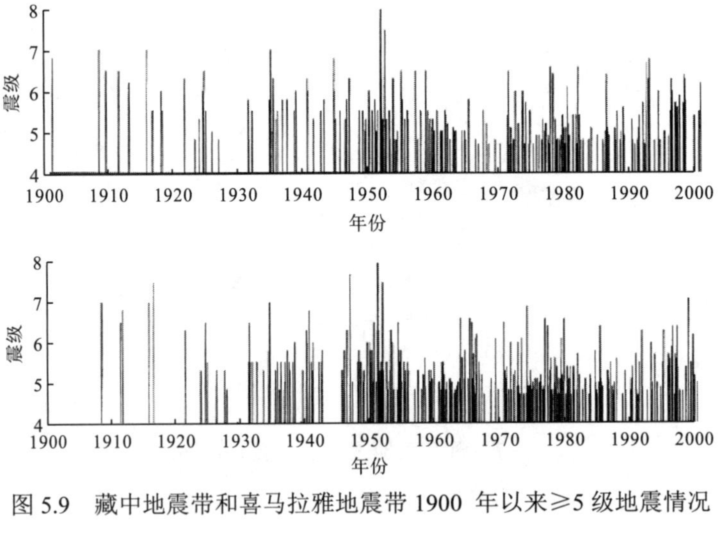

图 5.9 藏中地震带和喜马拉雅地震带 1900 年以来≥5 级地震情况

的年平均发生率为 4.77 次，最大间隔为 6 年。自有地震记载历史以来，共记录到 8.0 级以上地震 4 次，7.0～7.9 级地震 29 次，6.0～6.9 级地震 127 次。1897 年在阿萨姆及 1950 年在察隅分别发生了 8.7 级和 8.6 级特大地震。在未来 100 年之内，该区域极有可能再次受到 8.0 级以上地震的强烈作用而产生大规模的山地灾害，进藏高速公路与铁路通过藏东南潜在强震区时必须考虑地震触发山地灾害的影响。

5.3　沿线地震灾害对桥梁安全的影响

地震对于桥梁结构的影响，除了地震动直接作用于桥梁结构，从而对结构产生较大的破坏以外，对于山区公路桥梁而言，由于地震所引起的次生地质灾害对桥梁结构的影响也不可忽视。2008 年汶川地震的震害调查结果显示，在极震区，出现承载能力(通行能力)严重受损的桥梁共有 119 座，其中的 58.8%是地震动的直接作用导致的，余下的 41.2%则是地震次生地质灾害造成的。

地震及其次生地质灾害对桥梁结构的破坏力非常巨大。因此，对于进藏高速公路与铁路的桥梁建设来说，灾害防治工作是沿线桥梁安全风险防控的重点之一。同时，以往的震害经验表明，在区域内出现强震后，由于山体松动等，区域内或将出现持续性的地质灾害活跃带，但这些灾害的表现与其他类型的地质灾害类似。现以汶川地震为例，归纳地震灾害对桥梁安全的影响。

5.3.1　汶川地震对桥梁安全的影响

汶川地震所在的区域位于龙门山区，为典型高山峡谷地形，坡面与谷底的侵蚀与堆积活动剧烈，河谷深切，岭谷相对高差巨大。整个地震过程中释放的标量地震矩为 9.4×10^{20}N·m，相当于矩震级为 MW7.9，面波震级则达 8.0 级；持续时间(破裂过程)长达 90s。

在汶川地震中，公路桥梁的震害极为严重。根据公路桥梁震后检测情况，在被调查的位于 VIII 度及以上区域的 1105 座国省干线公路桥梁中，有 49.4%的桥梁出现明显震害，其中 17.9%的桥梁出现了严重的承载能力下降损伤。特别是在映秀与北川这两个 XI 度区附近的 284 座公路桥梁中，出现震害的桥梁比例高达 85.9%，而出现明显承载能力损伤的桥梁比例也达到 55.3%。

在被调查的 1105 座公路桥梁中，梁式桥所占比例最大，共有 727 座(其中只有 2 座连续刚构桥，其余均为中、小跨径简支梁桥、连续梁桥)；其次为拱式体系桥梁 375 座；此外还有刚架桥、悬索桥与斜拉桥各 1 座。其中，梁式桥的主要震害表现如下(图 5.10～图 5.14)。

(1)主梁发生纵、横向移位，对于弯桥与斜交桥，梁体还产生了刚体平面转动。当主梁移位量超过搭接长度时则出现落梁震害，部分连续梁桥与连续刚构桥的梁体出现了裂缝。

(2)严重的墩梁相对位移导致大量支座、伸缩缝与挡块破坏。

(3)部分桥墩墩顶、墩底以及结点等潜在塑性铰区域内出现开裂、压溃、剪切破坏等震害，这在连续梁桥的固定墩中表现最为明显。

图 5.10 岷江庙子坪大桥(都映高速)出现落梁

图 5.11 独秀峰大桥发生主梁转动

图 5.12 湔江河大桥梁体移位和挡块破坏

图 5.13 白水溪大桥出现支座卷曲

图 5.14 百花大桥的墩底压溃

表 5.4 为被调查的 1105 座桥梁的震害统计情况。这 1105 座桥梁中共有梁式桥 727 座，其中简支梁桥共 701 座，连续梁桥 26 座。在简支桥梁中，严重破坏和完全损毁或失效的桥梁共 36 座(其中 17 座因次生地质灾害引起)，所占比例为 5.14%。在连续梁桥中，严重破坏和完全损毁或失效的桥梁共 7 座，所占比例为 26.92%。

表 5.4 简支梁桥、连续梁桥震害情况

破坏程度	简支梁桥				连续梁桥			
	大桥	中桥	小桥	小计	大桥	中桥	小桥	小计
无破坏或破坏不明显	38	109	207	354	1	4	0	5
轻微破坏	73	84	66	223	1	4	0	5
中等破坏	41	37	10	88	3	6	0	9
严重破坏	10	8	3	21	3	1	0	4
完全损毁或失效	9	4	2	15	3	0	0	3
小计	171	242	288	701	11	15	0	26

汶川地震影响范围广，震区内道路类型众多，修建年代跨度大，为使统计数据更具可比性，以震源地映秀镇附近的 3 条公路(都江堰至映秀高速公路、映秀至汶川二级路与国道213线都江堰至映秀段)的127座桥梁的构件破坏情况进行统计分析(表 5.5)。

表 5.5 梁式桥构件震害情况统计

统计部位	出现震害/%			未出现震害/%
	完全失效	严重震害	一般震害	
主梁移位情况	1.1	10.3	72.7	15.9
桥墩破坏情况	3.9	2.3	5.6	88.2
支座破坏情况		48.7		51.3
挡块破坏情况		55.1		44.9

1. 主梁移位情况统计

在被调查的 3 条线路中共有梁体 582 跨(不含庙子坪大桥主桥)，除受次生地质灾害影响的 28 跨主梁外，在其余 554 跨梁体中有 6 跨发生落梁，57 跨丧失可靠支承，403 跨产生了移位，剩余的 88 跨未发生明显的主梁移位。

2. 桥墩破坏情况统计

在被调查的桥梁中，共有桥墩 485 组，以排架墩为主。其中彻底关大桥 10# 墩受崩塌的巨石冲击损坏，不计入统计。在全部被统计的 484 组桥墩中，发生断裂、倾覆的桥墩共计 19 组；发生压溃、严重开裂、剪切破坏等严重影响桥墩承载能力震害的桥墩共计 11 组；开裂的桥墩共计 27 组；其余 427 组桥墩墩身未出现明显的震害。

3. 挡块、支座破坏情况统计

因主梁的主要震害表现为刚体位移，对于处于同一截面的支座，只要上部梁体产生了移位，必定会造成该截面内所有支座均出现震害。为方便统计，将同一截面内的支座定义为 1 组，其中只要有 1 个支座损坏即为 1 组支座破坏。在被调查的桥梁中，除极少量桥梁采用摆轴支座和盆式橡胶支座外，绝大多数均采用板式橡胶支座，共使用板式橡胶支座 1092 组。其中，532 组板式橡胶支座发生了滑移、脱空、剪切等破坏，占总数的 48.7%。

与支座情况类似，对于同一截面上挡块计为一组，当中一个挡块发生破坏即计为该组挡块破坏。在被调查桥梁中，共使用挡块 615 组，其中 339 组挡块发生了破坏，破坏比例占总数的 55.1%。

次生地质灾害对桥梁的破坏主要表现为：崩塌山体砸坏或掩埋桥梁、泥石流冲毁桥梁、堰塞湖淹没桥梁等。由于次生地质灾害对桥梁的破坏力巨大，且次生地质灾害所引起的破坏与桥梁类型、桥梁规模等本身并无直接关系，因此本书并不对其进行深入讨论，仅列举其震害表现，如图 5.15～5.17 所示。

图 5.15 崩塌山体砸坏并掩埋桥梁

图 5.16 崩塌山体砸坏桥梁

图 5.17 堰塞湖淹没桥梁

5.3.2　高烈度山区地震对桥梁安全的影响规律

根据汶川地震对桥梁震害的统计分析，在高烈度山区，地震对梁式桥(高速公路与铁路的主要桥型)安全的影响规律主要表现如下。

(1) 次生地质灾害是导致桥梁失效的主要致灾原因；断层错动和陡坡覆盖层滑动导致的地基变位是造成桥梁震害的重要原因；砂土液化、地基软化等震害形式未在高烈度山区桥位中发生。

(2) 在采用板式橡胶支座的梁桥中，主梁移位是桥梁震害的主要表现形式。桥梁的长度、墩高等都会对主梁移位震害产生影响。一般来说，长大桥梁的移位震害明显比中、小桥严重；多跨梁桥的移位震害比独跨梁桥严重；多联梁桥的移位震害比单联梁桥严重。总之，主梁移位控制是高烈度山区中、小跨径长桥抗震设计的重要问题。

(3) 板式橡胶支座具有一定的隔震效果，但没有复位能力，因此板式橡胶支座的使用应与限位构造和限位措施紧密配合。

(4) 桥面连续或结构连续可以协调梁式桥各跨的移位响应，减小甚至防止墩梁间的碰撞现象。换言之，保证主梁的整体性对减轻震害的作用非常明显。

(5) 斜交桥和弯桥的震害比相同条件的正交桥严重。除了具有与正交桥相类似的震害特点以外，斜交桥和弯桥的梁体移位震害还表现为容易在平面内发生转动，从而加剧了主梁在纵、横向的移位震害。此外，斜交桥和弯桥的外侧墩柱一般比内侧墩柱严重。

(6) 采用板式橡胶支座的中、小跨径梁式桥在高烈度山区的整体抗震性能表现比中小跨径拱式桥更加优越。统计资料表明中、小跨径梁式桥出现严重震害的失效率低于中、小跨径拱式桥。梁式桥在 X 度及以上区域才会出现完全失效的现象，而拱式桥在 IX 度区就已经出现了完全失效的现象。

第 6 章　进藏高速公路与铁路桥梁峡谷风灾害

随着“西部大开发”战略的不断深入和“一带一路”倡议的全面实施，我国西部山区交通基础建设如火如荼。在坡壁险峻的峡谷地区，采用高线位方案可在一定程度上合理利用地形、缩短路线长度、减小地质灾害链的不利影响，大跨径桥梁也成为地质不良地段跨越高山峡谷的必然选择。对于大跨、柔性结构而言，风荷载是最重要的控制荷载之一，只有准确把握山区近地风场风速特性，才有可能准确描述作用于山区结构上的风荷载并保证结构安全。山区峡谷复杂的地形地貌又对风场影响极大，风向、风速时空差异较大，明显不同于平原地区季风、沿海地区台风的特性。此外，我国现行的《公路桥梁抗风设计规范》(JTG/T 3360-01—2018)[100]中关于风场的研究成果，主要是在沿海和地势平坦地区取得的，难以涵盖和反映山区峡谷地带风场特性，因此关于山区峡谷大桥风致振动问题的研究显得尤为重要。

6.1　风 灾 害

自然灾害是当今人类面临的全球性重大问题之一，风灾更是全球发生频率最高、影响最严重的一种灾害。风灾损失仅次于水灾，而大于旱灾、地震。一次强台风行程可达数千千米，横扫若干国家，造成几十亿美元的损失，使人类几十年积累的财富毁于一旦。据多年统计，世界每年平均发生风力 8 级以上热带气旋 80 个，其中西太平洋 30.5 个，东太平洋 14 个，北大西洋 9.2 个，印度洋 15 个，其他洋面 11.3 个。每年平均有 7.2 个在中国登陆。全世界每年平均有 2 万多人死于台风，物质损失达 80 亿美元。历史上记载的死亡 5000 人以上的台风 20 多次，死亡 10 万人以上的 8 次。20 世纪死亡最多的是 1970 年 1 月 1 日的孟加拉国台风，因挟带风暴潮，死难 30 万人。

中国是世界上受强风影响最严重的国家之一，全国约有五分之四的省(自治区、直辖市)可能受到热带气旋的影响，尤其是从华南到东北长达 1.8 万多千米的沿海地带更常受台风之害，台风灾害的发生频率和影响程度都居沿海地区各种自然灾害之首。在中国历史上，造成万人以上死亡的台风曾发生多次，其中最严重的是 1696 年 7 月导致上海地区 10 万余人丧生的台风，以及 1862 年 7 月登陆珠江三角洲的台风，后者造成“广州河面覆舟溺毙者数以万计，省河捞尸 8 万余”、“人畜田庐逐波臣以去者十万计”。

近年来，台风造成的人员伤亡虽然减少了，但经济损失却有明显增大之势，历年《中国气候公报》显示，我国常年(1981～2016 年)平均有 7.2 个台风登陆，2014～2016 年台风造成的直接经济损失分别为 678.3 亿元、684.1 亿元及 766.5 亿元，分别占我国当年气象灾害造成的经济损失的 20.1%、27.4%及 15.3%，常年占我国国内生产总值的 0.1%左右。2017 年强台风“天鸽”在广东珠海南部沿海登陆时，中心附近最大风力有 14 级(45m/s)，中心最低气压为 950hPa，造成 16 人死亡，其中，澳门 8 人死亡、153 人受伤，珠海 4 人死亡，中山 3 人死亡，江门 1 人死亡。不仅如此，台风“天鸽”登陆对各地农作物、园林业、交通道路、供电方面均造成不小的损失，其中，对珠海市造成直接经济损失 55 亿元，江门市经济损失超过 13 亿元，香港地区经济损失近 43 亿元。

另外西部山区近年来也出现很多强风天气，据统计贵州省仅在 2016 年上半年就出现过 24 次强对流天气，因强风灾害倒损房屋 4.29 万户，转移安置 0.4 万人次，基础设施损坏更是不计其数。其中，2016 年 5 月 19 日贵州坝陵河大桥突然遭遇强风来袭，瞬间最大风速达到 45m/s(风力等级 14 级)，此次强风袭击导致大桥的多个附属设施(中央护栏、照明设备、通信光缆/电缆)不同程度损毁，同时也造成交通中断数小时。

6.2　进藏高速公路与铁路桥梁沿线风环境

川藏高速公路、四川藏区高速公路基本上都需要穿越青藏高原东缘和横断山脉，面临的建设条件是：地形起伏大、切割深、沟壑纵横(图 6.1)；新构造运动强烈、活动断裂多，地震烈度高、地质灾害极其发育；海拔高、气候条件复杂恶劣；生态环境脆弱、环保要求高；工程规模巨大、建设艰难。这样恶劣的建设条件可以概括为“五个极其”：极其复杂的地形、极其复杂的地质、极其复杂的气候、极其复杂的生态条件、极其复杂的工程建设条件。

山区复杂的地形地貌对风速影响极大，风向、风速时空差异明显，既带有明显的季风环流基本规律，又带有明显的区域特征，不同于平原地区季风、沿海地区台风的特性。总体而言，山区风有以下特点。

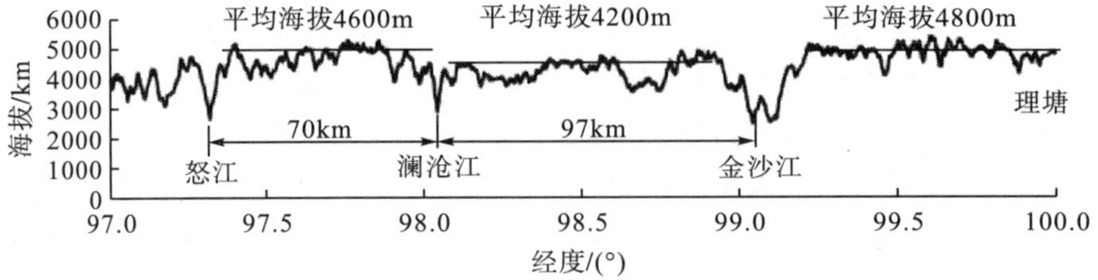

图 6.1 横断山脉典型地形剖面

6.2.1 风速风向

(1) 狭管效应显著：当气流由开阔地带流入地形构成的峡谷时，空气质量不能大量堆积，于是加速流过峡谷，风速增大。当流出峡谷时，空气流速又会减缓。由狭管效应而增大的风，称为峡谷风或穿堂风(图 6.2)。例如，云南大理的下关位于山口处，成为有名的“风城”，年均 8 级(17.2～20.8m/s)以上的大风天气天数超过全年天数的三分之一，而位于川藏高速公路和高速铁路沿线的康定、甘孜、丹巴一年有 100 天以上均会出现大风(17.2～20.8m/s)天气[101]。

图 6.2 狭管效应的地形条件

(2) 山脊、山谷对流成风：山谷风是山区地理差异产生的热力作用而引起的一种局地风，以一天为周期循环变化：白天山坡吸收较强的太阳辐射，气温增高，因空气密度小而上升，形成空气从谷底沿山坡向上流动，同时在高空产生由山坡指向山谷的水平气压梯度，从而产生谷底上空的下降气流，形成空气的热力循环，称为谷风(图 6.3)。夜间山坡的冷却速度快，气温比同高度的谷底上空低，空气密度大，使得空气沿山坡向谷底流动，形成山风(图 6.4)，同时构成与白天反向的热力环流，在山脉地区存在与海陆风类似的热循环系统。

图 6.3　谷风成因示意图

图 6.4　山风成因示意图

(3) 风速风向受大气环流影响明显，高海拔地区受高空急流和大气环流的影响，容易形成持久的大风，风向服从大气环流的基本规律，如 1981 年 2 月 19～24 日，青海高原出现了持续 5 天的 10 级 (24.5～28.5m/s) 以上大风天气。

(4) 绕流现象明显：当气流越过山脊时，气流被压缩并加速，称为伯努利效应。相对于风来说，山脊的展宽很长，当山脊走向与风向垂直时，过山脊时风速的理论提高量约为山脊前风速的 2 倍。气流经过孤立的山峰时，受到山峰的阻挡，由于孤峰山体较小，气流向山峰两侧绕流，形成气流加速，称为绕流效应。越过孤峰的风速约为峰前风速的 1.5 倍。

(5) 风向的地形依赖性：山区风向受地形影响非常明显，从谷底至山顶风向变化较大，山谷谷底的强风向与山谷走向一致；峰顶附近的风向与大气环流形成的风向基本一致，受地形影响小 (图 6.5)。

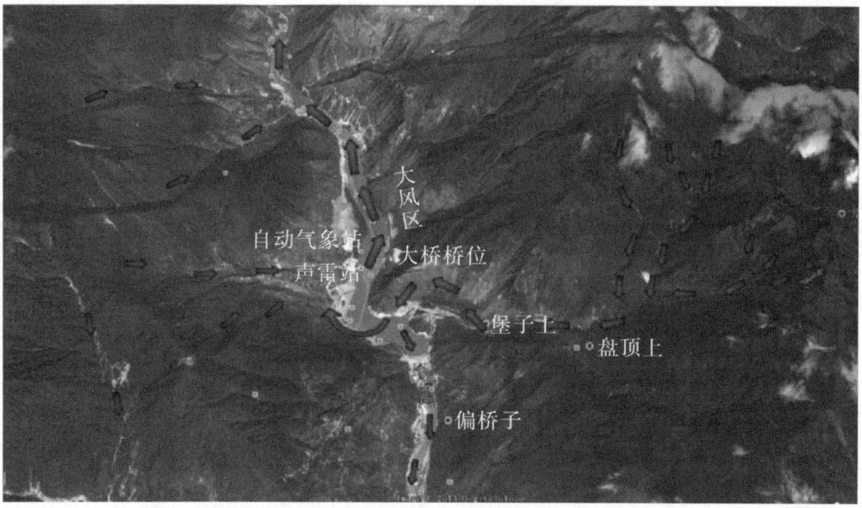

图 6.5　山区风向示意图

6.2.2 风攻角

对桥梁风工程而言，来流风和对桥面的攻角大小，对桥梁气动稳定性有着非常重要的影响。平原地区的气流攻角变化范围多为±3°，风洞试验中也常采用±3°的风攻角检验桥梁结构的抗风性能。但山区风场因受山谷风或焚风效应的影响，风攻角变化范围常大于平原地区。长安大学风洞实验室的研究人员在黄河禹门口附近测得风速为15m/s时的攻角超过6°，当低风速时攻角甚至会达到30°。山区气流正攻角受上升气流影响大，如山脉的向风侧或幽深的河谷；山区气流负攻角受下降气流的影响大，尤其是背风侧，为焚风效应多发地区。

2009年李永乐[102]在对川藏高速公路上泸定河大桥桥址处风速实测中发现：桥位处风攻角的数值虽然比较离散，但是随着海拔的增加，风攻角的离散范围有减小的趋势。较大的风攻角主要集中在低空处(离地高80m以下，换算海拔为1479m)，这可能是由于低空风速较小，且受地形影响较大。随着海拔的增加，风速不断增大，且山谷也变得相对开阔，地形的影响在逐渐减小，从而风攻角的散布范围也变窄。从桥位处风攻角均值图中可以看出：随着海拔的增加风攻角由正攻角转为负攻角，在150～400m时攻角均值趋于一个稳定值(−5.0°)附近(图6.6，图6.7)。同时桥面设计高度处的风攻角均值为−4.5°，相比平原地区的风攻角要大。

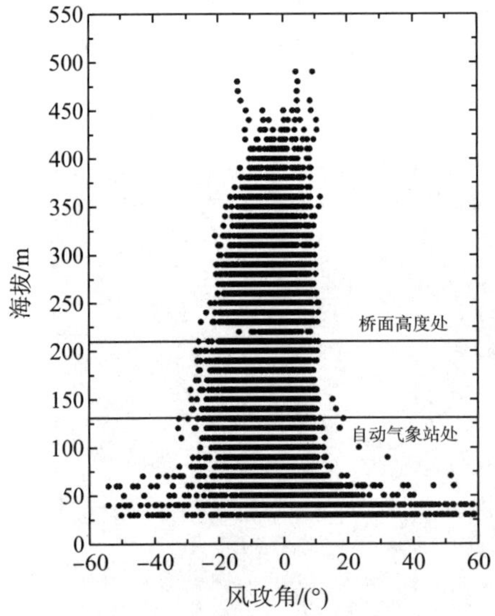

图6.6 桥位处风攻角统计

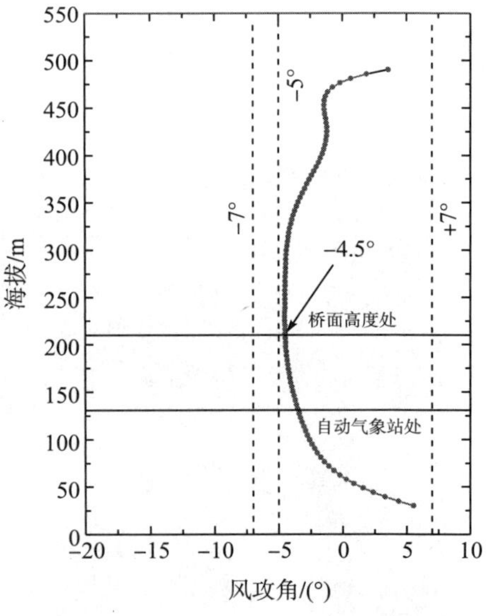

图6.7 桥位处风攻角均值

6.2.3　风剖面

山区风剖面的形状，尤其是山谷的风速轮廓线形状比平原地区要复杂得多。其原因是：山区风剖面零风速位置确定困难，理论上说，贴地层风速为零，但山区地表起伏较大，边界层厚度沿水平方向伸展，不同位置处得到的同一高程的风速不同。山区的粗糙度系数确定困难，现行的建筑荷载规范，以及桥梁抗风设计规范中的 4 类地表没有包括山区，因而导致推算山区桥梁的设计风速困难；山区平均风速分布主要与周围地形有关，平均风速剖面可能不符合常用的对数律或幂函数模型。

2011 年朱乐东等[103]用相控阵声雷达风廓线仪对坝陵河大桥桥址处深切峡谷中风剖面进行了实地观测，结果表明：在地形复杂的山区深切峡谷中，平均风剖面受峡谷地形影响较大(图 6.8)，形态有时显得较为复杂而不规则，呈现锯齿形、正切变形或逆切变形等多样化。此外，对于风速较大的情况，有时也观测到了一些比较规则的平均风廓线，但这些较规则的平均风廓线仍与规范中幂函数或对数函数所描述的常规平均风廓线有显著区别。根据规范中的风廓线，随着高度的增加，平均风速的增长率逐渐降低，且在超过梯度风高度后，平均风速不再增加。但在这里所观测到的较规则的风廓线中，随着高度的增加，平均风速增加的速率不断增加，特别是在接近谷顶时，速度增长率非常大。此现象与深切峡谷的特征吻合，即随着高度的增加，峡谷的宽度增大，山坡在水平方向对风的阻滞作用越来越弱，使得风速的增长率随之越来越大。

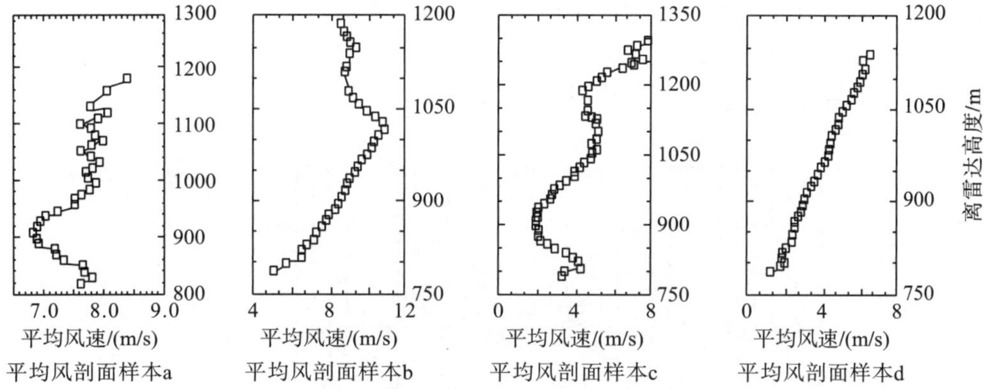

图 6.8　坝陵河大桥河谷内风速随高度变化图

2000 年 3 月 2～12 日刘峰等[104]在北盘江大桥桥址处开展了短期定点风速观测以及峡谷内低空垂直风速观测，发现桥址处风速并非沿高度呈对数律或幂指数增加，且在海拔 800m 以下存在狭管效应而使风速在峡谷内增大，峡谷内 500～

750m 的高度范围内的风速最大，是狭管效应显著区(图 6.9)。

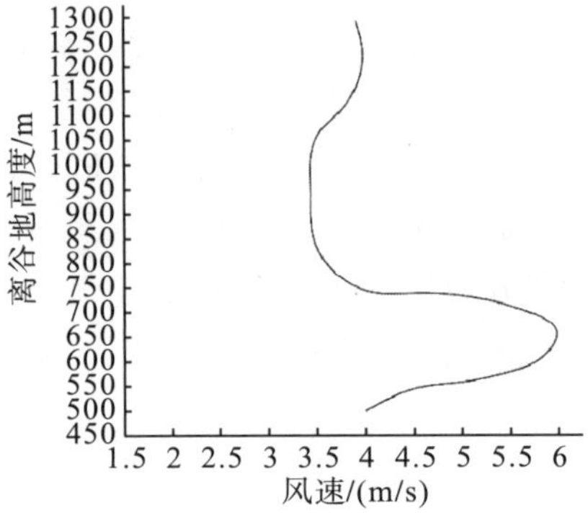

图 6.9 北盘江大桥河谷风剖面

6.2.4 紊流特性

紊流强度是表征风的脉动特征的一个重要指标，是确定结构脉动风荷载的关键参数。研究表明：平原地区的紊流强度与天气系统有很大关系，气候变化时大，气候稳定时小。而山区桥址脉动风特性不仅受天气系统的控制，而且由于受上游山峰或植被的影响，紊流参数中含有大量受特征尾流影响的参数。

2010 年揭晶[105]以大宁河大桥工程为背景，通过对桥址处的风速、风向特性为期一年半的现场实测资料的分析，发现该桥桥址处的平均风速分布不符合规范推荐的对数律或指数函数模型；桥址处 10m 标高处的湍流强度达到了 40%以上，即使在 90m 高度处仍然高达 20%左右。在典型的西部山区，脉动风的影响非常严重，这种大湍流会引起桥梁结构抖振(图 6.10)。

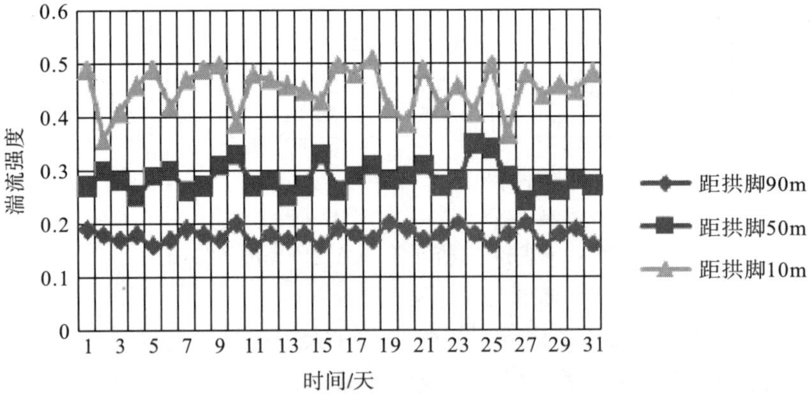

图 6.10 大宁河大桥桥址处顺桥向湍流强度时程

2010 年庞加斌等[106]结合位于鄂西山区的四渡河峡谷大桥的抗风设计研究，在桥位现场用超声风速仪实测脉动风速时程数据，通过分析山区深切峡谷风的湍流特性发现：该桥所在的山区深切峡谷地形导致风的湍流脉动强度明显增大，表征涡旋大小的湍流积分尺度减小；湍流度随平均风速的增大而减小，积分尺度随平均风速的增大而增大；由实测数据拟合的山区峡谷功率谱密度函数模型存在低频迟滞区，山区峡谷风的湍流特性与规范推荐模型有较大差别。

2018～2019 年郭增伟等[107, 108]对位于三峡库区的青草背长江大桥桥址处的风速进行了现场实测，通过分析发现桥面位置处顺风向紊流强度均值已将近 30%，远大于《公路桥梁抗风设计规范》(JTG/T 3360-01—2018)给出的相应超声风速仪高度处紊流强度上限值 0.143(图 6.11)。

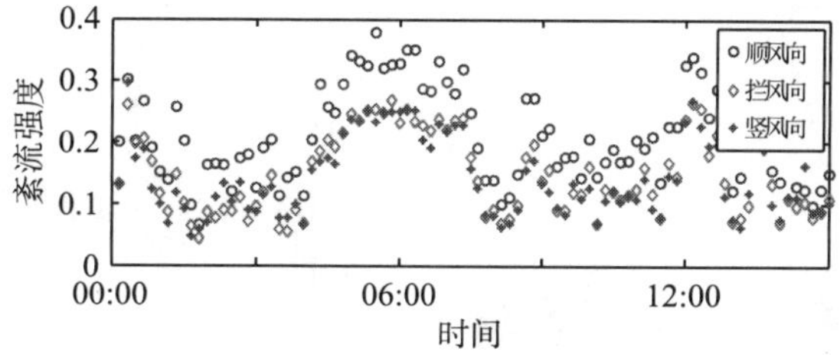

图 6.11　青草背长江大桥桥面处紊流强度

由于高山的遮挡效应，山地风场因受上游山峰或植被的影响，山风下游的尾流区及其影响范围非常大，使得整个河谷内部流动完全被局部地形绕流和尾流控制，湍流脉动剧烈，且紊流参数中含有大量受特征尾流影响的参数，不同的地形地貌对紊流特性有着不可忽视的影响，脉动风的紊流特性(如频谱、相关性等)与平坦地形地区的紊流特性会有很大的不同。

6.2.5　非平稳特性

黄国庆[109]在对普立特大桥桥址处为期一年半的风速样本进行分析后发现：虽然多数情况下风速样本都是平稳高斯样本，但同样存在不少具有非平稳与非高斯特性的脉动风样本(图 6.12)。

郭增伟等[109, 110]在位于三峡库区的青草背长江大桥上做了 2 年多的风速实测工作，也发现了不少风速样本存在非平稳的特征，特别是脉动风速的幅值呈现强烈的非平稳特征(图 6.13，图 6.14)。

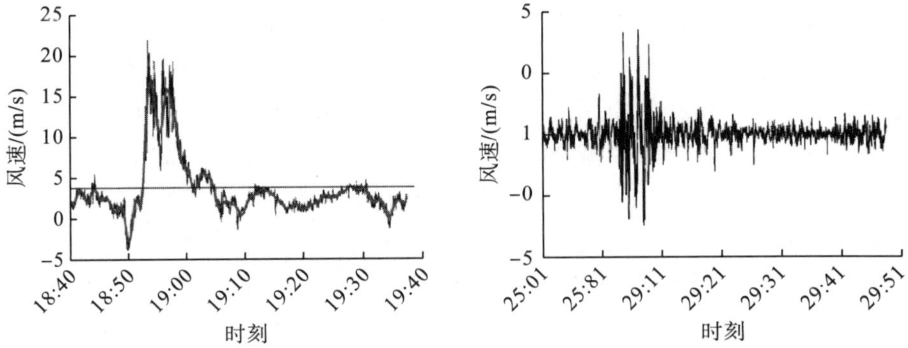

(a)瞬时风速时程和时变平均风速 (b)脉动风速时程

图 6.12 普利特大桥处非平稳风速时程样本

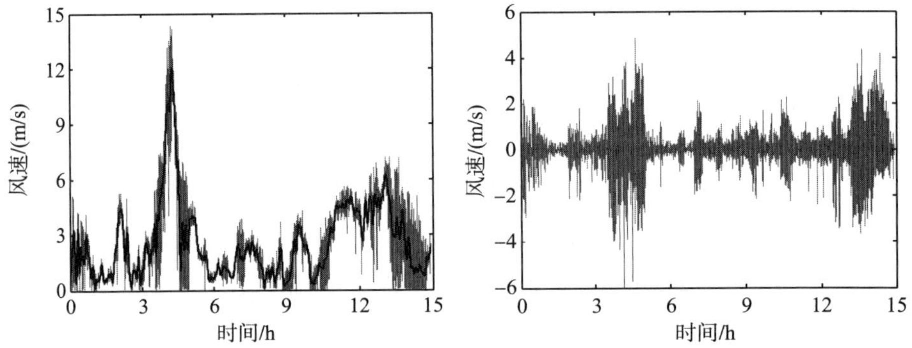

(a) (b)

图 6.13 青草背长江大桥非平稳风速时程样本 1

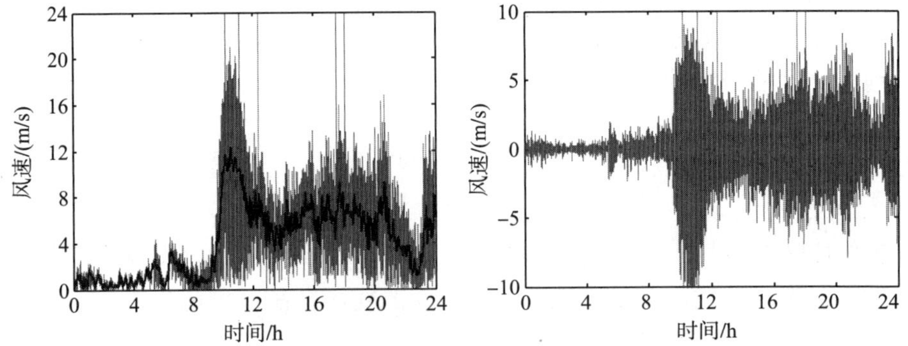

(a) (b)

图 6.14 青草背长江大桥非平稳风速时程样本 2

6.2.6 风速展向分布

常规季风条件下，受地形的不对称性的影响，风速大小沿桥跨展向是不均匀的，同时川藏高速公路和高速铁路所穿越的横断山脉地区属于干热河谷区，其局部气候差异显著，由于局部温差和地形双重作用形成的局部小尺度风，不平衡热力作用对风的产生及风的强弱起控制作用，不平衡热力驱动导致小区域环流，因此风场时空特性比一般的深大峡谷更为复杂。

6.3 峡谷风灾害对桥梁安全影响

目前从结构抗风的角度对山区风场特性的实测研究刚刚起步，由于种种原因，我们对进藏高速公路和铁路沿线的风场特性的认识程度还相当有限。本节以青草背长江大桥为例，根据桥址处实测强风风场信息利用罚函数对比法配合精细积分法对青草背长江大桥进行非平稳抖振响应分析，关于峡谷风对桥梁建设期的影响，对桥梁附属结构构件的影响以及对行车安全的影响将在 8.3 节讨论。

6.3.1 基于状态空间的风荷载表达

在进行风荷载计算过程中，为简化计算，常将风荷载分为平均风引起的静风荷载、脉动风引起的抖振力以及流固耦合所产生的气动自激力三部分，并最终叠加在一起计算桥梁结构风致响应。然而常规意义上对风荷载的描述通常是基于平稳风速假定，因此考虑到风速的非平稳特性，需要对作用在桥梁上的风荷载进行时域化处理。应用现代控制理论中的状态空间法，基于桥梁断面气动力模型，建立用于桥梁抖振分析的状态空间方程，并实现桥梁气动力的状态空间表达，从而大大减少计算量，增加计算精度与速度。

1. 时变平均风荷载

结构在平均风作用下产生一定的静力变形，而这种静力变形主要是由平均风产生的静荷载造成，静风荷载主要由阻力 $D_{\mathrm{m}}(t)$、升力 $L_{\mathrm{m}}(t)$ 及扭矩 $M_{\mathrm{m}}(t)$ 三个分力组成。在非平稳风场下，按基本时距计算的平均风速已不足以描述其风场特性，本节采用能有效表达非平稳风场特性的时变平均风速，故作用在桥梁结构上的平均风荷载此时也随时变平均风速更改为时变平均风荷载。此时随时间变化的平均风荷载可表达为

$$L_{\mathrm{m}}(t)=\frac{1}{2}\rho\bar{U}(t)C_L(\bar{\alpha}(t))B \tag{6.1}$$

$$D_{\mathrm{m}}(t)=\frac{1}{2}\rho\bar{U}(t)C_D(\bar{\alpha}(t))H \tag{6.2}$$

$$M_{\mathrm{m}}(t)=\frac{1}{2}\rho\bar{U}(t)C_M(\bar{\alpha}(t))B^2 \tag{6.3}$$

式中，下标 m 表示平均值；ρ 为空气密度；C_L、C_D、C_M 分别为桥梁断面模型的升力、阻力以及扭矩系数；$\bar{U}(t)$ 为随时间变化的平均风速；B 为桥梁主梁断面宽度；$\bar{\alpha}(t)$ 为随时间变化的平均有效风攻角。

通过对平均静风荷载的时域化处理，三个分力已经成为与时变平均风所对应的时变平均风荷载，再将时变的三个分力按照一定的转换关系进行转换，即可将转换后的随时间变化的静力三个分力作为荷载并按照一定的时间步加载在桥梁结构上，进而可计算得到在时变平均风作用下的结构响应。

2. 桥梁自激气动力

Scanlan 于 1990 年提出了适用于桥梁结构主梁断面的颤振导数理论，并基于颤振导数建立了能良好解决钝体断面非定常气动力描述的问题的自激力模型。其中作用于结构单位长度上的自激升力 L_{se}、自激阻力 D_{se}、自激升力矩 M_{se} 可以表达为

$$L_{\mathrm{se}}=\frac{1}{2}\rho U^2B\left(KH_1^*\frac{\dot{h}}{U}+KH_2^*\frac{B\dot{\alpha}}{U}+K^2H_3^*\alpha+K^2H_4^*\frac{h}{B}+KH_5^*\frac{\dot{p}}{U}+K^2H_6^*\frac{p}{B}\right) \tag{6.4}$$

$$D_{\mathrm{se}}=\frac{1}{2}\rho U^2B\left(KP_1^*\frac{\dot{p}}{U}+KP_2^*\frac{B\dot{\alpha}}{U}+K^2P_3^*\alpha+K^2P_4^*\frac{p}{B}+KP_5^*\frac{\dot{h}}{U}+K^2P_6^*\frac{h}{B}\right) \tag{6.5}$$

$$M_{\mathrm{se}}=\frac{1}{2}\rho U^2B^2\left(KA_1^*\frac{\dot{h}}{U}+KA_2^*\frac{B\dot{\alpha}}{U}+K^2A_3^*\alpha+K^2A_4^*\frac{h}{B}+KA_5^*\frac{\dot{p}}{U}+K^2A_6^*\frac{p}{B}\right) \tag{6.6}$$

式中，ρ 为空气密度；B 为结构断面特征宽度；U 为来流风速；h、α、p 分别为结构竖向、横向和扭转位移；$\dot{h}$、$\dot{\alpha}$、$\dot{p}$ 分别为结构竖向、横向和扭转速度；H_{i}^*、P_i^*、A_i^*（i=1，2，3，4，5，6）分别为主梁竖向、侧向和扭转运动对应的颤振导数；K 为无量纲折减频率，其中 $K=B\omega/U$，ω 为振动圆频率。

Lin 提出了一套以单位脉冲响应函数表达的自激力模型，与 Scanlan 模型不同的是，该模型可以完全在时域中描述作用于结构上的耦合自激气动力，其表达式如下：

$$L_{\mathrm{se}}=\frac{1}{2}\rho U^2\int_{-\infty}^{t}\left[I_L^h(t-\tau)h(\tau)+I_L^p(t-\tau)p(\tau)+I_L^\alpha(t-\tau)\alpha(\tau)\right]\mathrm{d}\tau \tag{6.7}$$

$$D_{\mathrm{se}}=\frac{1}{2}\rho U^2\int_{-\infty}^{t}\left[I_D^h(t-\tau)h(\tau)+I_D^p(t-\tau)p(\tau)+I_D^\alpha(t-\tau)\alpha(\tau)\right]\mathrm{d}\tau \tag{6.8}$$

$$M_{\mathrm{se}}=\frac{1}{2}\rho U^2\int_{-\infty}^{t}\left[I_M^h(t-\tau)h(\tau)+I_M^p(t-\tau)p(\tau)+I_M^\alpha(t-\tau)\alpha(\tau)\right]\mathrm{d}\tau \tag{6.9}$$

式中，I_F^Δ（$\Delta=h$，p，α；F=L，D，M）为对应自由度方向 Δ 上自激力 F 的脉冲响

应函数。

在研究简谐振动时，式(6.4)～式(6.6)和式(6.7)～式(6.9)是等价的，利用此等价关系，对其进行拉普拉斯变换，即可得到自激力脉冲响应函数和颤振导数的关系。

3. 桥梁强迫抖振力

基于 Scanlan 的准定常理论计算，同时考虑抖振力的非定常性引入气动导纳函数对准定常抖振力模型进行修正，得到修正后的抖振升力 L_b、抖振阻力 D_b 和抖振力矩 M_b 表达如下：

$$L_b = \frac{1}{2}\rho U^2 B\left[2C_L(\alpha)\chi_{Lu}\frac{u(t)}{U} + \left(C_L'(\alpha) + C_D(\alpha)\right)\chi_{Lw}\frac{w(t)}{U}\right] \tag{6.10}$$

$$D_b = \frac{1}{2}\rho U^2 B\left[2C_D(\alpha)\chi_{Du}\frac{u(t)}{U} + C_D'(\alpha)\chi_{Dw}\frac{w(t)}{U}\right] \tag{6.11}$$

$$M_b = \frac{1}{2}\rho U^2 B^2\left[2C_M(\alpha)\chi_{Mu}\frac{u(t)}{U} + C_M'(\alpha)\chi_{Mw}\frac{w(t)}{U}\right] \tag{6.12}$$

式中，$u(t)$、$w(t)$ 为顺风向及横风向的脉动风速；$C_L' = \mathrm{d}C_L/\mathrm{d}\alpha$，$C_D' = \mathrm{d}C_D/\mathrm{d}\alpha$，$C_M' = \mathrm{d}C_M/\mathrm{d}\alpha$；$\chi_{Lu}$、$\chi_{Lw}$、$\chi_{Du}$、$\chi_{Dw}$、$\chi_{Mu}$、$\chi_{Mw}$ 为气动传递函数，是结构断面形状及折减频率的函数。

Jones 曾利用有理函数给出了 Sears 函数近似表达式：

$$\chi(k) = 1 - \frac{0.5(ik)}{ik + 0.130} - \frac{0.5(ik)}{ik + 1} \tag{6.13}$$

因此本书采用如下的有理函数近似表达抖振力的气动导纳函数：

$$\chi_{F\zeta}(s) = A_1^{F\zeta} + \sum_{l=1}^{m}\frac{A_{l+1}^{F\zeta}}{s + \lambda_l} \tag{6.14}$$

式中，$s = ik = i\omega b/U, b = B/2$；$A_1^{F\zeta},\ldots,A_{m+1}^{F\zeta}$ 以及 $\lambda_1,\ldots,\lambda_m (\zeta = u,w;\ F = L,D,M)$ 为与频率无关的无量纲待定系数，可通过拟合相应的气动导纳函数求得。

对式(6.14)进行拉普拉斯逆变换，得到抖振力脉冲响应函数的具体表达式：

$$I_{Lu}(t) = 2BC_L\left(A_1^{Lu}\delta(t) + \sum_{l=1}^{m}A_{l+1}^{Lu}\frac{u}{b}\mathrm{e}^{-\frac{\lambda_l U}{b}t}\right) \tag{6.15}$$

$$I_{Lw}(t) = B\left(C_L' + C_D\right)\left(A_1^{Lw}\delta(t) + \sum_{l=1}^{m}A_{l+1}^{Lw}\frac{U}{b}\mathrm{e}^{-\frac{\lambda_l U}{b}t}\right) \tag{6.16}$$

$$I_{Du}(t) = 2BC_D\left(A_1^{Du}\delta(t) + \sum_{l=1}^{m}A_{l+1}^{Du}\frac{U}{b}\mathrm{e}^{-\frac{\lambda_l U}{b}t}\right) \tag{6.17}$$

$$I_{Dw}(t)=BC'_D\left(A_1^{Dw}\delta(t)+\sum_{l=1}^{m}A_{l+1}^{Dw}\frac{U}{b}\mathrm{e}^{-\frac{\lambda_l U_t}{b}t}\right) \tag{6.18}$$

$$I_{Mu}(t)=2B^2C_M\left(A_1^{Mu}\delta(t)+\sum_{l=1}^{m}A_{l+1}^{Mu}\frac{U}{b}\mathrm{e}^{-\frac{\lambda_l U}{b}t}\right) \tag{6.19}$$

$$I_{Mw}(t)=B^2C'_M\left(A_1^{Mw}\delta(t)+\sum_{l=1}^{m}A_{l+1}^{Mw}\frac{U}{b}\mathrm{e}^{-\frac{\lambda_l U}{b}t}\right) \tag{6.20}$$

式中，I_{Lu}、I_{Lw}、I_{Du}、I_{Dw}、I_{Mu}、I_{Mw} 为抖振力的单位脉冲响应函数。

6.3.2 非平稳抖振响应分析

1. 结构动力方程

桥梁结构在时变风荷载作用下结构响应控制方程可以描述为:

$$\boldsymbol{m}\ddot{\boldsymbol{y}}+\boldsymbol{c}\dot{\boldsymbol{y}}+\boldsymbol{k}\boldsymbol{y}=\boldsymbol{F}_{\mathrm{m}}(t)+\boldsymbol{F}_{\mathrm{se}}(t)+\boldsymbol{F}_{\mathrm{b}}(t) \tag{6.21}$$

式中，$\boldsymbol{m}$、$\boldsymbol{c}$、$\boldsymbol{k}$ 分别为桥梁结构质量、阻尼、刚度矩阵；$\ddot{\boldsymbol{y}}$、$\dot{\boldsymbol{y}}$、$\boldsymbol{y}$ 分别为整体坐标系下桥梁结构节点位移、速度、加速度向量；$\boldsymbol{F}_{\mathrm{m}}(t)$、$\boldsymbol{F}_{\mathrm{se}}(t)$、$\boldsymbol{F}_{\mathrm{b}}(t)$ 分别为等效节点时变平均风荷载、非平稳自激力向量、非平稳抖振力向量。

时变平均风荷载与抖振力可直接计算，而气动自激力作为结构位移和速度的函数可分别用气动刚度与气动阻尼来表达，并与结构刚度、结构阻尼组成总的刚度与阻尼。因此在非平稳风场的作用下桥梁结构的响应可表示为

$$X(t)=\bar{X}(t)+x(t) \tag{6.22}$$

式中，$\bar{X}(t)$ 为整体坐标系下桥梁结构在时变平均风下的响应；$x(t)$ 为整体坐标系下桥梁结构在非平稳抖振作用下的响应。时变平均风所产生的效应可根据时变平均风速及有效风攻角进行静力分析来求解，在每个时间步上平均风速所产生的平均风荷载对桥梁结构的作用可转换为单元等效节点静荷载进行计算，并最终得到在时变平均风作用下桥梁结构整个时程的响应。

2. 时变自激力处理

采用常规等时距方法计算得到的平均风速常常在风速变化较快处产生较大的突变，而基于随风速变化趋势而变化的平均风速或随时间变化的平均风速可在很大程度上抑制该突变的产生，从而减缓平均风速相对时间的变化率。在计算非平稳抖振响应时，非平稳抖振自激力的状态空间表达与结构平均风速紧密相关，为简化求解将时变平均风速在每个时间步上按照定值平均风速进行处理，如图 6.15 所示，当时间区段精细划分到一定程度时，在定值分段平均风速下的自激力表达

与结构抖振响应可与时变风速下的相应值保持较小误差。

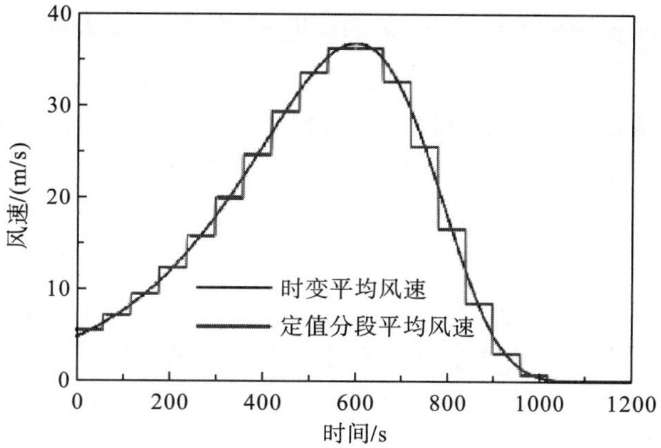

图 6.15　时变平均风速的定值均值化处理

考虑风速非平稳特性，自激力与平均风速相关的量将产生时间效应，而时变自激力的精确求解与风速序列短时程区间的划分及时变平均风速的均值化处理紧密相关。目前对于风速序列的处理，常根据时变平均风速与常值平均风速的相对误差选用特定值对整个时程进行分隔划分，由于风速序列总长度及风速非平稳程度的差异，依据相对误差对特定值的选取过程较为繁杂且不能找到一个定量的标准来衡量。此外，当风速序列中存在某一非平稳程度过大的时间段时，在对风速序列的划分过程中为满足相对误差的要求，需选取时间步长极小的特定值对整个时程进行分隔，并在整个时程上不断进行积分求解，这在一定程度上大大增加了在平稳时段上冗余、复杂的计算步骤。

因此，以罚函数对比法为依据，通过定义风速序列内统计特性的改变幅度的对比函数 $J(\tau)$，并利用无约束优化算法中的罚函数对比法优化求解目标函数 $H(\tau)$ 的最小值，实现对随机序列中风速突然变化点的捕捉同时进行合理时距划分，具体可表示为

$$H(\tau)=J(\tau)+\beta\,\mathrm{pen}(\tau) \tag{6.23}$$

$$\mathrm{pen}(\tau)=K\left(1+c\lg\frac{n}{K}\right),\beta=\frac{2\sigma^2}{n} \tag{6.24}$$

式中，$\mathrm{pen}(\tau)$ 为罚函数；β 为惩罚因子；σ 为对应瞬时改变点 τ 所在独立样本的方差；c 为数值参数，根据经验取 2.5；K 为随机序列统计参数发生突变的次数；n 为随机序列样本长度。

为验证罚函数对比法的适用性，采用罚函数对比法中能够良好表现风速序列时变特性的均值参数作为突变指标，对整个风速序列按照风速变化趋势进行时间

间隔上的划分，并根据时间间隔的划分计算出每个时间间隔上的平均风速，得到结果如图 6.16 所示。同时为了评价罚函数对风速序列的分割效果，图 6.17 还给出了基于离散小波变换得到的时变平均风速进行对比。从图中可以看出，采用罚函数对比法对风速序列按照变化趋势进行时间间隔划分并求取平均风速，可有效表现出风速随时间变化的非平稳特性，同时相比小波变换，罚函数对比法在原有风速序列基础上对于记录序列中风速或风向突然变换点或极值点的捕捉更加敏感，因此其所得到的不定值分段平均风速更具有时效性，在对桥梁结构抖振响应分析时结果与真实情况更加贴近。总体而言，罚函数对比法可以针对风速变化快慢的具体情况对整个风速序列进行更加有效的分隔处理，大大优化了定值分段间隔风速序列的不足，同时相对小波变换等方法最大限度地还原了风速序列因均值化处理而弱化的非平稳特性，对于桥梁结构时变自激力表达及抖振响应评价更为精准。

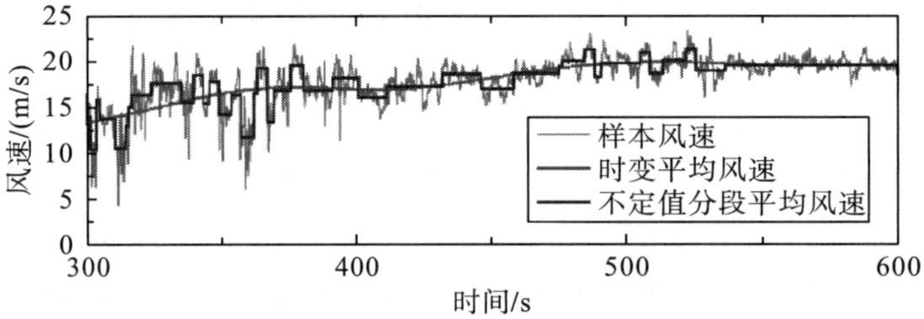

图 6.16 不同分析方法下风速序列的平均风速对比

3. 非平稳抖振力处理

在非平稳抖振响应分析中，非平稳抖振力时程的精确求解常依赖于非平稳脉动风场的准确模拟。通过对非平稳脉动风速的分析可知，从风速模型中剔除时变平均风速后得到的脉动风速仍具有时变的紊流特性。在进行非平稳脉动风速模拟时，非平稳随机过程可由平稳随机过程经适当调制函数调制而成。故本书以实测非平稳脉动风速样本为例，对样本进行 Hilbert 变换以及包络特性分析，将实测脉动风速的包络函数与平稳脉动风速的乘积表示为非平稳脉动风速，其中该确定性包络函数即为平稳脉动风速与非平稳脉动风速之间的调制函数，具体可表示为

$$u'(t) = A(t)u(t) \tag{6.25}$$

$$A(t) = \frac{r(t)}{\sigma_{\mathrm{u}}} \tag{6.26}$$

式中，$u'(t)$ 为非平稳脉动风速；$A(t)$ 为确定性包络函数；$u(t)$ 为平稳脉动风速；$r(t)$ 为实测非平稳脉动风速包络函数；σ_{u} 为非平稳脉动风速均方差。

非平稳实测脉动风速的准确获取，是模拟确定性包络函数 $A(t)$ 的前提，通过对多个时变平均风速提取方法的研究，运用罚函数优化特性针对整个时程的风速

序列进行不定值分段并求取其平均风速及脉动风速，可更加准确还原风速序列本身的特性。因此，本节将以青草背大桥桥址实测风场信息为例，分别选取多个非平稳性较强的实测风速序列，采用罚函数对比法进行脉动风速及确定性包络函数求解。图 6.17 为两个不同时段青草背大桥桥址的实测的风速时程，各样本序列总时长 1200s。由图可知，两段风速时程在 1200s 内均不同程度地从最小风速 2m/s 迅速增加到 25m/s 左右，整个序列风速随时间变化显著，具有明显非平稳特性。

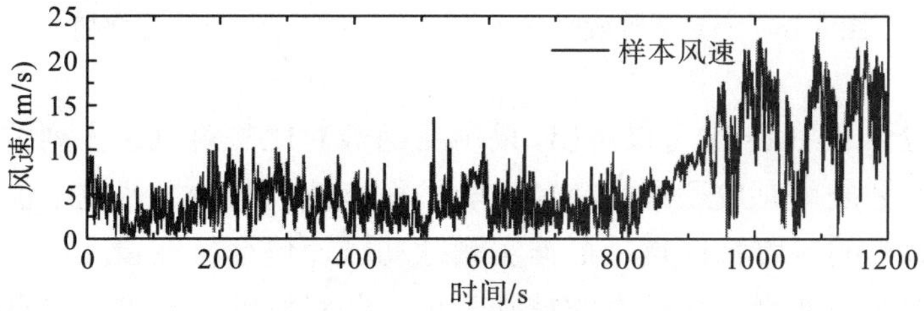

(a)时段一

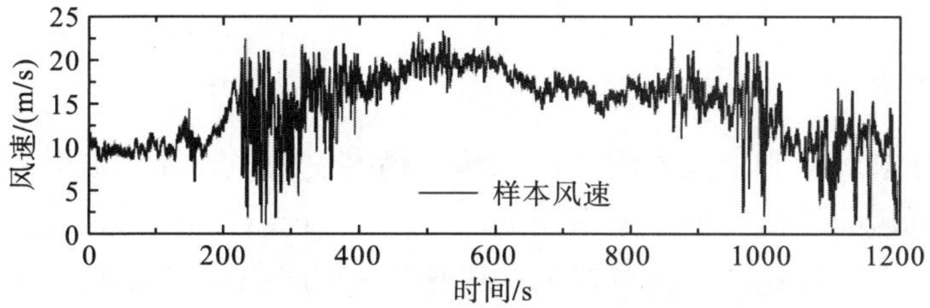

(b)时段二

图 6.17　青草背大桥 1200s 样本风速

利用罚函数对比法以均值作为量化参数对风速序列中突然变化点进行捕捉，同时针对风速序列时间间隔进行划分，根据划分结果可得到风速序列相应的不定值分段平均风速以及各分段下的非平稳脉动风速，再以非平稳脉动风速为分析对象进行 Hilbert 变换即可得到脉动风速包络特性，如图 6.18 所示。

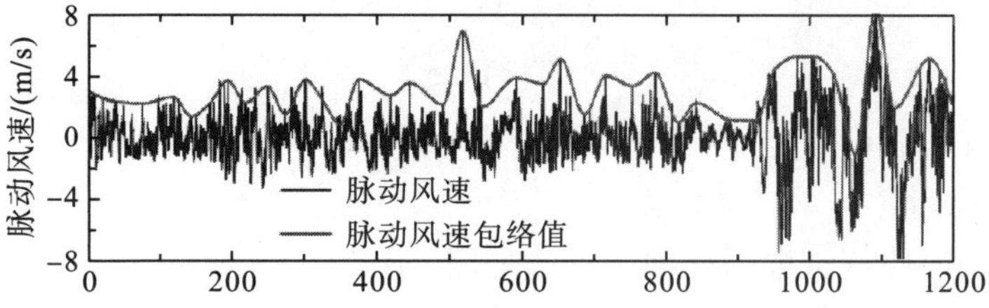

(a)时段一

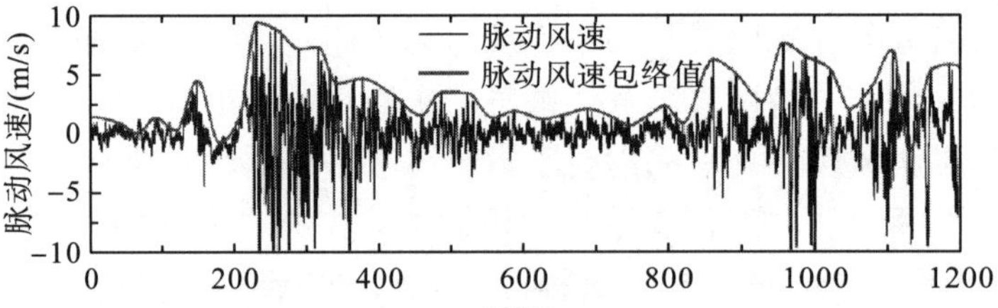

(b)时段二

图 6.18 不定值分段平均风速下顺风向脉动风速及包络值

从图 6.17 和图 6.18 中可以看出，采用罚函数对比法对风速序列按照变化趋势进行时间间隔划分可有效还原脉动风速非平稳特性，脉动风速包络值也可有效识别整个风速时程的包络特征点。根据实测脉动风速包络特性建立非平稳脉动风场模型，可有效实现非平稳抖振力的精确表达，并对桥梁结构进行更有针对性的抖振性能分析。

4. 非平稳抖振响应求解

精细积分求解状态空间方程时，求解的精准度与风速序列短时程区间的划分及时变平均风速的均值化处理紧密相关。由于罚函数对比法可针对风速进行有效的分隔处理，大大优化了定值分段间隔风速序列的不足，将结构动力方程中的时变平均风速则更改为随时间变化的不定值分段平均风速，因此在整个时程的每个时间步上运用精细时程积分法可高效精准地求解桥梁结构的非平稳抖振响应。根据桥梁结构非平稳抖振的气动方程的状态空间表达形式，则采用时程积分法求解状态方程的解，可用通解与特解的和来表示：

$$U(t)=U_{\mathrm{h}}(t)+U_{\mathrm{p}}(t) \tag{6.27}$$

式中，$U(t)$ 为 t 时段的状态向量；$U_{\mathrm{h}}(t)$ 为 t 时段的状态通解；$U_{\mathrm{p}}(t)$ 为 t 时段的状态特解，齐次方程的通解可以根据时间步积分得到：

$$U_{\mathrm{h}}(t)=T(\tau)C \tag{6.28}$$

$$T(\tau)=\mathrm{e}^{A\tau} \tag{6.29}$$

式中，$\tau\in[t_k,t_{k+1}]$；C 为由初始状态所决定的积分常向量；$T(\tau)$ 为指数矩阵；A 为不变的系统矩阵。

状态方程的特解可根据精细积分法采用 HPD-L 积分格式进行推导，抖振力及特解可具体可表示为

$$BQ_{\mathrm{b}}(t)=r_0+r_1\left(t-t_k\right) \tag{6.30}$$

$$x_{\mathrm{p}}(t)=T(\tau)\cdot\left[U\left(t_k\right)+A^{-1}(t)\left(r_0+A^{-1}r_1\right)\right]-A^{-1}(t)\left(r_0+A^{-1}r_1+r_1\cdot\tau\right) \tag{6.31}$$

式中，r_0 与 r_1 均为常向量；$A(t)$ 为状态方程中的系统参数矩阵，在 $[t_k, t_{k+1}]$ 中为不变的系统矩阵。

在计算过程中需要注意的是，在求解桥梁结构非平稳抖振响应的过程中，通过精细积分法根据不定值分段平均风速进行计算，当 $t=0$ 时即风荷载初次加载在桥梁结构上则其所对应的响应 $x(t)$ 同样为 0，而后在求解下一时间步的状态方程时均基于上一时间步结束时所计算出的动力响应为依据设立初始条件，并通过对每段不定值平均风速进行精细时程积分进而得到整个风速序列的动力响应。

5. 非平稳风场建立

合理模拟风速在桥址处的非平稳效应，精确计算桥梁结构的非平稳度抖振响应，对于桥梁结构风致响应分析与控制显得尤为重要。非平稳风速在各方向上均可表示为时变平均风速与非平稳脉动风速之和：

$$U(t) = \bar{U}(t) + u(t) \tag{6.32}$$

式中，$\bar{U}(t)$ 为自然风速中随时间变换的趋势项，在采用基于罚函数的精细积分法求解非平稳抖振响应时，$\bar{U}(t)$ 简化为随时程变化的不定值分段平均风速；$u(t)$ 为自然风速中剔除趋势项后的脉动风速。

平稳脉动风速的模拟主要通过蒙特卡罗方法对给定谱特性的大气边界层风场6，利用计算机模拟技术生成随机风速样本函数。运用蒙特卡罗思想模拟多变量随机过程主要有两类方法，一类是谐波合成法(WAWS 法)，另一类是利用线性滤波技术的方法(如 AR，MA，ARMA 等)，简称线性滤波法。由于谐波合成法简单明了且精度高，适用于任意谱特征的平稳随机过程，本书即基于实测风速序列分析得到的平均风速以及规范给出的脉动风谱，使用谐波合成法重建桥址处的脉动风场。

图 6.19 为平均风速 $U=14\text{m/s}$ 时顺风向及横风向模拟的脉动风速，为说明脉动风速模拟的准确性，图 6.20 给出了主梁跨中处模拟脉动风的功率谱与目标谱的比较，从中可以看出使用谐波合成法可以准确重现目标谱的特征。

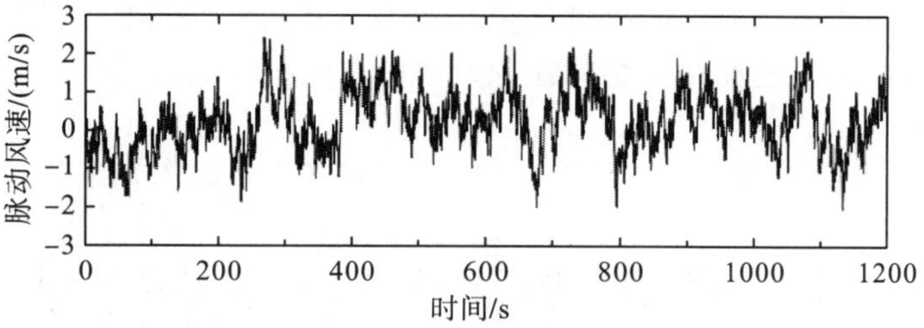

(a)顺风向

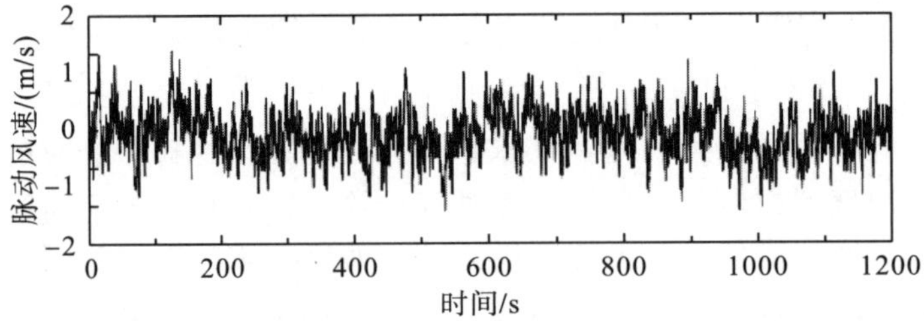

(b)横风向

图 6.19　模拟脉动风速

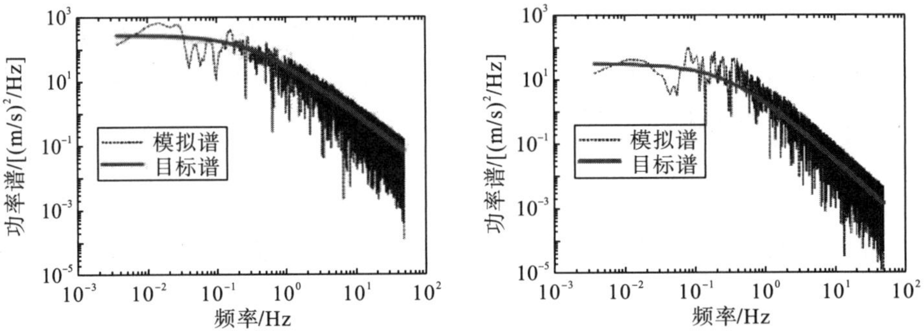

(a)顺风向　　(b)横风向

图 6.20　模拟脉动风的功率谱与目标谱对比图

利用生成的平稳脉动风速以及基于实测风速序列生成的确定性包络调制函数 $A(t)$，可得到基于实测风速的数值模拟非平稳脉动风场；选取模拟作用在桥梁结构任一点的风速样本，给出在两组实测风速下顺风向数值模拟的非平稳脉动风速样本及实测非平稳脉动风速包络值，如图 6.21 所示。对比图 6.18 在实测风速下的脉动风速可以发现，数值模拟生成的非平稳脉动风速与实测脉动风速样本在各时间点上具有相似的变化趋势，与实测非平稳脉动风速包络值能够较好契合，在一定程度上还可强化序列非平稳特征，可有效模拟脉动风速的非平稳特性，在非平稳抖振计算中可高度还原桥梁结构在原始风场下的抖振响应。

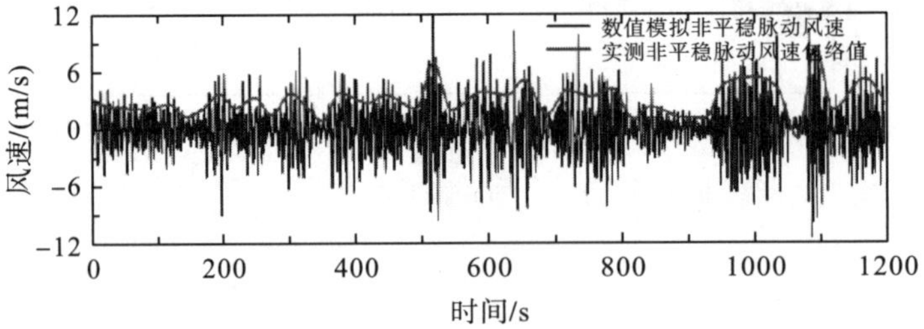

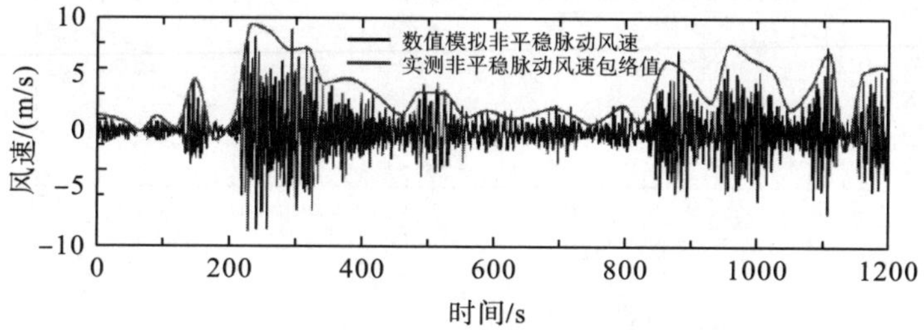

图 6.21　数值模拟非平稳脉动风速及实测非平稳脉动风速包络值

6.3.3　桥梁结构响应结果分析

1. 时变平均风速响应结果分析

桥面构件的平均风荷载可通过相应的气动力系数和构件上作用的平均风进行确定，然后转换到相关的桥面构件模型节点。在进行平均风响应计算时利用 6.3.2 节给出的 1200s 风速样本为例，采用有预应力的完全瞬态动力分析方法，同时考虑结构自重的影响进行计算。

经过计算，青草背大桥主梁跨中处的时变平均风响应如图 6.22 所示。从图中可以看出主梁竖向位移与横向位移均表现出与风速变化形式相同的趋势，这也说明采用罚函数对比法根据不同时间间隔来获取时变平均风速在计算平均风结构响应上是有效且可靠的。

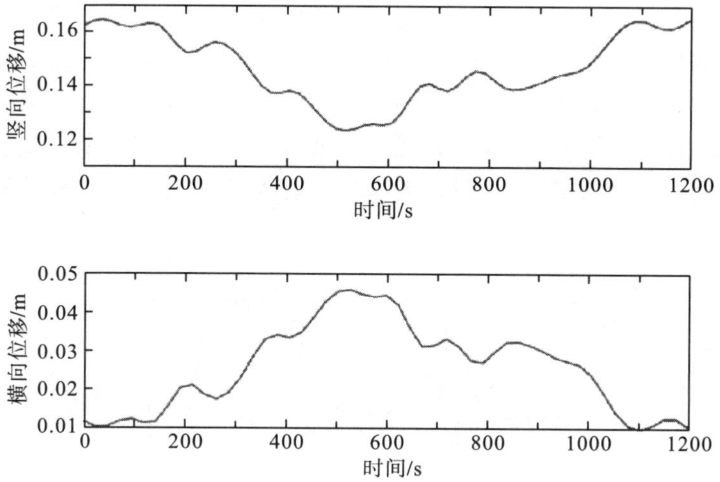

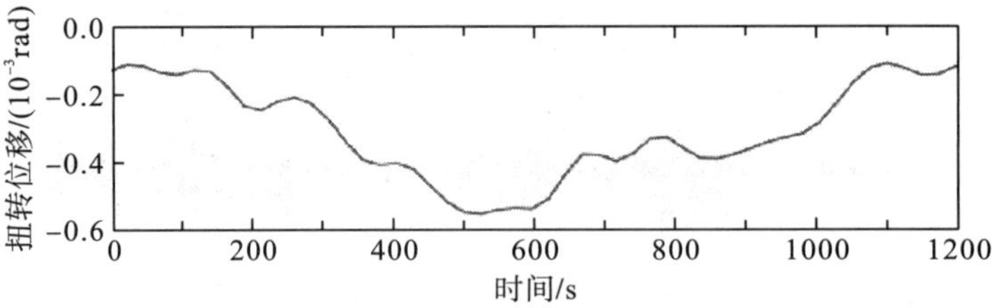

图 6.22　青草背大桥主梁跨中处平均风响应

2. 峡谷强风抖振响应结构分析

通过精细积分法对状态空间方程进行求解，图 6.23 给出了青草背大桥在 1200s 非平稳风速序列激励下主梁跨中处的竖向、横向及扭转位移，同时也对比给出了该桥在具有相同时长及等值平均风速的良态风风速激励下跨中处的竖向、横向及扭转位移，从图中可以看出在非平稳风及良态风作用下竖向位移均大于横向位移及扭转位移；对比结构在非平稳及良态风场下的抖振响应可以明显看出，良态风场下三个方向的抖振位移随时间变化较为平缓，而非平稳风场下的抖振位移与其平均风速变化形式类似，在变化较快处具有较强的波动性；另外，可以明显看出在非平稳风场作用下，桥梁结构在三个方向上的抖振位移均不同程度大于良态风，以横向位移与扭转位移的非平稳特征尤为显著。

为进一步分析非平稳风场下桥梁结构抖振响应的变化规律，图 6.24 给出了在非平稳风场下青草背大桥主梁跨中处竖向、横向及扭转位移响应的能量随时间及频率变化的三维谱图。从图中不难看出，受到结构自身振动模态的影响，青草背大桥抖振位移响应的能量主要集中在对应振动型态的基频区段。其中青草背大桥竖向位移由频率为 0.14Hz、0.19Hz、0.26Hz 的第二、第四阶竖弯振型主导，横向位移则由频率为 0.09Hz 的第一阶侧弯振型主导，扭转位移由频率为 0.45Hz、0.46Hz 的第十三、第十四阶扭转振型主导；此外，青草背大桥在抖振位移能量随时间分布情况上存在较大差异，在整个时程上同样也表现出一定的非平稳性。

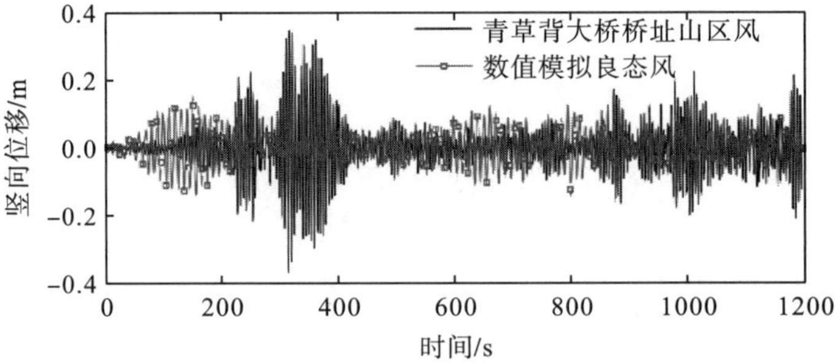

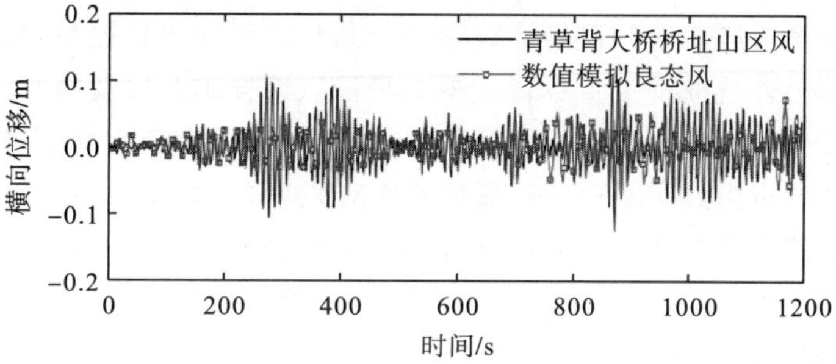

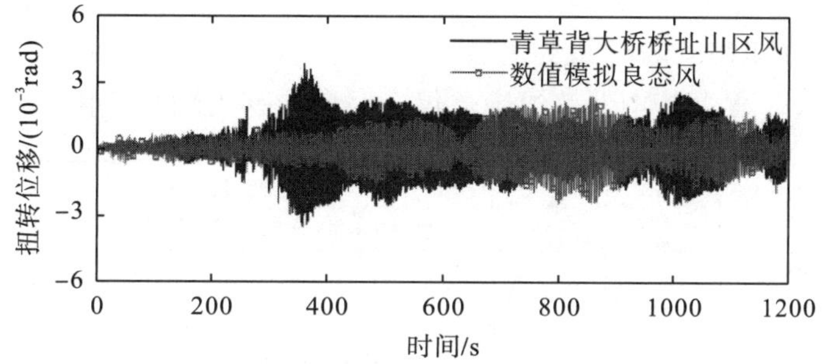

图 6.23　青草背大桥主梁跨中处抖振位移响应对比图

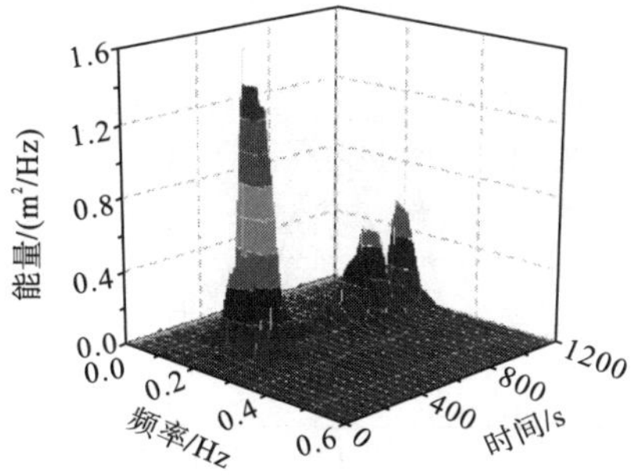

(a)竖向位移

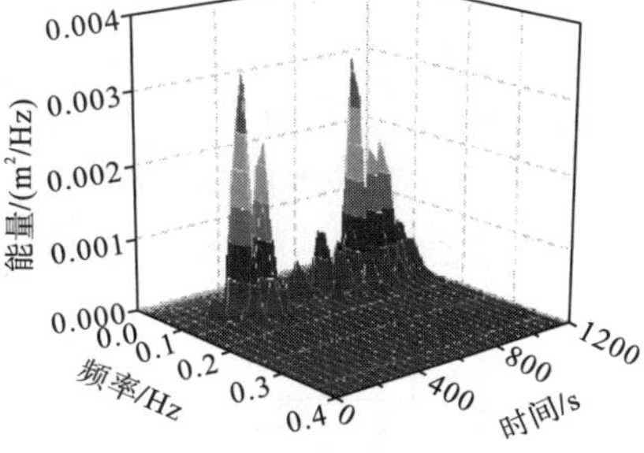

(b)横向位移

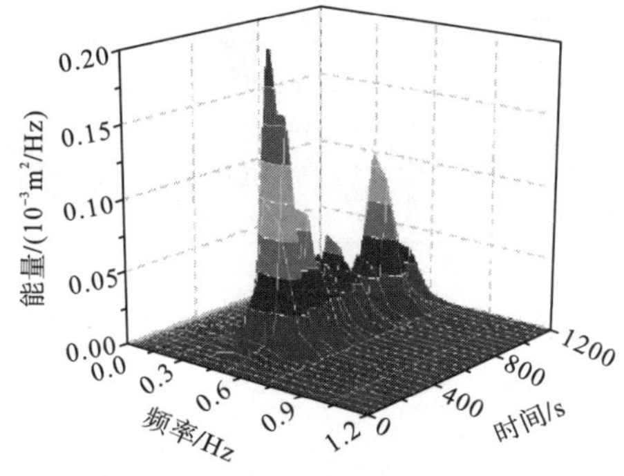

(c)扭转位移

图 6.24　青草背大桥主梁跨中抖振位移三维时频谱图

由于一条风速样本序列仅能计算得到一条与之对应的抖振响应，并不具有统计意义，故需另外选取基于青草背大桥非平稳风速样本，以及所对应的数值模拟良态风风速序列各 50 条相同时长的风速样本进行抖振响应计算，并根据抖振位移结果进行统计分析得到主梁跨中抖振位移 RMS 曲线，如图 6.25 所示。由图可知，青草背大桥处的非平稳风场下的抖振位移 RMS 在整个时程上的三个方向均值分别为 0.057m、0.002m、0.001rad，而对应良态风场下的抖振位移 RMS 在整个时程上的三个方向均值分别为 0.04m、0.001m、5.6×10^{-4}rad，其三个方向的抖振位移 RMS 与青草背大桥非平稳风场抖振位移 RMS 存在明显差距；此外，山区非平稳风场下抖振位移 RMS 随时间变化显著，具有明显的非平稳特征，良态风抖振位移 RMS 在整个时程上基本保持恒定，仅在竖向位移处略有变化。

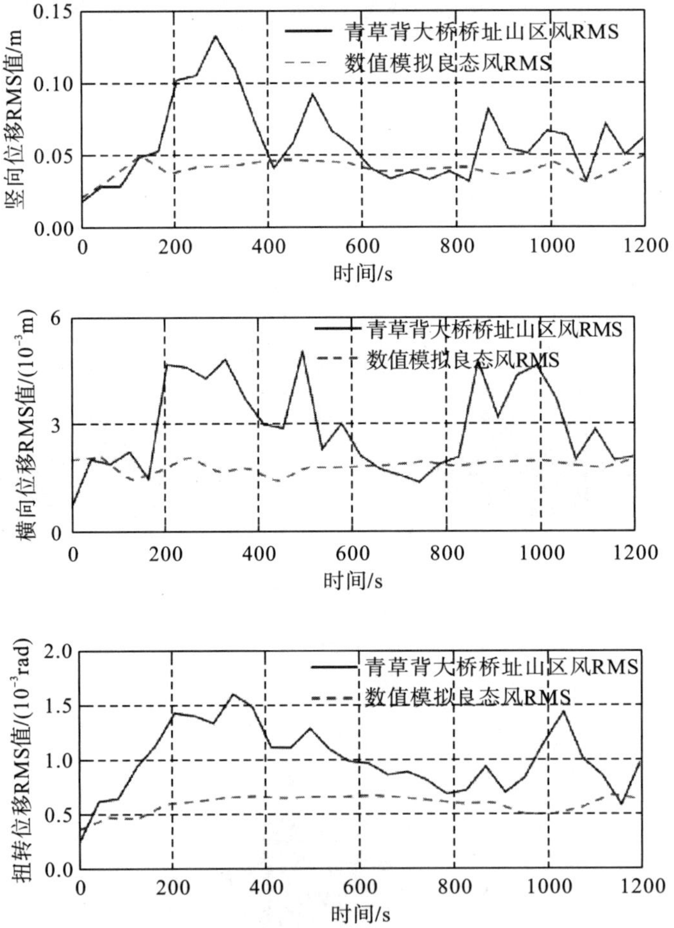

图 6.25　青草背大桥主梁跨中均方值 RMS 对比图

第 7 章　进藏高速公路与铁路沿线桥梁结构耐久性影响因素

相比一般大气环境，川藏地区的恶劣环境使得进藏高速公路与铁路沿线桥梁对材料耐久性能提出了更高的要求，主要涉及以下几个方面。

7.1　混凝土的冻融破坏

在川藏寒冷的气候条件下，冰冻作用(冻融循环)会造成混凝土路面、挡土墙、桥面板和栏杆等的损伤，这也是用于修补和更换结构所需要巨额费用的一个主要原因。冰冻作用引起混凝土损伤的原因与材料复杂的微结构紧密相关，同时，外部环境条件也会影响混凝土的劣化。冻耐久性(简称抗冻性)即指饱水混凝土抵抗冻融循环作用的性能。混凝土处于饱水状态和冻融循环交替作用是发生混凝土冻融破坏的必要条件。因此，混凝土的冻融破坏一般发生于寒冷地区经常与水接触的混凝土结构。

7.1.1　混凝土冻融破坏的特征

混凝土冻融循环产生的破坏作用主要有冻胀开裂和表面剥蚀两个方面。混凝土的冻融破坏是物理过程，没有产物生成。在宏观上，冻害大多表现为表面剥落与开裂、浆体疏松。值得注意的是，有些研究表明混凝土开裂也是一种集料引起的冻害。开裂是指混凝土表面逐渐形成一系列细密的新月状裂纹，通常沿着边缘、接合处或原有的裂纹开裂，有的围绕混凝土板角弯曲。但选用抗冻性好的集料并不能避免一些地区混凝土开裂的发生。

7.1.2　混凝土冻融破坏的机理

目前世界上混凝土冻融破坏机理主要有以下三种理论。

1. Powers 提出的静水压理论学说[110]

Powers 提出的静水压理论学说主要由以下几个要点组成：①冻结时，负温度从混凝土构件的四周侵入，冻结首先在混凝土四周表面上形成，并将混凝土构件封闭起来。②由于表层水结冰，冰体积膨胀，将未冻结的水分通过毛细孔道压入饱和度较小的内部。③随着温度不断降低，冰体积不断增大，继续压迫未冻水，未冻水被压得无处可走，于是在毛细孔内产生越来越大的压力，从而混凝土内毛细孔产生拉应力。④水压力达到一定程度，水泥浆体内部的拉应力过高，高于抗拉强度极限时，则毛细孔会遭到破裂，混凝土中即产生微裂纹而受到破坏。

根据 Powers 的理论，对于未完全饱和的水泥基材料而言，孔隙中的静水压力可以表示为

$$P_{\max}=\frac{\eta}{3}(1.09-1/s)\frac{uR}{K}\phi(L)\text{；}\quad u=\frac{\mathrm{d}w_{\mathrm{f}}}{\mathrm{d}\theta}\text{；}\quad R=\frac{\mathrm{d}\theta}{\mathrm{d}t} \tag{7.1}$$

式中，$P_{\max}$ 为静水压力；s 为水泥基材料的含水率；K 为与水泥材料渗透系数有关的常数；η 为水的动力黏滞系数；w_{f} 为单位体积混凝土平均结冰量；θ 为温度；t 为时间；u 为温度每降低 1℃，冻结水的增加率；R 为降温速率；$\phi(L)$ 为与气孔间距、半径有关的函数：

$$\phi(L)=\frac{L^3}{r_{\mathrm{b}}}+\frac{3L^2}{2} \tag{7.2}$$

式中，r_{b} 为气孔半径；L 为气孔间距系数。对完全饱和水泥基材料(s=1)，可得

$$\phi(L)_{\max}=1775\frac{KT}{Ru} \tag{7.3}$$

式中，T 为温度降低值。

2. Powers 和 Helmuth 的渗透压理论[111, 112]

在提出了静水压力学说后，Powers 在试验中发现，水泥浆体中的水在冻结时并不是向外排出，而是向冷源移动。他和他的同事 Helmuth 于是又对混凝土的冻融破坏机制提出了渗透压理论。该理论认为，在低温条件下时，大孔及毛细孔中的溶液首先有部分冻结成冰，在溶液中的水从中冻结出来，使得溶液的浓度变大，从而在毛细孔与凝胶孔内溶液之间存在浓度差，这引起了从凝胶孔向毛细孔的扩散作用，形成了渗透压。

3. Litvan 的补充理论[112]

加拿大的 G. G. Litvan 于 1972 年提出关于混凝土受冻破坏的理论。他认为，凡是被吸附在多孔固体表面上，或包含其中的水，如果不经过重分布就不会冻结；其之所以不能固化是由于表面力的作用，阻止被吸附液体达到形成结晶所需要的

排列秩序。但是这些水的蒸汽压与已形成的冰有差别，能够迁移到易于结冰的地方，如较大的孔隙或外表面并积聚在裂隙中。如果冻融循环中积聚在裂隙中的水不能归还原位，它们将结冰，使裂隙扩大。

4. 影响混凝土抗冻性的因素

由混凝土冻融破坏的机理可知，混凝土的抗冻性取决于水泥浆体和集料的特性。实际上，混凝土的抗冻性都是下列多种因素相互作用的结果，如逸出边界的位置(为释放水压力需迁移的距离)、体系的孔结构(孔径大小、数量和连通性)、降温速度、饱水程度、材料的渗透系数以及材料抗拉强度(抵抗破坏的能力)等。研究表明，保证水泥浆体逸出边界的位置和改善孔结构是比较容易控制的两个参数，如可以通过在混凝土中掺入引气剂、调整混凝土的配合比和加强养护措施来实现。

1) 水灰比

水灰比是设计混凝土的一个重要参数，它的变化影响混凝土可冻水的含量、平均气泡间距及混凝土强度，从而影响混凝土的抗冻性。水灰比越大，混凝土中可冻水的含量就越多，混凝土的结冰速度就越快；气泡结构越差，平均气泡间距越大；混凝土强度越低，抵抗冻融的能力就越差。可见，水灰比是影响混凝土抗冻性能的主要因素之一。

2) 平均气泡间距

由冻融破坏机理可知，平均气泡间距是影响混凝土抗冻性能最主要的因素，平均气泡间距越大，则冻融过程中毛细孔中的静水压和渗透压越大，混凝土的抗冻性能就越差。当含气量相等时，对不同的水灰比，其气泡间距是不同的，水灰比增大，浆体中的可冻水增加，形成的气泡结构差，气泡直径增大，气泡数量减少，则气泡间距增大。

图 7.1 为水灰比为 0.5 的混凝土冻融试验中长度改变与孔隙间距之间的关系，从图中可以看出，气泡间距显著地影响了混凝土的抗冻性能。可以认为气泡间距在小于 500μm 时，混凝土的抗冻性能较好。

Powers 从试验角度确定了气泡间距：

$$\bar{L}=\frac{3}{\alpha}\left[1.4\left(\frac{p}{A}+1\right)^{1/3}-1\right] \tag{7.4}$$

得到一般情况下，混凝土含气量为 3%，试验得到当含气量为 3%时，α 为 600in^{-1}(1in=2.54cm)，而一般水泥石含量为 27%，可得 $\bar{L}=0.01\text{in}$，由此确定出气泡间距系数来设计和控制引气混凝土的抗冻性，认为当混凝土的 $\bar{L}\leqslant 0.01\text{in}$ (即 250μm)时，都能表现出良好的抗冻性。最后，由气泡间距得到所需含气量：

$$A=\frac{p}{0.364\left(\frac{\alpha\bar{L}_{max}}{3}+1\right)^{3}-1} \tag{7.5}$$

此法后来经发展，成为美国标准 ASTM C457“硬化混凝土中空气孔隙系统参数显微测定标准试验方法”。

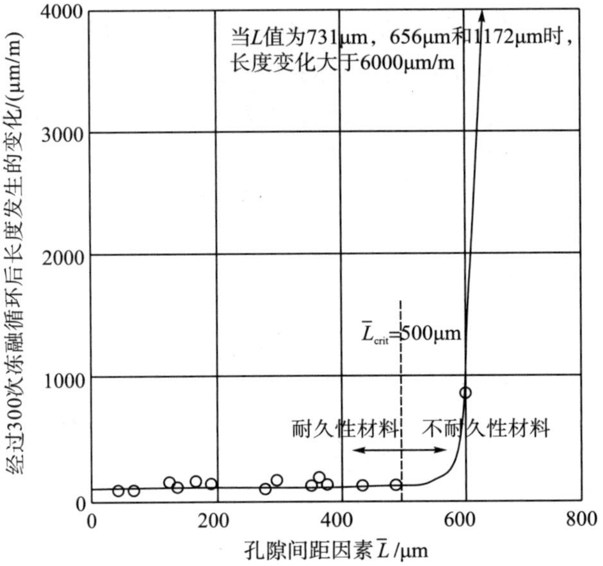

图 7.1 混凝土冻融试验中长度改变与孔隙间距之间的关系

注：图中的 $\bar{L}_{crit}$ 为孔隙间距的一个评价标准，当小于 500μm 时认为混凝土的抗冻性能较好

3) 饱和度

众所周知，干燥或部分干燥的材料不会遭受冰冻损伤。混凝土存在一个临界饱和度，超过此临界值并且暴露于非常低的温度时混凝土就容易产生开裂或剥落。实际上，正是临界饱和度与实际饱和度间的差值决定着混凝土的抗冻性。一种混凝土在得到充分养护后可能会降低到临界饱和度以下，但当暴露于潮湿环境时，可能又再次达到或超过临界饱和度，这取决于其渗透性。因此，混凝土的渗透性对其抗冻性能起着重要的作用，它不仅控制结冰时由内部水分迁移引起的水压力，而且控制结冰前的临界饱和度。

4) 外加剂

平均气泡间距是影响混凝土抗冻性的最主要因素，而影响平均气泡间距的一个主要因素是含气量。混凝土中封闭空气泡除搅拌、振捣时混入外，主要是引气剂等外加剂引入的。引气剂引入的空气泡越多，平均气泡间距就越小，毛细孔中的静水压和渗透压就越小，混凝土的抗冻性能就越好。大量试验表明，掺引气剂的混凝土比相同条件下不掺引气剂的混凝土抗冻性成倍提高。

研究表明，保护混凝土免受冻害的必要条件并不是材料的总含气量，而是硬化水泥浆体中孔间距 0.1～0.2mm 以内的含气量。在水泥浆体中加入少量引气剂，就可以引入孔径在 0.05～1mm 的气泡。因此，含气量一定时，保护混凝土免受冻害很大程度上取决于气泡的大小、数量和间距。减水剂对混凝土抗冻性也有一定影响，特别是带有引气作用的减水剂(如木钙等)。但由于这些减水剂引入的气泡直径一般比较大，且容易破灭，故对混凝土抗冻性的改善效果并不明显。

5) 冻结温度和降温速度

由式(7.1)可知，静水压力与结冰速度及降温速度成正比。孔隙水的冻结是由大孔开始逐步向小孔扩展的，显然，大孔冻结时的结冰速度大，而小孔冻结时的结冰速度小，因此，结冰速度随温度降低而降低。研究人员通过测定混凝土试件在冻融过程中的相对电导率研究不同温度下的结冰速度，得到结论：普通混凝土孔溶液结冰速度在−10℃以上较高，在−10℃以下较低。这说明混凝土的冻害主要发生在−10℃以上，−10℃以下发生的冻害是十分有限的。降温速度增大使混凝土抗冻性降低。

7.2　氯离子对混凝土结构的侵蚀

川藏地区星罗棋布的盐矿、湖泊使得该地区氯离子含量较高。氯离子侵入混凝土之后，会破坏混凝土中的碱性环境，引起混凝土中钢筋表面钝化膜的破坏，发生钢筋锈蚀，从而导致结构破坏。在影响钢筋混凝土桥梁耐久性因数中，氯离子引起的钢筋锈蚀被排在首位。氯离子进入混凝土中通常有两种途径：一种是“混入”，如使用掺有含氯离子的外加剂、使用海砂、施工用水含氯离子、在含盐环境中拌制浇筑混凝土等；另一种是“渗入”，环境中的氯离子通过混凝土的宏观、微观缺陷渗入混凝土中，并到达钢筋表面。“混入”现象大多是施工管理的问题，而“渗入”现象更多的是技术层面的问题，与混凝土材料的孔结构、密实性、工程质量等多种因素有关。

7.2.1　氯离子对钢筋锈蚀的机理

新浇筑的混凝土是呈碱性的，其 pH 一般大于 12.5，在碱性环境中的钢筋容易发生钝化作用，使钢筋表面产生一层钝化膜，能够阻止混凝土中钢筋的锈蚀。

但当有二氧化碳、水汽和氯离子等有害物质从混凝土表面通过孔隙进入混凝土内部时，它们和混凝土材料中的碱性物质中和，导致了混凝土的 pH 降低。当出现 pH<9 的情况时，钢筋就会发生锈蚀。

根据机理的不同，金属腐蚀可以分为化学腐蚀和电化学腐蚀两大类。单纯由化学作用引起的腐蚀称为化学腐蚀，此种腐蚀一般发生在高温或者非电解质环境中。由电化学反应引起的腐蚀称为电化学腐蚀。在通常情况下，电化学腐蚀比化学腐蚀快得多，并且更加普遍，因此危害性也大得多。如图 7.2 所示，混凝土中钢筋的腐蚀主要是铁与电解质溶液之间的相互作用，属于电化学腐蚀。OH^-通过混凝土孔隙中的液相被送往阳极，这样就形成了腐蚀电流的闭合回路。在氧气和水汽的共同作用下，有上述电化学反应的钢筋表面的铁不断失去电子而溶于水，从而逐渐被腐蚀，在钢筋表面生成红铁锈，引起混凝土开裂，钢筋锈蚀的机理如图 7.3 所示，图中显示了大气环境中钢筋在混凝土中锈蚀的宏观过程。

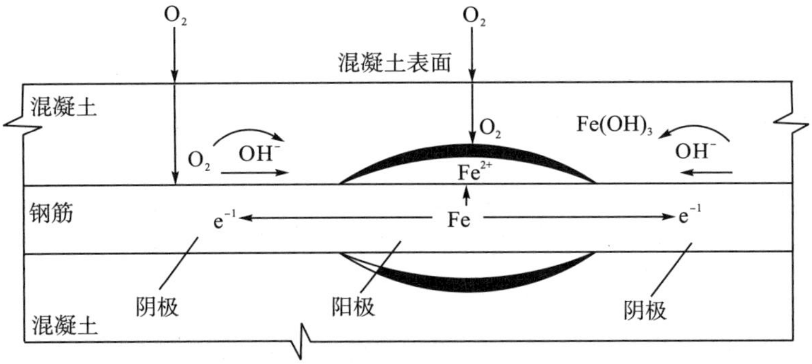

图 7.2 钢筋在混凝土中的锈蚀过程

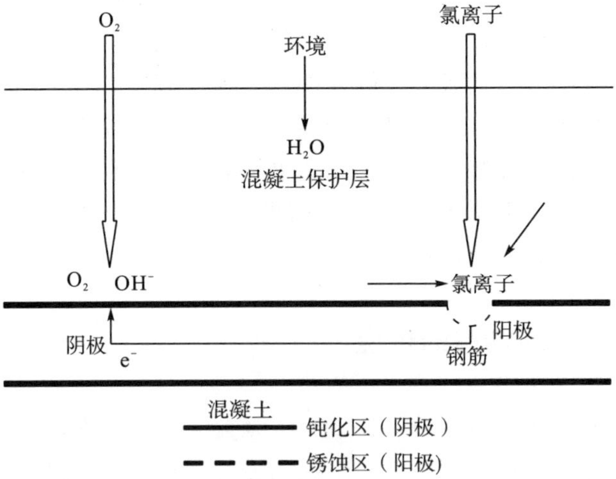

图 7.3 氯离子引起的钢筋点蚀示意图

钢筋混凝土结构在使用寿命期可能遇到的最危险的侵蚀介质就是氯离子。它对混凝土结构的危害是多方面的，氯离子进入混凝土后对钢筋锈蚀的主要作用如下。

1) 破坏钝化膜

水泥水化的高碱性使混凝土内钢筋表面产生一层致密的钝化膜。以往的研究认为，该钝化膜是由铁的氧化物构成，但最近研究表明，该钝化膜中含有 Si—O 键，它对钢筋有很强的保护能力。然而，该钝化膜只有在高碱性环境中才是稳定的，当 $pH<11.5$ 时，就开始不稳定，当 $pH<9.88$ 时该钝化膜生成困难或已经生成的钝化膜被逐渐破坏。氯离子是极强的去钝化剂，氯离子进入混凝土到达钢筋表明吸附于局部钝化膜处时，可使钢筋表面 pH 降低到 4 以下，从而破坏钢筋表面的钝化膜。

2) 形成腐蚀电池

如果在大面积的钢筋表面上具有高浓度氯化物，则氯化物所引起的腐蚀可以是均匀腐蚀，但在不均质的混凝土中，常见的是局部腐蚀。氯离子对钢筋表面钝化膜的破坏发生在局部，使这些部位露出了铁基体，与尚完好的钝化膜区域形成电位差；铁基体作为阳极而受腐蚀，大面积钝化膜区域作为阴极，腐蚀电池作用的结果是，在钢筋表面产生蚀坑，由于大阴极对应于小阳极，蚀坑发展十分迅速。

3) 去极化作用

氯离子不仅促成了钢筋表面的腐蚀电场，而且加速了电池的作用。氯离子与阳极反应产物 Fe^{2+}结合生成 $FeCl_2$，将阳极产物及时地搬运走，使阳极过程顺利进行甚至加速进行。

在氯离子存在的混凝土中，钢筋的锈蚀产物中是很难找到 $FeCl_2$ 的，这是由于可溶解的 $FeCl_2$ 在向混凝土内部扩散时遇到 OH^-就生成 $Fe(OH)_2$ 沉淀，再进一步被氧化成铁锈。由此可见氯离子在此过程中起到了搬运的作用，却并不被消耗，也就是说，凡是进入混凝土中的氯离子，会周而复始地起破坏作用。

4) 导电作用

腐蚀电池的要素之一是要有离子通路。混凝土中氯离子的存在强化了离子通路，降低了阴阳极之间的电阻，提高了腐蚀电池的效率，从而加速了电化学腐蚀过程。氯化物的存在还提高了混凝土的吸湿性，这也能减小阴阳极之间的电阻。

在研究成果的基础上，各国在新规范的编制中，对氯离子的含量作了严格的规定。目前许多国家不再允许采用氯化钙作为混凝土早强剂。表 7.1 为各个国家和地区对新拌混凝土的氯离子含量与水泥用量比值的规定。

表 7.1 混凝土的氯离子含量规定

国家或地区	氯离子含量		参考规范
欧洲	钢筋混凝土	0.4%	
	无筋混凝土	1.0%	
	预应力混凝土	0.2%	
美国	预应力混凝土	0.06%	ACI 318-14
	干燥环境下使用或具有防潮保护	1.0%	
	非直接暴露于氯离子环境	0.3%	
	直接暴露于氯离子环境	0.15%	
中国	一类环境	0.30%	GB 50010—2015
	二 a 类环境	0.20%	
	二 b 类环境	0.15%	
	三 a 类环境	0.15%	
	三 b 类环境	0.10%	
	预应力混凝土	0.06%	

如果在大面积的钢筋表面上有高浓度的氯离子，则氯离子引起的腐蚀是均匀腐蚀，但是在混凝土中常见局部腐蚀，首先在很小的钢筋表面上形成局部破坏，成为小阳极，此时钢筋表面的大部分仍具有钝化膜，成为大阴极。这种特定的由大阴极和小阳极组成的腐蚀电偶，由于大阴极供养充足，小阳极上铁迅速溶解产生深蚀坑，小阳极区局部酸化；同时，大阴极区的阴极反应，生成 OH^-使 pH 增高；氯离子提高混凝土吸湿性，使阴极和阳极之间的混凝土孔隙溶液电阻降低。这三方的自发性变化，使得上述局部腐蚀电偶以局部深入的形式持续进行，这种局部腐蚀又被称为点蚀和蚀坑，如图 7.3 所示。

7.2.2 氯离子的侵入模型

尽管氯离子在混凝土中的传输机理很复杂，但大量理论和实验研究仍表明，扩散作用仍然被认为是氯离子侵入混凝土内部的主要方式。对于现有的没有开裂且水灰比不太低的结构，研究表明氯离子的扩散过程一般是线性的，可以采用 Fick 第二定律来描述，同时可以方便地将氯离子的扩散浓度、扩散系数与扩散时间联系起来，直观地体现结构的耐久性。假定混凝土中的孔隙分布是均匀的，氯离子在混凝土中扩散是一维扩散行为，浓度梯度仅沿着暴露表面到钢筋表面方向变化，Fick 第二定律可以表示为

$$\frac{\partial C}{\partial t}=\frac{\partial}{\partial x}\left(D\frac{\partial C}{\partial x}\right) \tag{7.6}$$

式中，C 为氯离子浓度，一般以氯离子占水泥或混凝土的质量分数表示；t 为时间(年)；x为位置；D 为扩散系数。在 Fick 第二定律的基础上，研究人员根据钢筋混凝土所处的不同环境，给出了不同的边界条件来求解方程。

1) 模型 I

假定混凝土表面的氯离子浓度为定值，且氯离子一旦到达混凝土表面就开始渗入混凝土内部。则边界条件可以表示为

$$C\big|_{t=0}=0 \quad C\big|_{x=0}=C_{\mathrm{f}}\left(1-\mathrm{e}^{-kt}\right) \quad \frac{\partial C}{\partial x}\bigg|_{x=L}=0 \tag{7.7}$$

式中，C_{f} 为混凝土表面的氯离子浓度；k 为流入流出系数。

2) 模型 II

混凝土结构经过长期使用后，其表面基本达到氯离子饱和，在稳定的使用环境中不会发生太大的变化，因此可以假定混凝土表面氯离子浓度恒定。另外，假定混凝土结构相对暴露表面为半无限介质，在任意时刻，相对暴露表面的无限远处氯离子浓度即为初始浓度，那么相应的边界条件可以表示为

$$C(x,0)=0 \quad C(0,t)=C_{\mathrm{s}} \quad C(\infty,t)=C_0 \tag{7.8}$$

式中，C_{s} 为混凝土表面的氯离子浓度；C_0 为氯离子初始浓度。

根据边界条件，可以求得式(7.8)的解：

$$C_{x,t}=C_0+\left(C_{\mathrm{s}}+C_0\right)\left[1-\mathrm{erf}\left(\frac{x}{\sqrt{4D_{\mathrm{cl}}t}}\right)\right] \tag{7.9}$$

$$\mathrm{erf}(z)=\frac{2}{\sqrt{\pi}}\int_0^z \mathrm{e}^{-z^2}\mathrm{d}z \tag{7.10}$$

式中，$C_{x,t}$ 为混凝土氯离子扩散函数，表示混凝土内 t 时刻 x 位置处的氯离子浓度；D_{cl} 表示氯离子扩散系数；erf(z)为误差函数，z 为变量，此处无具体含意。

3) 模型 III

还有学者[21-23]基于Fick第二定律，推导出了综合考虑多种影响的新扩散方程。

$$\frac{\partial C}{\partial t}=\frac{HD_{\mathrm{cl},0}t_0}{1+R}t^{-m}\frac{\partial^2 C}{\partial x^2} \tag{7.11}$$

式中，H 为混凝土氯离子扩散系数的劣化系数；R 为混凝土的氯离子结合能力；m 为氯离子扩散时间依赖性常数。求解式(7.11)，得到考虑多种因素影响的混凝土氯离子扩散理论模型：

$$C_{x,t}=C_0+\left(C_s-C_0\right)\left[1-\operatorname{erf}\left(\frac{x}{2t^{1-n}\sqrt{\frac{HDt_0^n}{(1+R)(1-n)}}}\right)\right] \tag{7.12}$$

7.2.3 影响混凝土中氯离子迁移过程的主要因素

1) 水泥品种

磨细矿渣水泥和粉煤灰水泥为胶结料的混凝土，完全水化时，与硅酸盐水泥为胶结料的混凝土相比，具有比较致密的孔隙结构，因此抵抗扩散性高，以矿渣水泥和粉煤灰水泥拌制的混凝土，由于毛细管孔隙比例小，氯盐侵入的数量减少，Cl^- 扩散系数降低。

2) 集料的影响

集料应有良好的集配，集料集配良好的混凝土，达到相同拌和物流动性时，水泥浆含量低，Cl^- 扩散系数相对低。扩散渗透还与集料粒径有关，粒径大者，扩散渗透量大。同时粗集料与多孔质材料接触的过渡层，对 Cl^- 的扩散速度有很大的影响。

3) 裂缝对 Cl^- 扩散渗透的影响

混凝土的裂缝宽度增大，Cl^- 沿着裂缝扩散渗透进入混凝土的速度就加快，数量就增加。

4) 混凝土表面状态对 Cl^- 扩散渗透的影响

Lukas 认为混凝土表面削平或磨平，或者表面粗糙的状况下，Cl^- 侵入混凝土内部的行为不同。表面削平或磨平的混凝土，与粗糙表面的混凝土相比，Cl^- 扩散渗透的深度大，渗透量也大。

5) 温、湿度的影响

温度对 Cl^- 侵入混凝土的影响很大。混凝土试件保存温度从 15℃上升至 20℃时，扩散系数上升 2 倍。Cl^- 在混凝土中扩散时，环境的相对湿度至少是 60%～80%，在这种相对湿度平衡状态下的水分，Cl^- 才能扩散迁移。在保水状态下，Cl^- 扩散达到最大值。

7.3 硫酸盐对混凝土结构的侵蚀

硫酸盐侵蚀破坏是混凝土耐久性劣化的主要原因之一。硫酸盐对混凝土侵蚀，造成混凝土结构的劣化破坏，与盐害、中性化等劣化因子对混凝土结构的劣化破坏不同。硫酸盐作为混凝土结构的劣化外力，通过与水泥中的水化物作用，生成膨胀性的水化产物，使硬化的混凝土开裂、崩裂；外部侵蚀性介质以及空气、水分等，扩散渗透进入混凝土内部，使钢筋锈蚀，进一步使结构劣化，失去承载能力。硫酸盐对混凝土的侵蚀劣化，不直接使混凝土结构中的钢筋产生锈蚀。

混凝土硫酸盐侵蚀是指水泥水化产物与来自外界硫酸盐环境和混凝土内部硫酸盐之间的一系列复杂、相互交叉的物理化学过程，在硫酸盐侵蚀过程中既有化学反应也伴随着物理变化，十分复杂。另外，由于自然环境的复杂性和混凝土集料的多样性，外界硫酸盐来源不确定；同时水泥水化产物也非常复杂，造成混凝土硫酸盐侵蚀也是一个非常复杂的过程。因此，尽管混凝土硫酸盐侵蚀的相关报道已有 100 余年历史，并且每年都有大量试验研究和文献报道，但由于混凝土硫酸盐侵蚀的复杂性，并没有一个清晰而深入的认识，所做的研究并没有真正起到提高混凝土抗硫酸盐侵蚀性能的效果，因此在实际工程中，不仅存在大量已被硫酸盐侵蚀破坏的老建筑物，另外还有很多新建混凝土建筑物也正在受到硫酸盐的不断侵蚀破坏。

研究人员在进行大量试验和理论研究的同时，也在反思多年来的混凝土硫酸盐侵蚀研究是否真正对提高混凝土耐久性做出了应有的贡献，Santhanam 就曾质疑，混凝土硫酸盐侵蚀研究现状是不是倒退了？著名的混凝土学者 Nevile 也认为，当今混凝土硫酸盐侵蚀研究依然是一个“混乱的世界”，不断有研究者表达这样的观点。我国的刘赞群也在其博士学位论文中指出，混凝土硫酸盐研究中室内试验条件和混凝土真实工作条件存在很大的差别，这是在现有混凝土硫酸盐侵蚀研究中存在的一个很大的误区。

7.3.1　混凝土硫酸盐侵蚀的机理

混凝土硫酸盐侵蚀破坏的实质是环境水中的 SO_4^{2-} 进入混凝土内部，与混凝土中的某些固相组分发生化学反应而产生体积膨胀，形成膨胀内应力，当膨胀内应力超过混凝土的抗拉强度时就会导致混凝土的破坏。硫酸盐侵蚀属于结晶性侵蚀，根据结晶产物和破坏形式的不同，一般把硫酸盐侵蚀分为以下几种类型。

1) 石膏腐蚀

溶液中的硫酸钠、硫酸钾、硫酸镁与水泥水化产物 $Ca(OH)_2$ 反应生成石膏，以硫酸钾为例，发生如下的化学反应：

$$Ca(OH)_2 + K_2SO_4 \cdot 10H_2O \longrightarrow CaSO_4 \cdot 2H_2O + 2KOH + 8H_2O \tag{7.13}$$

在流动的水中，反应可以不断进行，直到 $Ca(OH)_2$ 被完全消耗；在不流动的水中，随着KOH的聚集，可达到化学平衡，一部分SO_4^{2-}以石膏析出。$Ca(OH)_2$转化为石膏，体积是原来的二倍多，从而对混凝土产生膨胀破坏作用。

2) 钙矾石腐蚀

人们通常认为生成钙矾石是混凝土硫酸盐侵蚀的主要破坏机理。生成钙矾石是一个综合的物理化学过程：首先，外界环境中的硫酸根离子通过渗透扩散进入混凝土。然后再和混凝土中的水泥水化产物反应生成二次钙矾石（$3CaO\cdot Al_2O_3\cdot 3CaSO_4\cdot 32H_2O$）(相对于水泥水化过程中生成的钙矾石)。通常认为二次钙矾石是硫酸根离子与氢氧化钙和铝酸三钙及其水化产物之间的化学反应产物。下面的反应方程式详细说明了生成钙矾石的过程。

$$\begin{aligned}&\left(4CaO\cdot Al_2O_3\cdot 19H_2O\right)+3CaSO_4+14H_2O\longrightarrow\\&\left(3CaO\cdot Al_2O_3\cdot 3CaSO_4\cdot 32H_2O\right)+Ca(OH)_2\end{aligned}\tag{7.14}$$

$$\begin{aligned}&\left(3CaO\cdot Al_2O_3\cdot CaSO_4\cdot 18H_2O\right)+2CaSO_4+14H_2O\longrightarrow\\&3CaO\cdot Al_2O_3\cdot 3CaSO_4\cdot 32H_2O\end{aligned}\tag{7.15}$$

3) 钙硅石腐蚀

硫酸盐侵蚀过程中还产生另一种膨胀性产物——钙硅石，其化学式是$CaCO_3\cdot CaSO_4\cdot CaSiO_2\cdot 15H_2O$，是$Ca(OH)_2$和$CaCO_3$与无定形的$SiO_2$及石膏低温下形成的。钙硅石使混凝土表面产生胀裂、鼓泡和凸起等现象，混凝土变得松软，强度降低。

4) 硫酸镁对水化硅酸钙的腐蚀

由上述分析可知，硫酸钙对混凝土产生钙矾石和钙硅石腐蚀，硫酸钠、硫酸钾和硫酸镁对混凝土同时产生钙矾石、钙硅石和石膏腐蚀，而硫酸镁还与水化硅酸钙发生如下的化学反应：

$$\begin{aligned}&\left(3CaO\cdot 2Al_2O_3\cdot 3H_2O\right)+3MgSO_4+10H_2O\rightarrow\\&3\left(CaSO_4\cdot 2H_2O\right)+3Mg(OH)_2+\left(2SiO_2\cdot 4H_2O\right)\end{aligned}\tag{7.16}$$

由此可见，硫酸镁还能分解水泥水化产物(水化硅酸钙)，并生成二水石膏，破坏其胶凝性，比其他硫酸盐具有更强的破坏作用。

7.3.2 混凝土硫酸盐侵蚀的模型

目前硫酸盐侵蚀混凝土的研究以实验手段为主，但缺少成熟可靠的理论模型，为预测硫酸盐环境下混凝土的使用寿命和选择合适的抗硫酸盐材料，仅仅通过实验是不够的，因为实验未必能准确地反映现实的自然环境，主要的困难在于实验难以模拟现实条件下的规模，而且实验需在短时间内达到一定的效果。评价硫酸盐对混凝土侵蚀有各种不同的数学模型，一旦它被实验证实，那么这将是非常有价值的工具，但这些模型没对其物理现象进行解释，而且其中一些边界条件的应用过分单一化，这是不合理的。当然成熟的数学模型的模拟结果同实验一样可以达到预期的效果，对于模型建立的关键问题是边界条件的选择，边界条件直接影响模型最终的输出结果准确性。

SO_4^{2-} 侵入混凝土是一个复杂的物理化学过程，共有渗透作用、毛细作用、自由扩散作用三种不同的侵入方式，实际结构受 SO_4^{2-} 的侵蚀作用，往往是这几种侵入方式的组合作用，在特定的环境条件下，将有一种侵入方式起主导作用，自由扩散通常是 SO_4^{2-} 传播的主要方式，本研究在建立模型时只考虑自由扩散作用。离子扩散、热扩散等都遵循 Fick 定律，假设扩散沿 x 方向进行，单位时间内通过垂直于 x 方向的单位面积扩散的量(扩散流)取决于物质浓度 U 的梯度，即

$$H = -D\frac{DU}{Dx} \tag{7.17}$$

$$\frac{\mathrm{d}U}{\mathrm{d}T} = \frac{\partial}{\partial x}\left(D\frac{\partial U}{\partial x}\right) \tag{7.18}$$

式中，物质浓度 U 可以取为单位体积内的物质的量；D 为扩散系数。Fick 定律可得下述结论：$D>0$ 时，扩散沿着浓度减少的方向进行，扩散的结果将物质的浓度分布趋于均匀；$\mathrm{d}U/\mathrm{d}T=0$ 时，$J=0$，表明均匀物质系统内浓度均匀分布时，没有净扩散流。Fick 第二定律基本上是基于一种经验的假定，它能很方便地将离子的扩散浓度与扩散系数和扩散时间联系起来，由于 Fick 第二定律的简洁性及与实测结果之间较好的吻合性，现在已成为预测离子在混凝土中扩散的经典方法。

依据电解质溶液理论，离子的扩散系数是随时间、温度、浓度等变化的一个非线性变化的系数。已有的扩散反应模型，一般都将混凝土内离子扩散系数视为常数，进行混凝土扩散反应分析，这样将大大降低混凝土损伤程度评估的准确性。假定混凝土孔隙溶液为饱和电解质溶液，其中含有 Ca^{2+}、Na^{+}、K^{+}、OH^{-}、SO_4^{2-} 等，离子在混凝土内的传输与扩散受内部孔隙参数的影响。

1) 一维扩散数学模型

离子扩散、热扩散等都遵循 Fick 定律，Fick 定律可用来成功地解释常见的各种扩散现象，是人们研究一般扩散现象的经典公式，它也是固体物理学中关于扩散宏观理论的基础。设扩散沿 x 方向进行，单位时间内通过垂直于 x 方向的单位面积扩散的 t(扩散流)取决于物质浓度 U 的梯度。根据 Fick 第二定律及化学反应动力学理论，可以建立硫酸根离子在混凝土一维构件中的扩散反应方程及初边界条件为

$$\frac{\partial U}{\partial t} = \frac{\partial}{\partial x}\left(D(x,t)\frac{\partial U}{\partial x}\right) + kU \tag{7.19}$$

其边界条件可以表示为

$$U(x,0)=0\,,\quad x\in(0,L)\,,\quad U(0,\mathrm{t})=U_0\,,\quad 0<t\leqslant T \tag{7.20}$$

式中，x为距离混凝土表面的距离；t为扩散时间；D为沿x方向的扩散系数；U为硫酸根离子浓度；k为硫酸根离子与混凝土组分发生化学反应的反应速率常数。当硫酸根侵蚀离子开始渗入混凝土中后，钙离子逐渐反应被消耗。而在钙离子被消耗的同时，混凝土中的钙离子溶解进入孔溶液，使得孔溶液中钙离子溶度维持不变。故认为k、C为常数；U_0为环境中硫酸盐溶液的侵蚀浓度。

根据式(7.19)就得到SO_4^{2-}，CA浓度的变化方程

$$\frac{\partial U}{\partial T}=D\frac{\partial^2 U}{\partial X^2}-kUC \tag{7.21}$$

$$\frac{\partial C}{\partial T}=\frac{-kUC}{\lambda} \tag{7.22}$$

式(7.22)中并没有与D相关的扩散项，这是因为CA代表与SO_4^{2-}反应的铝酸钙盐，它们是混凝土中的固有成分，只会随着反应减少而不会发生空间上的移动，所以关于C的变化方程中没有扩散项。扩散反应方程的边界初始条件是

$$U(\Omega,T)=U_0,\quad C(\Omega,T)=0 \tag{7.23}$$

$$U(\Pi,0)=0,\quad C(\Pi,0)=C_0 \tag{7.24}$$

为简化计算，进行无量纲化，假设混凝土试件的长度是 L，令$t=DT/L^2$，$x=X/L,\ 0\leqslant x\leqslant 1$，则可将式(7.21)和式(7.22)转化为

$$\frac{\partial U}{\partial t}=\frac{\partial^2 U}{\partial x^2}-kUCL^2/D \tag{7.25}$$

$$\frac{\partial C}{\partial T}=-\frac{kUC}{\lambda}\frac{L^2}{D} \tag{7.26}$$

2)扩散系数计算

硫酸根离子在混凝土中的扩散系数D的值可按硫酸根离子溶液中的扩散系数D'和混凝土的孔隙系数计算。

$$D=\phi D' \tag{7.27}$$

$$D'=\frac{RT}{z^2F^2}\left[1-\frac{z^2e^2}{16\pi\varepsilon_0\varepsilon_\mathrm{r}kT}\frac{\kappa}{(1+\kappa a)^2}\right]\Lambda_m \tag{7.28}$$

其中：

$$\kappa=zF\sqrt{\frac{2U}{\varepsilon_0\varepsilon_\mathrm{r}RT}} \tag{7.29}$$

$$\Lambda_\mathrm{m}=\Lambda_\mathrm{m}^0-\frac{z^2eF^2}{3\pi}\sqrt{\frac{1}{\varepsilon_0\varepsilon_\mathrm{r}RT}\left[\left(\frac{\sqrt{2}}{\eta_0}+\frac{\sqrt{2}-1}{4\varepsilon_0\varepsilon_\mathrm{r}RT}\Lambda_\mathrm{m}^0\right)+\frac{(2-\sqrt{2})z^3eF^2U}{12\pi\eta_0}\left(\varepsilon_0\varepsilon_\mathrm{r}RT\right)^{-\frac{2}{3}}\right]} \tag{7.30}$$

式中，R为普适气体常量，8.31451J/kmol；T为环境温度，298K；z 为硫酸根离子的化合价，为 2；F 为 Faraday 常数，9.64853×10^4C/mol；e为单位电荷，

1.60218×10^{-19}C；ε_0 为真空介电常数，$8.85419\times10^{-12}C^2/Jm$；$\varepsilon_r$ 为相对介电常数，78.54；κ 为 Boltzmann 常数，1.38066×10^{-23}J/K；a 为硫酸根离子半径，2.58×10^{-10}m；Λ_m^0 为无限稀释硫酸根离子摩尔电导率，$8.000\times10^{-3}Sm^2/mol$；$\eta_0$ 为水的黏滞系数，8.91×10^{-4}。

当硫酸根离子的浓度较小时，将这些数值代入式(7.28)，可得

$$D' = \left(5.323 - 1.608\sqrt{U} + 0.092U + 0.048U^{\frac{2}{3}}\right)\times10^{-10} \tag{7.31}$$

3) 偏微分方程求解

可利用 MATLAB 的 Pdepe 函数求解偏微分方程和本节涉及的偏微分方程组。为验证该计算方法的准确性，先计算以下算例。偏微分方程式为

$$\pi^2\frac{\partial u}{\partial t} = \frac{\partial^2 u}{\partial x^2} \tag{7.32}$$

式中，$0\leqslant x\leqslant1$，且满足以下条件限制式。

初始条件：

$$u(x,0) = \sin\pi x \tag{7.33}$$

边界条件：

$$u(0,t) = 0,\quad \pi e^{-t} + \frac{\partial u(1,t)}{\partial x} = 0 \tag{7.34}$$

该问题的解析解为

$$u(x,t) = e^{-t}\sin\pi x \tag{7.35}$$

利用 MATLAB 求解偏微分方程，可以得到该方程的数值解如图 7.4 所示。

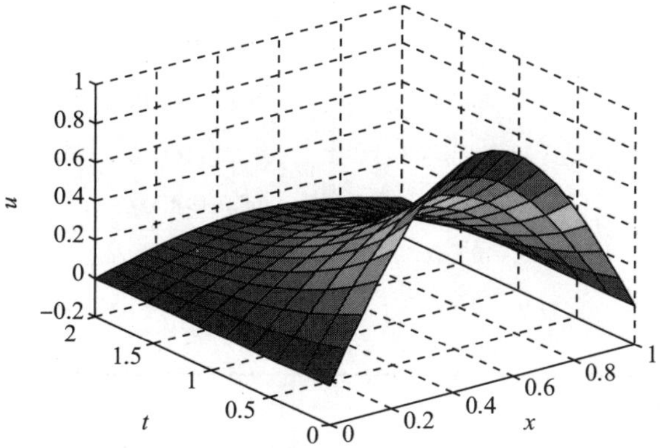

图 7.4 偏微分方程数值解

该偏微分方程的数值解和理论解的对比如图 7.5 所示。

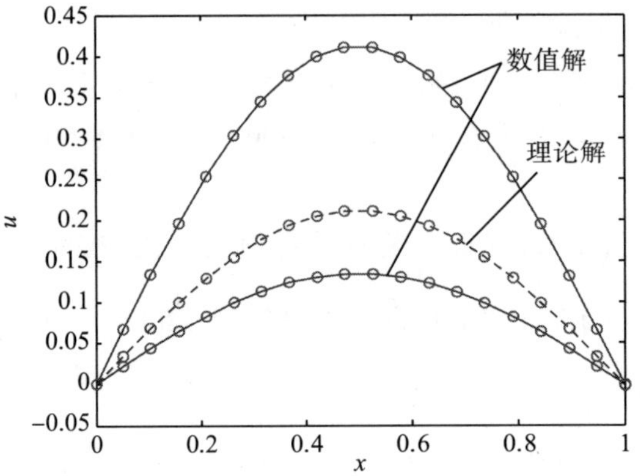

图 7.5 偏微分方程的数值解和理论解的对比

图 7.5 中实线表示数值解，虚线表示理论解，从图中可以看出采用 MATLAB 求解偏微分方程可以获得很高的精度，可以满足求解硫酸盐在混凝土中扩散方程求解的需要。

4) 计算结果和讨论

计算参数见表 7.2。

表 7.2 模型计算参数

参数名称	数值	参数名称	数值
模型宽度	25mm	初始 C_3A 含量	149.6mol/m^3
初始石膏含量	66.1mol/m^3	未水化的 C_3A 含量	44.9mol/m^3
C_4AH_{13} 含量	38.6mol/m^3	C_4ASH_{12} 含量	66.1mol/m^3
Na_2SO_4 溶液	377mol/m^3	SO_4^{2-} 侵蚀浓度	30.2mol/m^3
反应速率 k	3.04×10^{-8}mol/(m^3·s)	扩散系数 D	1.92×10^{-12}m^2/s
混凝土原始孔隙率	8%	孔隙体积分数	35%
集料密度	2.5×10^3kg/m^3	水泥密度	1.2×10^3kg/m^3
水密度	1.0×10^3kg/m^3	空气密度	0
水灰比	0.50		

根据以上建立的模型，可以分析混凝土在硫酸盐侵蚀下，材料内各种离子的分布以及耐久性情况。图 7.6 为SO_4^{2-} 和 CA 在混凝土中不同时间的分布情况。

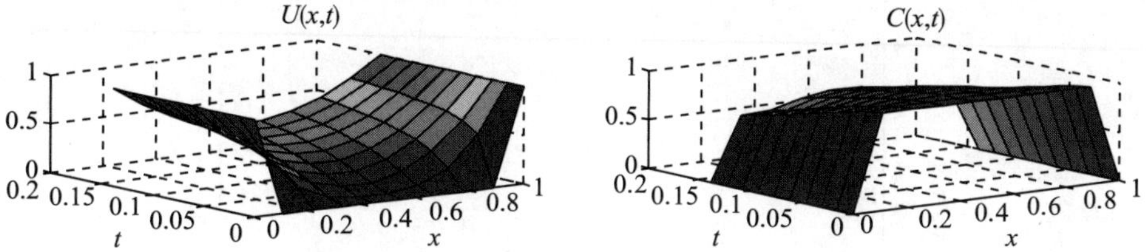

(a)SO_4^{2-}分布情况　　(b)CA分布情况

图 7.6　SO_4^{2-} 和 CA 在混凝土中不同时间的分布情况

图 7.7 为混凝土内 SO_4^{2-} 不同时间的分布情况。

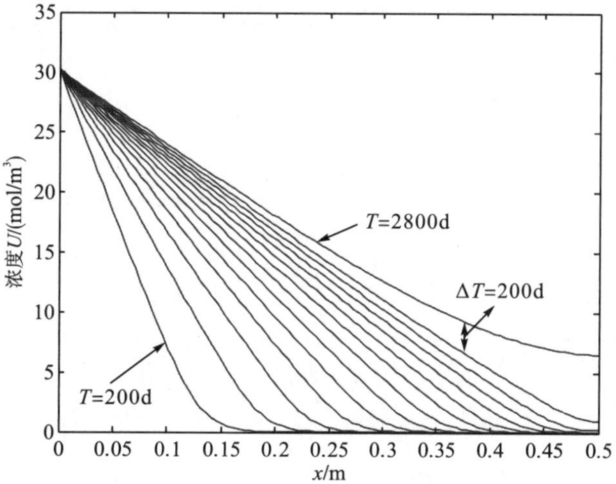

图 7.7　SO_4^{2-} 在混凝土中不同时间的分布情况

从图 7.7 可以看出，第一条曲线对应的时间是 T=200d，随着反应的进行，模型中各处累积的 SO_4^{2-} 浓度在不断增加，故浓度曲线的位置相应地不断提高。

图 7.8 为是截面 x=20mm 处 SO_4^{2-} 浓度随着时间的变化规律，该处是模型的对称位置，离 SO_4^{2-} 扩散源最远，受硫酸盐侵蚀最慢，在反应的前 2000d 里该处的 SO_4^{2-} 浓度都很低，到反应结束时，该处的 SO_4^{2-} 浓度急剧上升，说明累积的速度在增加，所以曲线的走势越来越陡。

从图 7.9 可以看出，随着反应的进行，反应的 CA 不断增加，剩余的 CA 也就越来越少。初始阶段混凝土内 CA 的含量为均匀的，随着反应的逐渐进行，离混凝土外表面较近的 CA 逐渐与 SO_4^{2-} 发生反应，浓度渐渐降低，而混凝土内部的 CA 发生反应的时间较迟，因此到反应结束时浓度才逐渐降低。

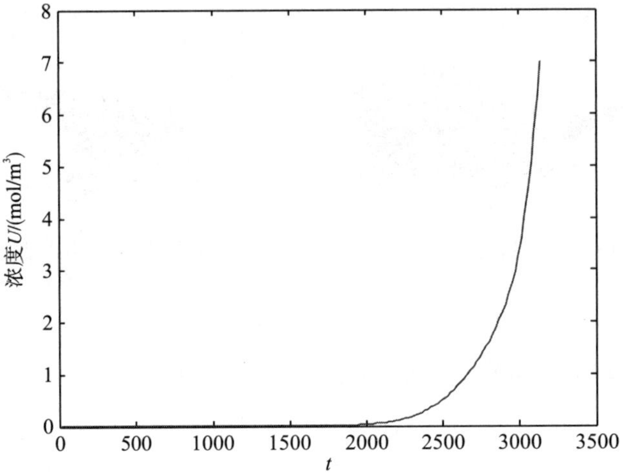

图 7.8 SO_4^{2-} 在混凝土中不同时间的变化情况

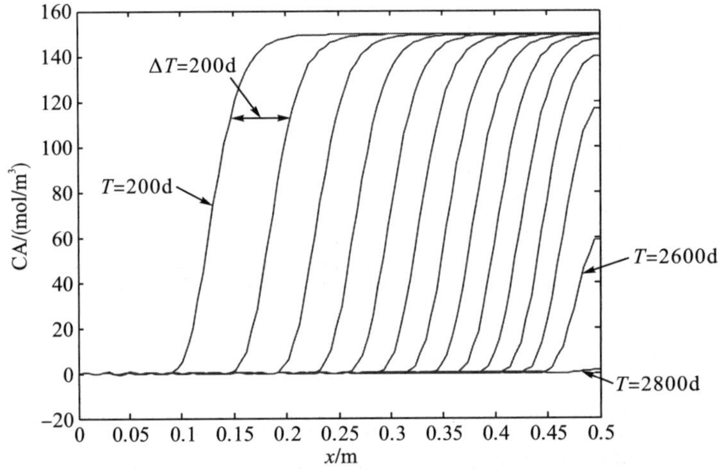

图 7.9 CA 在混凝土中不同时间的分布情况

5) 混凝土在硫酸盐侵蚀下的体积变化

当混凝土遭受到 SO_4^{2-} 溶液的侵蚀时，溶液中 SO_4^{2-} 的浓度并不是混凝土的侵蚀浓度，因为混凝土是多孔材料，SO_4^{2-} 只有透过孔隙才能渗入混凝土，故实际的侵蚀浓度是透过孔隙的这一部分 SO_4^{2-} 的浓度，设硫酸盐原始浓度为 $[SO_4^{2-}]$，则 SO_4^{2-} 的侵蚀浓度 U 是

$$U = \left[SO_4^{2-}\right] \tag{7.36}$$

钙矾石由 C_3A、C_4ASH_{12}、C_4AH_{13} 三种物质与石膏 (CSH_2) 反应生成，C_3A 对钙矾石的生成起主要作用，实际上水泥中的 C_3A 不会全部水化，水化后的 C_3A 会

生成C_4AH_{13}，C_3A还会与石膏生成C_4AH_{12}。

设水泥中初始C_3A的含量为x_1，水泥中掺入石膏的含量为x_2，水泥的水化程度为a，则未水化的C_3A的量为$(1-a)x_1$、水化后生成C_4AH_{13}、C_4AH_{12}的浓度分别是U_1，U_2：

$$\begin{aligned} U_1 &= \min(\alpha x_1, x_2) \\ U_2 &= \max(\alpha x_1 - U_2, 0) \end{aligned} \tag{7.37}$$

钙钒石的生成总量是三者之和：

$$U_3 = (1-\alpha)x_1 + U_1 + U_2 \tag{7.38}$$

由于钙矾石是由三种铝酸钙盐(CA)生成的，可以用方程统一表示钙矾石的生成过程：

$$CA + \lambda\bar{S} + nH =\!=\!= C_6A\bar{S}_3H_{32} \tag{7.39}$$

式中，CA为产生钙矾石的铝酸钙盐铝酸三钙（C_3A）、水化铝酸钙（C_4AH_{13}）、单硫型硫铝酸钙（C_4ASH_{12}）中的任一种；λ为石膏（$\bar{S}$）的反应系数，设CA生成钙矾石导致的参加反应的物质的体积膨胀率为ΔV_{CA}，ΔV_{CA}应为反应物到生成物的体积变化率，设V_A为钙矾石的体积，则化学反应导致的体积变化率是

$$\Delta V = \frac{V_A}{V_{CA} + V_S} - 1 \tag{7.40}$$

设d和m_V分别是物质的密度和摩尔体积，表7.3是部分物质的d和m_V的值，则ΔV的计算式是

$$\Delta V = \frac{\dfrac{1}{m_{vA}}}{\dfrac{1}{m_{vCA}} + \dfrac{\lambda}{m_{vAS}}} - 1 \tag{7.41}$$

式中，m_{vA}为钙矾石摩尔体积；m_{vCA}为铝酸钙盐摩尔体积；m_{vAs}为硫铝酸摩尔体积。

表 7.3　部分物质成分的密度和摩尔体积

成分	化学式	密度 $d/(g/cm^2)$	摩尔体积 $m_v/(10^{-1}cm^3/mol)$
铝酸三钙	C_3A	3.03	11.31
单硫型硫铝酸钙	C_4ASH_{12}	1.95	3.15
水	H_2O	1.00	55.5
水化铝酸钙	C_4AH_{13}	2.02	3.62
石膏	CSH_2	2.32	3.49
氢氧化钙	$Ca(OH)_2$	2.24	30.2
钙矾石	$C_6A\bar{S}_3H_{32}$	1.78	1.42

根据表 7.3 和式(7.41)，可以求出发生不同反应生成钙矾石后，物质的体积膨胀率($\Delta V/V$)，如表 7.4 所示。

表 7.4 生成钙矾石后的体积膨胀率

反应式	$\Delta V/V$
$C_4A\bar{S}H_{12}+2CSH_2+16H = C_6\bar{S}_3H_{32}$	0.52
$C_3A+3C\bar{S}H_2+26H = C_6\bar{S}_3H_{32}$	1.26
$C_4AH_{13}+3C\bar{S}H_2+14H = C_6\bar{S}_3H_{32}+CH$	0.48

根据表 7.4 和前一节中求得的不同时间混凝土中 CA 的含量，即可求得不同时间发生反应的 CA 的物质的量浓度，即可求得由反应导致的混凝土的体积变化率。

$$\frac{\Delta V}{V}=\sum_{i=1}^{3}\frac{\Delta V_i}{V_i}\frac{M_i}{d_i}\frac{c_i}{\sum c_i} \tag{7.42}$$

式中，M_i 为每种铝盐的质量；d_i 为每种铝盐的密度；c_i 为每种铝盐的含量。计算混凝土内每点体积变化量，则由硫酸盐侵蚀混凝土中产生的体积应变可以表示为

$$\varepsilon_V^0(x,t)=C_{\mathrm{ar}}\sum_P\left(\frac{\Delta V}{V}\right)_p \tag{7.43}$$

式中，p 为混凝土内各点；C_{ar} 为发生反应的铝盐含量。混凝土内各点的体积应变由于钙矾石的生成量不同是有差异的，因此需要根据整个混凝土构件所有点的平均体积应变来判断其破坏情况，其计算式为

$$\overline{\varepsilon}_V=\int_0^{\frac{L}{2}}\varepsilon_V^0(x,t)\mathrm{d}L \tag{7.44}$$

由于混凝土中是存在孔隙的，在钙矾石晶体的生成过程中，晶体会逐渐将孔隙填满，等晶体填充部分孔隙后，钙矾石才能对混凝土产生膨胀作用，这时的混凝土才开始产生体积应变，因此应变的计算必须考虑混凝土中的孔隙：

$$\overline{\varepsilon}_V'=\overline{\varepsilon}_V-f\phi \tag{7.45}$$

式中，ϕ为混凝土的孔隙率；f 为侵蚀晶体填充的孔隙体积分数，可通过微观测试获得，不同的成分组成的混凝土材料的 f 的取值范围为 0.2～0.8。由于材料的体积应变可以由三个方向上的主应变叠加得到，因此在计算得到混凝土的体积应变后，可以得到其主应变为

$$\varepsilon_1=\frac{\overline{\varepsilon}_V'}{3} \tag{7.46}$$

6) 混凝土的孔隙率计算

由以上分析可知，混凝土的孔隙率是一个十分重要的参数，不仅影响硫酸盐侵蚀混凝土的速度还影响膨胀应变的大小，孔隙率与混凝土的组成成分有关，也与混凝土的水化程度相关。可以用下式表示：

$$\phi = \max\left(f_c \frac{w/c - 0.39\alpha}{w/c + 0.32}, 0 \right) \tag{7.47}$$

式中，f_c 为水泥的体积百分比；α 为水化程度，可以由下式估算：

$$\alpha = 1 - 0.5\left[(1 + 1.67t)^{-0.6} + (1 + 0.29t)^{-0.48} \right] \tag{7.48}$$

式中，t 为水化时间。

图 7.10 为初始 C_3A 对混凝土在硫酸盐下的膨胀影响，可以看出 C_3A 对混凝土在硫酸盐下的膨胀率影响很大，当 C_3A 的含量在 4.3%时，混凝土的膨胀率不超过 0.1%，而当 C_3A 的含量超过 8.8%时，随着时间的增长，混凝土的膨胀率迅速增加。一般认为当混凝土的膨胀率超过 0.5%时，混凝土的耐久性能将迅速降低。因此控制水泥和混凝土中的 C_3A 含量，可以有效地降低混凝土的膨胀量，增强混凝土抗硫酸盐腐蚀的能力。

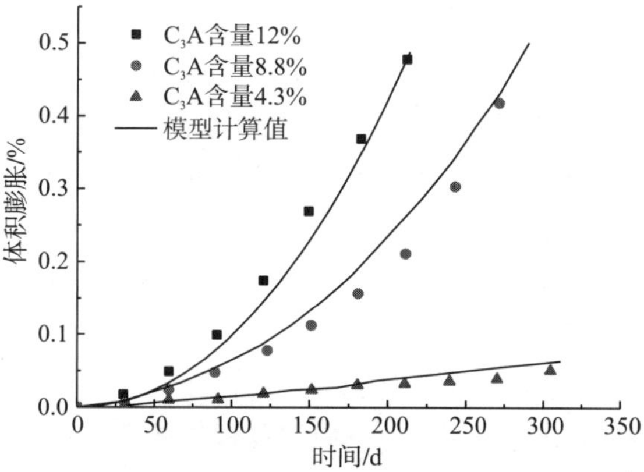

图 7.10　初始 C_3A 对混凝土在硫酸盐下的膨胀影响

扩散系数 D 对侵蚀反应的影响要远远大于反应速率 k 的影响，因此对 D 的计算模型的研究是硫酸盐侵蚀混凝土研究课题的重点之一。同时，降低混凝土的渗透性，减小硫酸盐离子在混凝土中的渗透系数也是提高混凝土耐久性的关键措施之一。

7.3.3　混凝土硫酸盐侵蚀的影响因素

硫酸盐对混凝土的侵蚀破坏是一个复杂的过程，影响因素众多。混凝土结构物是否出现混凝土硫酸盐侵蚀破坏，破坏程度如何，不仅与SO_4^{2-}浓度有关，还与侵蚀溶液中的其他离子，如Cl^-、Na^+、Ca^{2+}、Mg^{2+}的浓度，与水泥C_3A、C_4AF、C_3S的含量有关。硫酸盐对混凝土的侵蚀还与混凝土的密实度、建筑结构物的工程条件和环境条件，如水分的蒸发、冻融循环、干湿交替、水力冲刷等多种因素有关。

1）C_3A等水泥成分的含量

不同品种的水泥配制的混凝土具有不同的抗硫酸盐侵蚀的能力。混凝土的抗硫酸盐侵蚀能力在很大程度上取决于水泥熟料的矿物组成及其相对含量，尤其是C_3A和C_3S的含量，因为C_3A水化析出的水化铝酸钙是形成钙矾石的必要组分，C_3S水化析出的$Ca(OH)_2$是形成石膏的必要组分，降低C_3A和C_3S的含量也就相应地减少了形成钙矾石和石膏的可能性，从而可以提高混凝土的抗硫酸盐侵蚀的能力。

长期以来通过大量的理论研究和工程实践，人们已认识到混凝土抗硫酸盐侵蚀能力在很大程度上取决于水泥熟料的矿物组成及其相对含量，尤其是C_3A的含量。实验也证明了控制水泥熟料中C_3A矿物相对含量是提高水泥抗硫酸盐能力的主要措施。一般硅酸盐水泥熟料中C_3A占5%～12%，我国水泥标准GB 748—2005规定中等抗硫酸盐水泥中的C_3A含量应小于5%，C_3S小于55%；高抗硫酸盐水泥中的C_3A含量应小于3%，C_3S小于50%，特别是针对抗硫酸盐水泥中C_3A最大含量这个基本指标，世界各国对抗硫酸盐侵蚀水泥的C_3A含量都有明确的限制，各国的规定有所不同，绝大多数都把C_3A最大含量限制在5%以下。

2）矿物掺合料的添加

关于矿物掺合料（如粉煤灰，矿渣，硅粉和高岭土等）在混凝土硫酸盐侵蚀中的作用，绝大多数研究结果都支持矿物掺合料能显著提高混凝土的抗硫酸盐侵蚀性能，不管是在硫酸钠环境，或是硫酸镁环境，还是在硫酸钙等其他硫酸盐环境中。好像矿物掺合料成了提高混凝土抗硫酸盐侵蚀的良方：无论在任何情况下，只要使用矿物掺合料就能解决问题。其原因是矿物掺合料既能提高混凝土的抗渗透性能又能改变胶凝材料的化学成分，提高混凝土抗硫酸盐侵蚀性能。

一般来说，混合材料掺量越多，混凝土抗侵蚀能力越强，因为混凝土中掺入活性混合料后，除了能够降低C_3A和C_3S的含量外，活性混合材料还能与水泥水化产物$Ca(OH)_2$发生二次水化反应。其产物主要填充混凝土的毛细孔，提高混凝土的密实度、降低水泥的孔隙率，使侵蚀介质浸入混凝土内部更为困难。另外，二次水化反应使石膏结晶受阻。由于二次水化反应，混凝土中$Ca(OH)_2$含量大幅减少，并且毛细孔中石灰浓度降低，即使在SO_4^{2-}浓度很高的水环境中，石膏结晶的速度和数量也大大减少，从而使混凝土的抗侵蚀能力增强。

3) 混凝土的密实性和配合比

混凝土的密实度对其抗硫酸盐侵蚀能力具有重大影响。混凝土的密实度越高，则其孔隙率越小，那么侵蚀溶液就越难渗入混凝土的孔隙内部。另外，混凝土的密实度越高，也会使混凝土的强度提高，因此合理设计混凝土配合比是非常必要的。尤其是降低水灰比、掺适量的减水剂，可使混凝土的密实度增大，从而显著地提高混凝土的抗硫酸盐侵蚀的能力

4) SO_4^{2-} 的浓度

美国混凝土协会(ACI)按硫酸根离子浓度把硫酸盐溶液分为四个等级：0～150ppm($1ppm=1\times10^{-6}$)、150～1500ppm、1500～10000ppm、>1000ppm，分别对应轻微、中等、严重、很严重的侵蚀。溶液的浓度不同会导致混凝土的硫酸盐侵蚀机理不同，Biczok 认为浓度的不同导致生成的主要产物也不同：低浓度硫酸盐溶液与含 C_3A 的水泥主要生成钙矾石，高浓度的硫酸盐溶液与低含量 C_3A 的水泥主要生成石膏，含量介于两者之间时主要产物是石膏和钙矾石。在硫酸钠环境下，[SO_4^{2-}]<1000ppm，主要产物是钙矾石，[SO_4^{2-}]>2000ppm，主要产物是石膏，浓度处于中间便两者均有。在硫酸镁环境下，[SO_4^{2-}]<4000ppm，主要产物是钙矾石，[SO_4^{2-}]>7500ppm，主要产物是石膏，浓度介于两者之间便两者都有。1991 年我国颁布了《建筑防腐施工及验收规范》(GB 50212-91)，在这一规范中列出了硫酸盐的侵蚀标准，当水中 SO_4^{2-} 含量大于 4000mg/L 为强腐蚀，1000～4000mg/L 为中等腐蚀，250～1000mg/L 为弱腐蚀。除硫酸盐浓度之外，混凝土被侵蚀的速度还取决于与水泥反应失去的硫酸盐可以补充的速度。

5) 侵蚀溶液 pH

研究表明，随着侵蚀溶液 pH 的下降，侵蚀反应不断变化，当 pH=12.5～12 时，钙矾石结晶析出，当 pH=11.6～10 时，石膏结晶析出。当 pH<10.6 时，钙矾石开始分解，与此同时，当 pH<12.5 时，C-S-H 凝胶也将溶解和再结晶，其钙硅比逐渐下降，由 pH=12.5 时的 2.12 降到 pH=8.8 时的 0.5，水化产物的溶解-过饱和-再结晶过程不断进行，从而引起混凝土孔隙率、强度和黏聚力的变化。

同时，这也说明现有的硫酸盐侵蚀试验方法不能真实反映现场情况，因为混凝土中的碱在浸泡过程中不断析出，使溶液 pH 很快由 7 升至 12，一般来说，连续浸泡的试块与现场暴露的混凝土相比，具有较强的抗侵蚀性能，这是因为现场暴露的混凝土往往受质量分数和 pH 恒定的硫酸盐侵蚀，且受干湿循环等环境条件的影响，而这些恰恰是加速侵蚀的因素。

7.4 混凝土的碳化

混凝土在空气中的碳化就是大气环境中的CO_2与混凝土中的碱性物质中性化的一个很复杂、缓慢且很漫长的物理化学过程。碳化使混凝土脆性变大，但总体上讲，碳化对混凝土力学性能及构件受力性能的负面影响不大，混凝土碳化的最大危害是会引起钢筋锈蚀。碳化是一般大气环境下混凝土中钢筋脱钝锈蚀的前提条件，碳化降低了混凝土的碱度，破坏钢筋表面的钝化膜，使混凝土失去对钢筋的保护作用，给混凝土中钢筋锈蚀带来不利的影响。同时，混凝土碳化还会加剧混凝土的收缩，这些都可能导致混凝土的裂缝和结构的破坏，而川藏恶劣的气候条件必将加速这一劣化过程。

7.4.1 混凝土碳化的机理

混凝土的碳化实质就是混凝土中的水化产物与环境中的CO_2作用，生成碳酸钙或其他物质的现象。这是一个极其复杂的多相物理化学过程。混凝土碳化是大气环境中混凝土建筑物遭受的最普遍的侵蚀现象，它导致混凝土的中性化，使大气环境中钢筋混凝土建筑物中的钢筋脱钝锈蚀，是钢筋锈蚀的前提条件。

普通硅酸盐水泥混凝土中水泥熟料的主要矿物成分有硅酸三钙、硅酸二钙、铝酸三钙、铁铝酸四钙及石膏等，其水化产物为氢氧化钙(约占25%)、水化硅酸钙(约占60%)、水化铝酸钙、水化硫铝酸钙等，充分水化后混凝土孔隙水溶液为氢氧化钙饱和溶液，其pH为12～13，呈强碱性。混凝土碳化是指空气中CO_2气体与混凝土中液相的$Ca(OH)_2$作用，生成$CaCO_3$和H_2O的中性化过程，此外水化硅酸钙以及未水化的硅酸三钙和硅酸二钙也要消耗CO_2气体。碳化改变了混凝土的化学成分和组织结构，对混凝土的化学性能和物理力学性能有明显的影响。

碳化过程是CO_2由表及里向混凝土内部逐渐扩散、反应的复杂的物理化学过程。孔隙水与环境湿度之间通过温湿平衡形成稳定的孔隙水膜，环境中的CO_2气体通过混凝土孔隙向混凝土内部扩散并在孔隙水中溶解，同时，固相$Ca(OH)_2$在孔隙水中溶解，溶解在孔隙水中的CO_2与$Ca(OH)_2$发生反应生成$CaCO_3$，CSH及未水化的硅酸三钙(C_3S)、硅酸二钙(C_2S)也在固液相界面上发生碳化反应。

该过程的主要化学反应式如下：

$$CO_2 + H_2O \longrightarrow H_2CO_3 \tag{7.49}$$

$$Ca(OH)_2 + H_2CO_3 \longrightarrow CaCO_3 + 2H_2O \tag{7.50}$$

$$3CaO \cdot 2SiO_2 \cdot 3H_2O + 3H_2CO_3 \longrightarrow 3CaCO_3 + 2SiO_2 + 6H_2O \tag{7.51}$$

$$2CaO\cdot SiO_2\cdot 4H_2O+2H_2CO_3 \longrightarrow 2CaCO_3+SiO_2+6H_2O \tag{7.52}$$

碳化反应的结果如下：一方面，生成的$CaCO_3$和其他固态物质堵塞在混凝土孔隙中，使混凝土的孔隙率下降，大孔减少，从而减弱了后续的CO_2扩散，并使混凝土的密实度提高；另一方面，孔隙水中$Ca(OH)_2$浓度及 pH 降低，一旦碳化深度达到钢筋表面，就会破坏钢筋表面的钝化膜，使钢筋锈蚀。目前，混凝土碳化深度的测定方法主要有两种：X 射线法和试剂法。

(1) X 射线法。X 射线法需要专门仪器，适用于试验室。用 X 射线法通过检测混凝土不同深度的氢氧化钙和碳酸钙浓度的分布曲线，可以精确测量出完全碳化深度和部分碳化深度。

(2) 试剂法。常用酚酞试剂，操作简便，用于现场检测，混凝土中仅有微量的氢氧化钙，酚酞试剂即显色。用 1%～2%酚酞酒精溶液喷洒在混凝土的新鲜断口处，当 pH＞10 时显示紫红色，说明未碳化：pH＜10 时保持无色，但酚酞试剂法只能测出混凝土完全碳化部分及其界限，这是部分碳化区一直未引起注意的原因之一。

7.4.2　混凝土碳化的理论分析

国内外的研究成果一致认为CO_2在混凝土中的扩散遵循 Fick 第一定律，即CO_2的扩散速度与CO_2的浓度梯度成正比，理论模型是从 Fick 第一定律出发，推导碳化深度的计算模式。

国内外研究人员在对混凝土碳化进行深入研究的基础上，分析了试验结果，提出了碳化深度和时间的关系。在各种理论模型和经验模型中，碳化深度 D 与碳化时间的平方根成正比的规律得到了大多数学者的认同。即

$$D=\alpha\sqrt{t}\ ;\qquad D_2=D_1\sqrt{\frac{t_2}{t_1}} \tag{7.53}$$

式中，α 为碳化速度系数；t 为碳化时间；D_1 和 D_2 为测定和预测的混凝土碳化深度；t_1 和 t_2 为测定和预测的混凝土碳化时间。碳化速度系数 α 体现了混凝土的抗碳化能力，它不仅与混凝土的水灰比、水泥品种、水泥用量、养护方法、孔隙尺寸与分布有关，还与环境的相对湿度、温度以及二氧化碳浓度有关。清华大学、中国建筑科学研究院等多家机构的研究人员对此开展了研究。虽然式(7.53)的碳化预测模型已经得到人们的认可，但其中的碳化速度系数 α 如何确定，仍是人们研究的核心问题。国内外的广大学者在式 (7.53)的基础上，围绕影响碳化速度系数的因素，开展广泛大量的快速碳化试验与室外暴露试验及实际工程碳化调查，研究者根据各自对影响碳化速度因素理解的不同及所考虑的主要因素不同，提出多种碳化速度计算模型。

7.4.3 混凝土碳化的影响因素

从上述混凝土碳化机理的阐述中可以知道，影响混凝土碳化的因素可以分为两大类：一类是内部因素的影响，包括水灰比、水泥品种、水泥用量、集料品种与粒径、外掺加剂、混凝土强度等。另一类是外部因素的影响，包括相对湿度、CO_2的浓度和湿度、混凝土施工，以及混凝土表面的覆盖层、混凝土的应力状态等。

1) 内部因素

由于混凝土吸收CO_2的量等于水泥用量与混凝土水化程度的乘积，并且增加水泥用量一方面可以改变混凝土的和易性，提高混凝土的密实性，另一方面还可以增加混凝土的碱性储备。因此，水泥用量越大，其碳化速度越慢。水泥品种直接影响水泥的活性和混凝土的碱性，对碳化速度有重要影响。在同一种试验条件下水泥砂浆的碳化速度大小顺序为：高炉矿渣水泥(BFC)>普通硅酸盐水泥(OPC)>早强水泥(HEC)。

另外，水灰比对混凝土的孔隙结构影响极大，控制着混凝土的渗透性。增大水灰比，混凝土的孔隙率增加，密实度降低，渗透性增大，碳化速度增大。而混凝土抗压强度是混凝土基本性能指标之一，它与混凝土的水灰比有非常密切的关系，并在一定程度上反映了水泥品种、水泥用量与水泥强度、集料品种掺合剂以及施工质量与养护方法等对混凝土品质的共同影响。据有关资料，混凝土强度越高，抗碳化能力越强。集料的品种和级配不同，其内部孔隙结构差别很大，直接影响着混凝土的密实性。试验表明，普通混凝土的抗碳化性能最好，在同等条件下其碳化速度约为轻砂天然轻集料混凝土的 0.56 倍。

2) 外部因素

外部因素包括光照和温度、相对湿度、CO_2的浓度等。

混凝土碳化与光照和温度有直接关系。随着温度提高，CO_2在空气中的扩散逐渐加快，为其与$Ca(OH)_2$反应提供了有利条件。阳光的直射，加速了其化学反应，碳化速度加快。CO_2溶于水后形成H_2CO_3方能和$Ca(OH)_2$进行化学反应，所以非常干燥时，混凝土碳化无法进行，但由于混凝土的碳化受CO_2扩散速度的控制，它本身又是一个释放水分的过程，环境相对湿度过大，降低CO_2的扩散速度，同时生成的水无法释放也会抑制碳化进一步进行。有试验研究表明，相对湿度在 50%～70%时，混凝土碳化速度最快。环境中CO_2浓度越大，混凝土内外CO_2浓度梯度就越大，CO_2越容易扩散进入孔隙，同时也使化学反应速度加快。因此CO_2浓度是决定碳化速度的主要环境因素之一。一般认为碳化速度与CO_2浓度平方根近似成正比，混凝土快速碳化试验正是根据这一原理设计的。

施工质量对混凝土的碳化有很大影响。由于混凝土浇筑、振捣不仅影响混凝土的强度，而且直接影响混凝土的密实性，在实际工程中，在相同材料、相同环境条件下，密实性差及存在蜂窝、麻面、漏浆、裂缝等缺陷部位的碳化深度比振捣密实、表面无缺陷部位大得多。可见，施工质量好，混凝土强度高，密实性好，其抗碳化性能就强；施工质量不好，密实性差，增加了 CO_2 在混凝土中的扩散路径，使碳化速度加快。最后施工质量差会加速混凝土的碳化速度，同样混凝土养护状况对碳化也有一定影响，试验表明普通混凝土采用蒸汽养护的碳化速度比自然养护提高 1.5 倍。因此，确保工程施工质量是提高桥梁结构耐久性的重要环节。混凝土养护状况对混凝土碳化也有一定的影响。养护方法与龄期的不同导致水泥水化程度不同，在水泥熟料一定的条件下生成的可碳化物质含量不等，因此也影响混凝土碳化速度。若混凝土早期养护不良，会使水泥水化不充分，从而加快碳化速度。

7.5　多重因素影响下桥梁结构混凝土的耐久性

研究单一因素独立作用对混凝土的损伤及耐久性影响，这对于理解各种损伤因子单独作用情况下混凝土的破坏失效规律、各种因素对混凝土的损伤机理具有积极的意义。但是，实际工程中同时作用于混凝土工程的各种因素之间是相互联系、相互影响、相互促进或抑制的，具有一定的交互作用。这种相互的存在，会加速与加剧混凝土的破坏与损伤，使得按照传统耐久性研究结果设计的混凝土工程存在一定的安全隐患，这也许是很多混凝土工程在设计使用年限以内便严重破坏的原因。

7.5.1　应力作用下混凝土的抗冻性

现有关于混凝土在荷载作用下抗冻性的研究结果表明应力可以明显加速混凝土的破坏。

Zhou 等[113]进行了砂浆试件在相当于其抗弯极限强度的 0～50%外部应力作用下的抗冻性试验。研究结果表明，在外部应力作用下砂浆的冻融循环过程中，存在三个损伤过程：水压力的形成与迁移引起基体产生均布的微裂缝；静力疲劳引起临界裂缝的增长；高水灰比时的表面剥落。当应力超过 10%时，基体中没有明显的微裂缝，破坏形态主要是临界裂缝的迅速增长，导致脆性断裂。而没有外部应力的试件的破坏模式主要是基体中的微裂缝扩展。所以外部应力从机理与破坏形态两方面影响试件的冻融破坏，应力存在时破坏很迅速，没有充分的时间在基体中形成大量的微裂缝，应力水平越高，破坏越快。其他学者也进行了混凝土在荷载作用下抗冻性的研究，得到类似的结果，证明应力可以明显加速混凝土的破坏。

还有学者[114, 115]做了冻融与应力双因素耦合研究，发现弯曲应力加速了混凝土在冻融循环过程中的相对动弹性模量损伤速度，应力比越高，损伤速度越快。10%、25%和 50%的外部弯曲应力作用下，普通混凝土的抗冻融循环次数为冻融循环单一因素作用时的 30%、8%和 4%左右。50%外部弯曲应力与冻融循环同时作用下，各水灰比混凝土几乎都处于不稳定的状态，经过很少次数的冻融循环就发生断裂破坏。而且应力与冻融同时作用下混凝土的破坏形态与冻融循环单独作用时有很大区别，尤其是应力比较高时，大部分混凝土试件都从中部断裂，表现为突然的脆性破坏。另外，重量损失主要是冻融引起剥落造成，外部弯曲应力对冻融循环过程中混凝土的重量损失几乎没有影响。因此，应力作用下混凝土的破坏一般为相对动弹性模量下降达到破坏标准，造成混凝土破坏失效，外部应力和冻融循环共同作用下混凝土的损伤速度，远远大于单一因素作用下混凝土的损伤速度。

慕儒等在此基础上通过试验结果的理论分析，提出应力比为 0～0.5 时的混凝土冻融损伤模型，并给出定量化的计算公式：

$$D=\left[a\left(1-f_{\mathrm{p}}\right)^{c}N\right]^{b} \tag{7.54}$$

$$\frac{\mathrm{d}D}{\mathrm{d}N}=A\left(1+f_{\mathrm{p}}\right)^{B}N^{C} \tag{7.55}$$

式中，D 为损伤度；$\mathrm{d}D/\mathrm{d}N$ 为损伤速率；f_{p} 为应力比；N 为冻融循环次数；a、b、c 为回归系数；$A=a^{b}b$；$B=bc$；$C=b-1$。

7.5.2 考虑多种因素影响的混凝土抗冻耐久性损伤模型

1）理论分析

大量研究表明，对于混凝土的耐久性问题，众多学者在材料层次上对各种破坏形式的劣化机理和对策，耐久性测试和评定标准，劣化状态识别等方面进行研究并取得了丰富成熟的定性分析成果，但在劣化状态对材料性能的影响方面的研究不足，将劣化机理和性能衰变规律由定性分析转变成定量分析存在很大困难，大多数基于材料层次研究成果提出的材料耐久性测试方法和评定标准不适合用于混凝土结构工程的使用寿命预测和安全性评价，造成了当前混凝土耐久性研究在材料层次和结构层次的脱节。

以混凝土的抗冻融性能为例，降低混凝土水胶比提高强度和密实性，掺加引气剂，降低饱水程度，释放结冰水压力，选用低吸水率集料成为提高和保证混凝土抗冻耐久性的重要技术。同时，制定的检测混凝土抗冻耐久性的试验方法、评定标准、耐久性指数、抗冻标号和技术要求也成为规范文件，在保障混凝土结构在冻融环境中的耐久性方面发挥了巨大作用。但与此同时，耐久性指数、抗冻标号等指标很难直接用于定量预测混凝土在特定环境中的使用寿命，也很难用于已建工程的耐久性和安全性评价。这是因为耐久性指数、抗冻标号主要用于优选混凝土配合比和质量控制，其中不包含混凝土随冻融循环作用而出现损伤积累，进而发生材料性能退化的信息。同时这些指标参数的提出大多仅考虑了单一因素的影响，不能真正评价混凝土在真实工作环境中的耐久性。

因此，本书从混凝土的冻融破坏机理出发，提出一种能考虑多种因素影响，并且能将混凝土的耐久性参数和实际抗冻融寿命联系起来的方法。

2) 冻融孔隙压力

Powers 的静水压假说成功地解释了混凝土冻融循环过程中的很多现象，但却无法解释另外一些重要现象，如混凝土不仅会被水的冻结所破坏，还会被一些冻结过程中体积不会膨胀的有机液体冻结所破坏。为此，Powers 和 Helmuth 提出了渗透压假说，认为由于混凝土孔溶液含有 Na^+、K^+、Ca^{2+} 等盐类，大孔中的部分溶液先结冰后，未冻溶液中盐的浓度上升，与周围较小孔隙中的溶液之间形成浓度差。这个浓度差的存在使小孔中的溶液向已部分冻结的大孔中冰的界面发生迁移。即使浓度为 0 的孔溶液(水)，由于冰的饱和蒸气压低于同温下水的饱和蒸气压，小孔中的溶液也要向已经部分冻结的大孔迁移。如果在孔隙中没有冰，由热力学推导可得到渗透压力与蒸气压之间的关系：

$$\Delta p = \frac{RT}{V}\ln\left(\frac{p_{\mathrm{w}}}{p_{\mathrm{i}}}\right) \tag{7.56}$$

式中，Δp 为孔隙水压力(Pa)；p_{w} 为凝胶水的蒸气压(在温度 T 时水的蒸气压)；p_{i} 为毛细孔内冰的蒸气压(在温度 T 时冰的蒸气压)；V 为水的摩尔体积，等于 0.018L/mol；T 为绝对温度(K)；R 为气体常数，为 8.31×10^3J/(K·mol)。

如果孔隙的相对湿度 $p_{\mathrm{w}}/p_{\mathrm{i}}$ 为 0.85，根据式(7.56)计算出的孔隙水压力 Δp 为 −22MPa。为分析孔隙水压力对结构的影响，应将这个压力乘以水蒸气的体积比 $V_{\mathrm{evap}}/V_{\mathrm{con}}$，其中 V_{evap} 为蒸发水的体积，V_{con} 为混凝土的体积。

例如，对于抗压强度为 40MPa 的混凝土在 85%的相对湿度中养护，每立方厘米混凝土中可蒸发的水含量大约是 100mm^3。这个数值可以通过测量空气中的混凝土重量和干燥后浸泡入水中的重量之差得到。因此，可以计算得到抗压强度为 40MPa 的混凝土在 20℃下孔隙水压力大约为 2.4MPa。

当多孔材料中降温过程中冰形成后，将产生冰冻压力，Penttala 分析了在此过程中液体的变化情况，认为多孔材料内部的液体压力可以表示为

$$\Delta p=\frac{RT}{V_{\mathrm{i}}}\ln\left(\frac{p_{\mathrm{w}}}{\gamma_{\mathrm{w}}x_{\mathrm{wf}}p_{\mathrm{i}}}\right)+\frac{\Delta h_{\mathrm{wi}}^{0}}{V_{\mathrm{i}}T_{0}}\left(T_{0}-T\right)+\frac{1}{V_{\mathrm{i}}}\int_{T_{0}}^{T}\int_{T_{0}}^{T}\frac{c_{\mathrm{pi}}^{0}-c_{\mathrm{pw}}^{0}}{T}\mathrm{d}T\mathrm{d}T \tag{7.57}$$

$$\Delta p=\frac{\Delta h_{\mathrm{wi}}^{0}}{\left(V_{\mathrm{i}}-V_{\mathrm{w}}\right)T_{0}}\left(T_{0}-T\right)+\frac{1}{\left(V_{\mathrm{i}}-V_{\mathrm{w}}\right)}\int_{T_{0}}^{T}\int_{T_{0}}^{T}\frac{c_{\mathrm{pi}}^{0}-c_{\mathrm{pw}}^{0}}{T}\mathrm{d}T\mathrm{d}T \tag{7.58}$$

式(7.58)表示冻结的孔隙中既有气体又有液体，式(7.57)表示冻结的孔隙中没有气泡，完全被液体所充满。式(7.57)的情况在现实中几乎是不可能发生的。因为，只有当混凝土中起初不含空气时，在冻融情况下孔隙才有可能被水充满。根据式(7.57)计算出的孔隙压力要远远高于式(7.58)，以下分析基于式(7.58)。

公式中 $\Delta h_{\mathrm{wi}}^{0}$ 是液体在参考温度 T_0 (0℃，273.15K)下的冰冻热，V_{i} 为单位液体的体积。如果液体为水的话，冰的体积 $V_{\mathrm{i}}=1.998\times10^{-5}\mathrm{m}^3/\mathrm{mol}$，水的体积 $V_{\mathrm{w}}=1.8\times10^{-5}\mathrm{m}^3/\mathrm{mol}$。$T_0=273.15\mathrm{K}$，$\Delta h_{\mathrm{wi}}^{0}=6.0\times10^3\mathrm{J}/\mathrm{mol}$。水和冰的比热容是随着温度变化而变化的，可以表示为

$$c_{\mathrm{pi}}^{\mathrm{o}}(T)=38.052\left[1+373.7\times10^{-5}\left(T-T_0\right)\right] \tag{7.59}$$

$$c_{\mathrm{pw}}^{\mathrm{o}}(T)=75.996\left[1-54.0\times10^{-5}\left(T-T_0\right)\right] \tag{7.60}$$

因此，如果知道混凝土内部湿度以及冻融过程中温度变化情况，就可以根据式(7.57)和式(7.58)计算出混凝土在冻融过程中孔隙内部产生的压力情况。

在室内实验室的冻融环境下，试件经 24h 拆模后在标准养护室内养护 28 天，试验时最高温度以及最低温度严格控制在(5±2)℃以及(−18±2)℃，一次冻融循环时间控制在 3～4h。每达到 25 次左右冻融循环之后，测出其共鸣震动数以及质量。因此室内温度变化过程一般如图 7.11 所示。

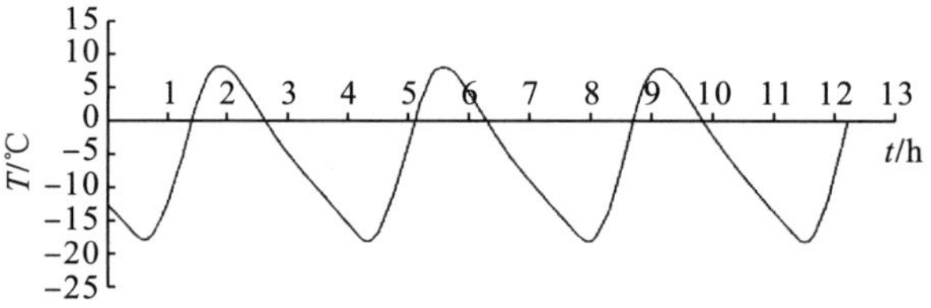

图 7.11　室内冻融试验温度变化图

根据上述公式，可以计算混凝土在冻融环境中混凝土孔隙水由于渗透压力产生的应力大小和温度的关系，如图 7.12 所示。

对于在盐溶液中冻融的情况，渗透压是孔溶液的盐浓度差和冰水饱和蒸气压差共同形成的，式(7.56)给出了渗透压力与蒸汽压之间的关系，可见，某温度下渗透压的大小与水、冰蒸汽压之比的自然对数成正比。Washburn 提出一个相对蒸汽压力与液体结冰点在平衡时的半经验关系方程式。

$$\lg\left(\frac{p_{\mathrm{w}}}{p_{\mathrm{i}}}\right)=\frac{1.1489t}{273.1+t}-1.330\times10^{-5}t^2+9.084\times10^{-8}t^3 \tag{7.61}$$

式中，t 为温度(℃)。

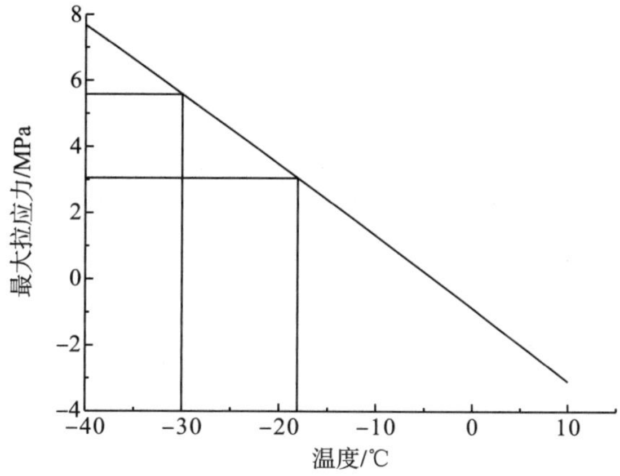

图 7.12　渗透压力产生的应力大小和温度的关系

由图 7.13 可以看出，结冰点温度越低，水与冰蒸气压之比的自然对数越高，即渗透压力差越大。对于标准规定的室内快速冻融循环，其最低温度始终不变，则每次冻融循环过程中混凝土的最大渗透压亦保持不变。但混凝土在冻融循环作用下，孔隙中含有氯离子，氯离子会显著降低液体的冰点，根据图 7.13 和式(7.56)，降低冰点的同时也会显著增加冻融过程中产生的应力。

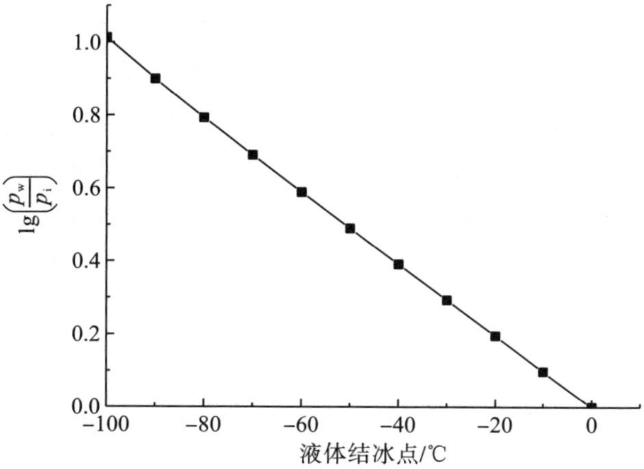

图 7.13　相对蒸汽压力和液体结冰点的关系图

图 7.14 为冻融过程最大应力和液体结冰点的关系图，从图中可以看出，随着液体结冰点的降低，混凝土在冻融过程中所产生的最大应力显著增加，因此在氯离子和冻融共同作用下，混凝土的耐久性会明显降低。但本书提出的模型是对应力的理想计算，由于混凝土在实际冻融过程中，内部孔隙液体的运移非常复杂，本书提出的模型只是定性考虑不同因素对混凝土冻融过程的影响。

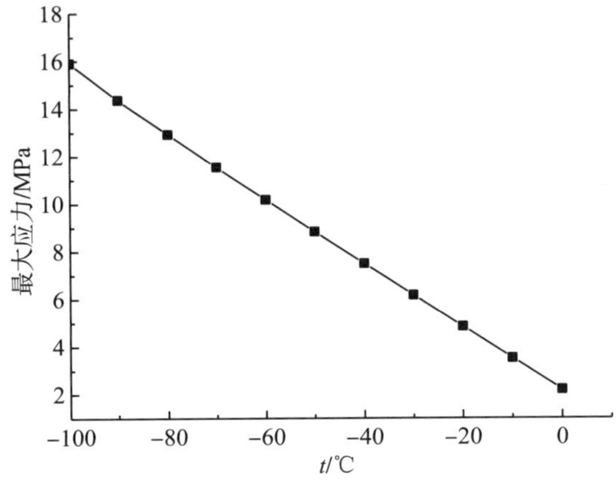

图 7.14　冻融过程最大应力和液体结冰点的关系图

3) 混凝土的冻融疲劳损伤模型

根据上述分析，冻融循环过程中混凝土试件内部的应力是试件内部相对位置的函数。同时混凝土试件内部各处的冻融破坏力大小和该处混凝土的孔隙率及其充水情况有关。根据这些特征，冻融循环过程中混凝土内部的应力状态应该是三向应力状态。虽然各个主应力是拉应力和压应力的可能性都有，但是根据混凝土材料本身的力学特性，引起混凝土破坏的是拉应力，可以认为混凝土内部的应力状态为三向受拉。

混凝土的冻融破坏各种假说机理一致认为，混凝土的冻融破坏是某种作用在混凝土中引起的拉应力超过混凝土的抗拉强度，引起混凝土内部开裂，形成微裂缝。随着冻融循环的进行，最高温度时，虽然试件内部温度场不均匀，但是这时整个试件温度较高，所有的冰都已融化，这时不存在破坏因素，试件处于完全卸载状态。冻结阶段随着温度的降低试件受到的应力不断增大，在温度最低点达到最大，融解阶段缓慢卸载，当整个试件的温度都处于正温度时(或者是与孔径有关的某一温度)，即达到完全卸载状态。每一周期中混凝土都受到一定的损伤，损伤在试件内部不断累积，应力不断加载、卸载，周而复始，最终引起混凝土内部微元解体，失去强度，在该处形成一条微裂缝，到一定程度混凝土破坏，因此，混凝土冻融破坏是一种低周疲劳破坏。假设每一个循环过程中，在混凝土试件内部的某个微小范围内都会发生一定程度的损伤破坏。因为实验室快速冻融过程是在等温差、等降温速度的条件下进行的，故可假设冻融循环试验在混凝土中引起的应力是锯齿状的循环荷载。

损伤力学采用连续介质力学的方法，利用损伤变量来描述疲劳损伤过程，逐步形成了连续损伤力学的基础和框架。这种分析方法建立的数学模型，可以解决不少仅靠试验数据无法解决的问题，如非线性损伤累积问题。损伤力学理论认为材料疲劳破坏的原因是在交变载荷的作用下，结构中会有大量的微裂纹形成，并且微裂纹随着载荷循环次数的增加而逐渐扩展，最终形成宏观裂纹导致材料的断裂。在疲劳损伤理论中，损伤常常表示为循环次数的函数。

根据 Kachanov 的损伤力学理论，可以用标量损伤参量 D 来表示混凝土材料内部的微裂纹演化情况，由应变等效性假设得出有效应力：

$$\tilde{\sigma}=\frac{\sigma}{1-D} \tag{7.62}$$

Jakobsen 认为混凝土的疲劳寿命，即在应力比 R 作用下混凝土所能承受的最大疲劳次数可以表示为

$$R=1-(1-\rho)\beta\lg N \tag{7.63}$$

式中，R 为应力比，为作用在试件上的最大应力 σ_0 与材料的极限承载能力 $\sigma_{\max}$ 之比；ρ 为荷载循环特征值，即循环荷载的最小值与最大值之比；β 为材料特性参数；N 为疲劳寿命。

根据以上对混凝土冻融过程分析可知，混凝土的冻融循环过程，实际上就是相当于一种受拉疲劳加载过程，受拉疲劳的应力循环次数与冻融循环次数完全是对应的、一致的。为了模型简化的方便，假定疲劳寿命 N 就是混凝土的冻融疲劳寿命。因此可以建立混凝土在冻融环境下的疲劳寿命和冻融应力之间的关系：

$$R=1-\beta\lg N \tag{7.64}$$

式中，应力比 R 为冻融环境下混凝土内产生的渗透压力和强度之比。

图 7.15 为冻融环境下疲劳寿命和应力比关系，从图中可以看出，当应力比增加时，混凝土的疲劳寿命迅速降低。这就意味着，在应力和冻融环境共同作用下，由于外部应力和冻融所产生的孔隙水压力叠加，混凝土的冻融疲劳应力显著增加，造成材料抵抗冻融循环的能力显著下降。同时从图中和混凝土冻融疲劳损伤方程可以看出，冻融疲劳损伤的大小与材料参数 β 存在密切的关系，对于相同的应力水平(即 R 相等)，材料参数 β 越大，则冻融疲劳寿命越小。可见材料参数 β 是衡量混凝土试件抗冻性的重要指标。在相同的冻融环境下，材料参数 β 越小，混凝土试件的抗冻性越好。

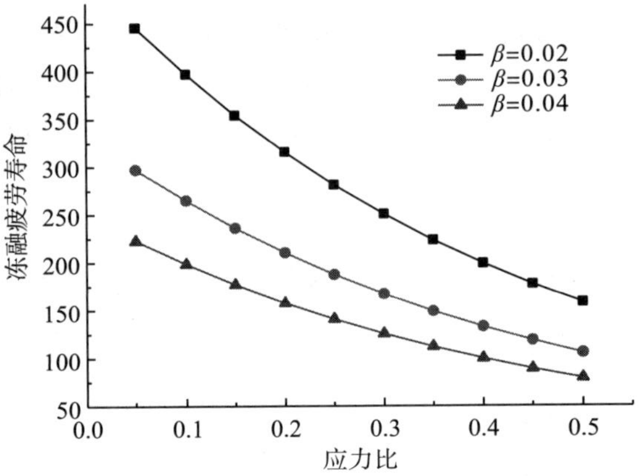

图 7.15 冻融环境下疲劳寿命和应力比关系

当混凝土试件经过 n 次冻融循环后，剩余的冻融疲劳寿命为$(N-n)$，此时混凝土的强度为σ_n。此时的疲劳和冻融应力的关系为

$$\frac{R\sigma_n}{\sigma_{\max}}=1-\beta\lg(N-n) \tag{7.65}$$

根据式(7.54)～式(7.65)，可以得到混凝土在冻融环境下的疲劳损伤方程。

$$D_n=1-\frac{1-\beta\lg N}{1-\beta\lg(N-n)} \quad (0\leqslant n<N) \tag{7.66}$$

根据式(7.66)，可以得到不同应力水平下，混凝土的冻融损伤程度和冻融循环次数之间的关系。

4) 基于疲劳断裂力学的应力与冻融耦合作用的混凝土耐久性分析

(1) 模型建立。

根据上述分析，可以将混凝土在冻融循环下的损失行为看作是荷载下的低周疲劳。同时由于混凝土材料是准脆性材料，其破坏的物理本质是内部的微裂纹扩展演化，最后形成宏观裂纹，而宏观裂纹的失稳扩展引起混凝土的破坏，因此采用断裂力学方法研究混凝土的力学行为更为符合力学本质。国内外对于疲劳裂纹扩展寿命预测方法的研究很多，但目前在工程中应用最为广泛的方法依然是 1963 年由 Paris 和 Erdogan 在实验基础上提出的疲劳裂纹扩展公式，即 Paris 公式，它建立了应力强度因子和裂纹扩展速率之间的关系，是当今工程应用中预测疲劳裂纹扩展寿命理论的基础，Paris 公式的具体形式为

$$\frac{\mathrm{d}a}{\mathrm{d}N}=C(\Delta K)^m \tag{7.67}$$

式中，ΔK 为应力强度因子变幅；a 为裂纹长度；N 为应力循环次数；$\mathrm{d}a/\mathrm{d}N$ 为裂纹扩展速率；C、m 为材料常数，如温度、湿度、介质、加载频率等环境的影响

因子，可由实验数据拟合得到。

刘立名等通过位错动力学理论、热激活能理论和速率过程理论严格推证了 Paris 裂纹扩展公式，从物理和数学上定义了公式中的两个实验常数，指出其本质是在一定应力场下热激活能的作用使裂尖产生位错运动，致使裂纹向前扩展，从而赋予 Paris 公式明确的物理意义，给定了 Paris 公式这一经验规律的理论基础。

Paris 公式已经在航空航天、能源、矿业、交通和海洋工程等诸多工业领域得到广泛的应用，受制造或使用环境等影响，此类工程结构中可能已经有裂纹或缺陷存在。所以说对于含缺陷但依然需要继续服役的工程设备，利用 Paris 公式分析预测其剩余寿命，就有极为重要的现实意义。在实验研究和解决工程实际问题当中，Paris 公式已经有了很大的发展，许多学者对其公式的具体形式做了大量修正。根据混凝土在冻融循环和低周疲劳下力学行为的相似性，本书假设在冻融荷载下，混凝土内裂纹的扩展速率和名义应力强度因子成正比。因此，可得

$$\frac{\mathrm{d}a}{\mathrm{d}N}=C(\Delta K)^{m} \tag{7.68}$$

式中，N 为冻融循环的次数，在本书中仅考虑了冻融循环中产生的拉应力对混凝土的损伤，因此求解式(7.68)，可得裂纹扩展演化规律：

$$\frac{\mathrm{d}a}{\mathrm{d}N}=C\sigma^{m}\pi^{m/2}a^{m/2} \tag{7.69}$$

式中，σ 为冻融循环中混凝土所产生的最大拉应力。对式(7.69)求积分，可以得到冻融循环次数与混凝土中控制性裂纹的扩展长度之间的关系。

$$N\sigma^{m}=\frac{a^{1+m/2}-a_{0}^{1+m/2}}{C\pi^{m/2}\left(1+\dfrac{m}{2}\right)} \tag{7.70}$$

式中，a_0 为混凝土内初始控制性裂纹的长度，对于普通混凝土而言，可取 a_0=3.4mm。从式(7.70)中可以看出，随着冻融循环次数 N 的逐渐增加，混凝土内的裂纹会逐渐扩展，最终导致混凝土的破坏。同时可以看出，如果作用在混凝土上的应力越大，那么在相同的冻融循环次数下，裂纹的扩展长度将越大，这就意味着混凝土将更早发生破坏。

随着混凝土内裂纹的逐渐扩展，混凝土内微裂纹对其应变的贡献将越来越大，导致混凝土的弹性模量逐渐降低。根据细观力学的计算，在不考虑混凝土内微裂纹的相互作用的情况下，混凝土的有效弹性模量和微裂纹扩展长度的关系可以表示为

$$E'=\frac{E_{0}}{1+16\left(1-v_{0}^{2}\right)f_{\mathrm{n}}a^{3}/3} \tag{7.71}$$

式中，E_0 为混凝土的初始弹性模量；f_{n} 为计算单元内混凝土的微裂纹数；v_0 为混

凝土的初始泊松比。

对于普通混凝土而言，$f_n = 4.5\times10^5$，$v_0 = 0.3$。将式(7.69)代入式(7.71)，如果知道混凝土在冻融循环中的最大拉应力，即可求得混凝土的损伤和冻融循环次数之间的关系。

(2)计算结果和讨论。

根据以上内容建立的模型，可以求得混凝土的冻融损伤和冻融循环次数之间的关系。图 7.16 为不同拉应力作用下混凝土的冻融损伤计算结果和已有试验结果的对比。试验中混凝土的单轴抗压强度为 28MPa，根据试验率定的参数为：m=4.6，C=4.4×10^9。

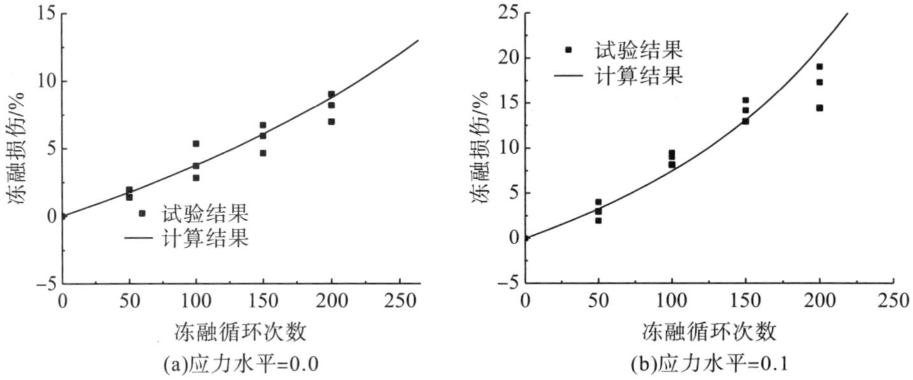

图 7.16 混凝土的冻融损伤和冻融循环次数

从图 7.16 看出，本节提出的模型可以较好地反映混凝土在应力作用下的冻融损伤过程。随着冻融次数的不断增加，混凝土的损伤也会逐渐增大，同时应力会在一定程度上加速混凝土的冻融损伤过程。

由于在西藏高寒地区，桥梁混凝土在冻融过程中最低温度要显著低于内地，因此有必要分析冻融最低温度对混凝土冻融损伤的影响。虽然现有关于冻融温度对于混凝土冻融损伤影响的研究开展得较少，但已有研究表明，随着冻融温度的降低，混凝土可承受冻融循环的次数也会随之降低。根据上节的分析，可以求得不同冻融最低温度下混凝土在冻融循环中产生的最大拉应力。再根据式(7.70)即可分析冻融最低温度对混凝土抗冻耐久性的影响。

由于在室内试验中假设混凝土的动态弹性模量低于初始弹性模量的 40%，即认为此时混凝土发生破坏，因此本书的计算中认为损伤变量 D=0.6 即对应于混凝土的破坏时候，根据式(7.70)即可求得混凝土的抗冻融循环次数与冻融最低温度之间的关系，如图 7.17 所示。

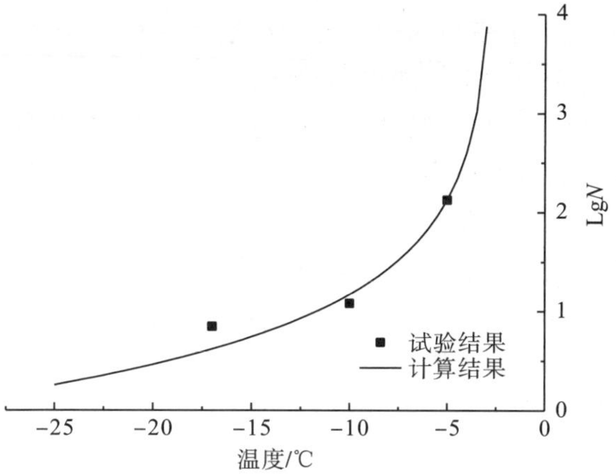

图 7.17　混凝土的抗冻融循环次数与冻融最低温度

从图 7.17 中可以看出，本节的计算结果和试验结果对比较好，提出的模型可以反映冻融最低温度对混凝土抗冻性能的影响。同时由图 7.18 的结果可以看出，冻结温度对混凝土的冻融破坏有明显影响，当冻结温度为−17℃时，普通混凝土只能承受 7 次冻融循环，当冻结温度提高到−10℃时冻融循环增加到 12 次，而当冻结温度提高到−5℃时，混凝土承受的冻融循环数将大幅度提高，可达 133 次。

由图 7.17 可以进一步看到冻结温度由−5℃降低到−10℃时，混凝土的冻融破坏程度将大幅度提高，即当混凝土中最低冻结温度低于−10℃时，冻融破坏的力量将明显加大。因此对于西藏高寒地区，混凝土冻结温度有可能到达−10℃或更低温度的桥梁等混凝土建筑物，必须设计较高的抗冻标号，并辅以各种外加剂和养护手段，以提高混凝土的耐久性。

7.5.3　混凝土的应力腐蚀

1）腐蚀介质和荷载应力耦合作用

腐蚀介质和荷载应力耦合作用下的破坏定义为应力腐蚀开裂引起的破坏。混凝土的应力腐蚀属于双重因素作用，存在范围较广，而且损伤过程非常复杂。由于腐蚀介质的种类多样，目前的研究水平尚未完全清楚应力腐蚀的规律与机理。目前在应力腐蚀方面取得了以下一些初步的结论。

（1）无论混凝土在浸泡条件还是干湿循环条件下，应力的作用均会加速混凝土的硫酸盐侵蚀破坏，应力等级越高，腐蚀速度越快。即使在弹性阶段，外部应力也会加速混凝土的化学腐蚀。不仅水泥砂浆和普通混凝土会发生应力腐蚀，高性能混凝土也会发生应力腐蚀。

(2)应力因素对混凝土变形的影响大于对强度的影响，应力因素对混凝土内部微观结构的损伤比对宏观力学性能更加敏感。

(3)应力腐蚀是化学和机械腐蚀共同作用的结果。当腐蚀介质浓度较高时或应力水平较低时，化学腐蚀的作用是主要的，当腐蚀介质浓度较低时或者应力水平较高时，机械腐蚀作用是主要的。

(4)混凝土遭受硫酸盐类的应力腐蚀时，即使在初始阶段，结构密实度有所提高的情况下，也存在内部结构的损伤和外加应力的负面效应，混凝土力学性能对高浓度的硫酸盐溶液中的应力腐蚀更加敏感。

2)混凝土的酸碱和冻融腐蚀

目前大部分研究表明：酸与混凝土中的某些成分发生了反应，生成非凝胶性物质或易溶于水的物质，使混凝土产生由外及内的逐层破坏；酸还可以促使水化硅酸钙和水化铝酸钙的水解，从而破坏具有孔隙结构的凝胶体，使混凝土的强度降低。反应式如下：

$$Ca(OH)_2 + 2H^+ = Ca^{2+} + 2H_2O \tag{7.72}$$

$$n CaO \cdot m SiO_2 + 2nH^+ = nCa^{2+} + mSiO_2 + nH_2O \tag{7.73}$$

$$n CaO \cdot m Al_2O_3 + 2nH^+ = nCa^{2+} + mAl_2O_3 + nH_2O \tag{7.74}$$

碱类溶液在浓度不大时一般是无害的，并且还会促进水化。氢氧化钠与水泥熟料中未水化的铝酸盐作用，生成的氢氧化钙能提高混凝土的强度，反应式如下：

$$3CaO \cdot Al_2O_3 + 6NaOH = 3Na_2 \cdot Al_2O_3 + 3Ca(OH)_2 \tag{7.75}$$

碱集料腐蚀是材料中的水泥外加剂、掺合剂或水中的碱（Na_2O 或 K_2O）与骨料中的活性成分发生反应，反应生成物吸水膨胀，导致混凝土开裂。从腐蚀机理分析：酸或碱与混凝土中的某些成分发生了一系列物理化学反应；冻融循环主要是物理损伤。两者相互促进，加速了混凝土的腐蚀。通过试验研究，得出以下结论。

(1)酸腐蚀和冻融循环对试件的影响表现为：当 pH≤4.5 时，两者对试件强度的降低作用是相互促进的；当 pH＞4.5 时，冻融循环对试件的强度影响起主要作用。

(2)酸侵蚀和冻融循环加速了混凝土力学性能的劣化。弱酸环境中，冻融循环对混凝土的侵蚀起主导作用；随着 pH 的降低，酸对混凝土的影响逐渐增强。酸对混凝土的侵蚀强弱与 pH 的大小成反比，且侵蚀开始于混凝土的表面。

(3)碱侵蚀和冻融循环对试件的影响表现为：当 pH>7 时，碱侵蚀在试验初期对试件强度的促进作用占主导地位，但随着时间的增加，冻融循环对试件的强度的降低作用逐渐占主导地位。

从图 7.18 可以看出，冻融腐蚀双重作用的试块与只冻融未腐蚀的试块相比，混凝土强度有很大下降，而不同腐蚀程度的混凝土试块强度变化比较平缓。主要是冻融后混凝土受到损伤，密实程度降低，Cl^- 更容易进入混凝土内部，导致混凝土性能进一步恶化。

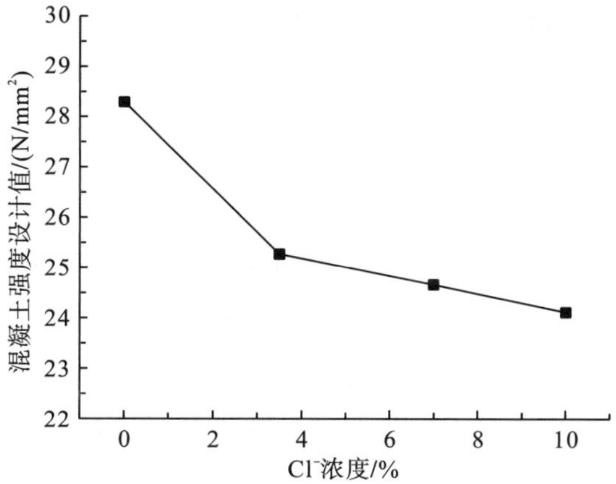

图 7.18　氯离子腐蚀下的混凝土冻融循环

3) 多因素的共同作用

慕儒等通过对应力、冻融、氯化钠三因素试验，并与单因素及双因素进行对比，得出以下结论。

(1) 三因素作用下应力的存在加速了冻融过程中动弹性模量的下降，氯化钠溶液加速了混凝土的重量损失，混凝土的损伤程度比冻融单一因素作用严重得多，抗冻融循环次数显著少于冻融循环单一因素作用下的抗冻融循环次数。

(2) 随着应力比增大，动弹性模量下降速度加快，混凝土损伤加速，抗冻融循环次数减少。同时由于盐溶液降低冰点的作用，三因素作用下混凝土的动弹性模量下降较双因素稍为缓慢，导致在相同的应力比下，三因素作用下混凝土的抗冻融循环次数比双因素多 20%左右。

在大量试验研究和分析对比基础上提出了冻融循环单独作用或与外部弯曲应力、氯化钠溶液、硫酸钠溶液双重和三重复合作用下，重量损失随冻融循环次数的变化规律，修正了 Ghafoori 得出冻融单一因素作用下重量损失的对数关系，得到如下能计算双重或多重破坏因素作用下重量损失的数学模型：

$$W_{\mathrm{f}}=\frac{G_{\mathrm{N}}-G_{0}}{G_{\mathrm{N}}}=a\lg(bN+1)\left[1+\frac{c10^{(0.01N-d)}}{1+10^{(0.01N-d)}}\right] \tag{7.76}$$

式中，W_{f} 为重量损失率；G_{N} 和 G_0 为冻融前后试件的重量；N 为冻融循环次数；a、b、c 和 d 为试验确定的材料参数。

第 8 章　进藏高速公路与铁路桥梁现有抗灾措施适宜性

8.1　桥梁现有地质灾害防护措施的适宜性

(1)进藏高速公路与铁路沿线雨量观测点分布密度相当低，对大量无直接反映流域降雨资料的沟谷，泥石流临界雨量无法确定，对泥石流灾害的预警和危险性评价造成直接影响(图 8.1)。

图 8.1　暴雨引发的泥石流灾害

(2)进藏高速公路与铁路沿线地质作用强烈，地应力高，开挖时卸荷作用强烈，现有规范中没有考虑强卸荷对防治结构的长期安全性的影响(图 8.2)。

图 8.2　高地应力区修建的桥梁

(3) 进藏高速公路与铁路沿线多路段曾经出现同时发生崩、滑、流复合地质灾害的情况，而现有规范都是针对一种地质灾害制定的(图 8.3 和图 8.4)。

图 8.3　滑坡、崩塌复合地质灾害

图 8.4　泥石流、滑坡复合地质灾害

(4) 我国对进藏高速公路与铁路投入了大量人力物力对溜砂坡进行治理，主要包括坡面防护和坡脚挡砂墙，但这些措施不仅没有很好地解决溜砂问题，有些工程反而增加了危害程度(图 8.5)。

图 8.5　溜砂坡

(5) 由于进藏高速公路与铁路沿线气候恶劣，生态极其脆弱，在进行地质灾害防治工程建设的同时不可避免地对环境造成了永久性的伤害(图 8.6)。

图 8.6　滑坡、崩塌治理过程对坡面生态系统造成了永久性伤害

8.2 桥梁现有地震灾害防护措施的适宜性

(1)在高烈度地震区以及震后次生灾害严重的区域修建高速公路与铁路桥梁，合理选取桥梁的桥址场地非常关键，一般尽可能地“避让”重灾区。

(2)选择抗震性能好、抗灾能力强的桥型结构。从抗震角度出发，对于梁桥而言，一般尽可能选择构造简单、对称、受力明确的连续结构，简支桥梁非常容易产生过大的墩梁相对位移而发生落座和落梁震害；相邻墩的刚度、相邻联的动力特性不宜相差过大，尽量少采用斜交桥梁，因为斜交桥梁在地震中的位移量很大，各种震害与正交桥梁相比要相对严重，所以一般在满足行洪能力的前提下应采取斜桥正做、错孔布置，尽量减少斜交桥梁比例；对于梁桥的下部结构，应按照有利于抗震的原则，统一采用半幅双柱式桥墩，而非整幅双柱墩或独柱墩，以使各下部结构均匀地分担地震力，从而提高桥梁结构的整体抗震性能，对于位于斜坡路段的桥梁，当需要采用独柱墩时，独柱墩采用刚度较大的矩形方墩；在梁墩之间设置多道抗震防线，分级耗能，研发新型的防落梁装置、连梁装置以及其他限位措施；采用延性设计理念，减少桥墩脆性破坏的对策是采用延性设计方法，重视并加强箍筋的细节构造，对潜在塑性铰区进行能力保护设计，避免剪切破坏模式的发生。

(3)对于大跨径的拱桥、斜拉桥和悬索桥，则需要进行专门的抗震研究，研发并采用减隔震装置来消耗地震能量。对于大跨径、大悬臂桥梁结构在抗震设计中应尤其重视如下问题。

第一，大跨度桥梁的地震动输入问题，合理地确定地震输入模式是对结构进行地震反应分析的前提和基础。结构的地震反应分析必须以地震场地运动特性(幅值、频谱特性和持续时间)为依据。限于目前人类对地震现象的认识水平和强震观测的技术条件，不可能对未来地震的发生和地震波的传播做出准确的判断。因此在对桥梁进行地震反应分析时，地震动输入存在着较大的误差和不确定性，到目前为止，这个关键问题还未能很好解决，仍然是结构抗震设计计算中最薄弱的环节。进藏高速公路与铁路沿线地震和地质环境复杂，在进行桥梁地震反应分析时，地震动输入问题尤其突出。

第二，对于中小跨径桥梁来说，采用一致激励法进行地震反应分析是可以接受的，其计算精度也基本能够满足工程建设的需要。但对于大跨度桥梁这种跨度很大、基底延伸很长的结构来说，采用一致激励法与实际情况有很大出入。强震发生时，行波效应、部分相干效应和局部场地效应不可忽视。所谓的行波效应是由于地震波传播速度有限，当支座间距离很大时，地震波达到桥梁每个基点的时间不同引起的；部分相干效应则是由于不均匀场地中地震波的反射和折射，以及从一个大的震源的不同位置传到不同支座的地震波的叠加方式不同，各支座所受的激励并不完全相干；局部场地效应是因为不同支承处场地条件不同，它们影响地震地面运动的振幅和频率成分的方式不同。采用考虑随时间和空间变化的地震动场多维多点激励对大跨度桥梁结构而言非常关键。

第三，大跨度桥梁的减隔震设计。Wilson 指出现代结构设计的哲理是良好的结构设计方案应当是只使结构体系中有限的构件需要延性，而且整个结构体系的破坏机制应很清晰地设计出来，这种设计方法可以使结构体系在罕遇地震后的修复费用最小。大跨度桥梁结构工程投资巨大，对抗震安全的要求也更高，采用减隔震设计理念无疑是最优的选择。减隔震装置的研发、减隔震的优化设计方法、减隔震桥梁的分析方法和理论、长周期脉冲型地震对减隔震桥梁的影响、减隔震装置的标准化和规范化等问题是进藏高速公路与铁路桥梁所面临的难题。

第四，近断层地震效应。国内外对于地震中心区域及断层区域附近地震动的说法主要有三种，分别为近断层(near-fault)地震动，近场(near-field)地震动和近源(near-source)地震动。近断层地震动研究是近几年在多次强震中获得大量近场强震记录以后才发展起来的一个新课题。对地震工程研究而言，对大量近场地震动记录进行分析研究其特征及其对近断层区域内的工程结构的破坏作用，如何更准确地进行工程场地危险性分析、对已有工程结构进行抗震性能评估和预测，以及在未来的工程结构设计中合理地考虑近断层特性，是近年来地震工程领域非常关注的一个研究课题。进藏高速公路与铁路的很多桥梁距离断层很近，很多甚至跨越断层，针对近断层地震效应需要投入专门的研究力量。

8.3 桥梁现有风灾害防护措施的适宜性

8.3.1 山区风场特征认识的局限性

我国目前的《公路桥梁抗风设计规范》(JTG/T 3360-01—2018)及关于风场的研究成果，主要是在沿海和地势平坦地区取得的，同时对沿海地区台风特性的研究也是以国家的力量在大力推进，但川藏公路桥位均为典型的深切峡谷地形，地形地貌非常复杂，自然风特性也相当复杂，主要表现在：以山谷风为代表的局部热力环流效应、狭管效应，以及高海拔条件下高空急流的影响、非均匀性和非平稳性。但目前从结构抗风的角度对山区风场特性的实测研究刚刚起步，多数实测工作主要目的是为拟建大桥提供设计风参数等基础资料进行的为期 1～2 年的风速资料收集，风速收集周期较短，目前还没有针对拟建高速公路走廊(如川藏线走廊)内常遇风速较高的区域实施长时间的风速观测分析，种种原因导致我们对川藏高速公路沿线的风场特性的认识程度还相当有限，这种有限的认识可能会为川藏线上大跨桥梁的建设和运营带来未知风险。

8.3.2 高桥位大跨桥梁建设期的抗风安全

针对坡壁险峻的深大峡谷，采用高线位方案可在一定程度上合理利用地形、缩短路线长度、减小地质灾害，特别是灾害链的不利影响，因此高桥位大跨桥梁也在峡谷地区相对应用较多。

处于施工阶段尚未合龙的大跨桥梁还没有形成结构体系，自身刚度小，施工期桥梁安全性极易受到强风的威胁(图 8.7)。山区风两个重要的特点对大跨桥梁在施工阶段的安全性会产生重要影响，即：山区强风(风向多沿着山谷方向)与跨越山谷的桥梁轴线方向垂直，并且山区风攻角一般较大。

图 8.7 山区大跨桥梁施工期的抗风安全

8.3.3 运营期桥梁附属结构构件的抗风安全

山区强风的平均风速相对台风较低，抗风设计一般不会控制山区长大桥梁的建设，对于建成通车运营期的桥梁而言，山区强风一般不会对桥梁主体结构产生很大威胁，但由于山区风的紊流度大，阵风风速高，极有可能会对桥梁附属设施(如灯塔、交通指示牌、广告牌)的安全产生威胁，并由于附属结构的倾覆、倒塌造成主体结构的损伤(图 8.8 和图 8.9)。

图 8.8　强风条件下灯塔的倾覆破坏

图 8.9　强风条件下广告牌的倾覆破坏

8.3.4　运营期的侧风行车安全

侧风稳定性是汽车空气动力特性的一个重要组成部分。在行驶过程中，汽车的操纵特性总是难免要受到侧风的影响。侧风速度较低时这种影响可以忽略，但是随着侧风的增强，汽车的行驶安全性会受到极大的威胁。车辆在受到横风作用时会产生侧向力，如若侧向力的合力通过车辆的重心，则车辆会继续沿直线行驶，但相对于原行驶方向会有一定的偏移；如若侧向力的合力作用在车辆的重心前面时，则车辆会发生被动转向，同时横摆力矩会使汽车的运动方向发生变化，故而影响到车辆的安全性及稳定性。

2010 年 3 月 8 日，乌拉泊立交桥入口匝道一辆拉草帘子的货车在大风中摇摇摆摆，最终被吹翻。所幸无人员伤亡，但造成严重的交通拥堵(图 8.10)。

图 8.10　乌拉泊立交桥匝道上货车被大风吹翻

2013 年 3 月 2 日，横跨江西赣江的英雄大桥主桥上，江面的大风将一辆集装箱货车吹翻。载重汽车的外廓尺寸大迎风面积大，重心偏高倾覆力矩大，车身长转弯半径大，受侧风横向力作用影响较大(图 8.11)。

图 8.11 英雄大桥上货车被大风吹翻

研究表明有无侧风条件下汽车尾流流场有很大不同，强横风促使前方来流过早从车身上分离，不但影响车辆的动力性和燃油经济性，而且影响其操纵稳定性。当有侧向风作用时，汽车横摆角速度响应时间变长，波动频率显著增大。由于响应时间的严重滞后，往往会让驾驶员判断失误甚至来不及反应而造成危险。在低路面附着系数时侧向力和侧倾力矩的增加可使轿车发生较大的侧向位移甚至侧翻事故(图 8.12)。

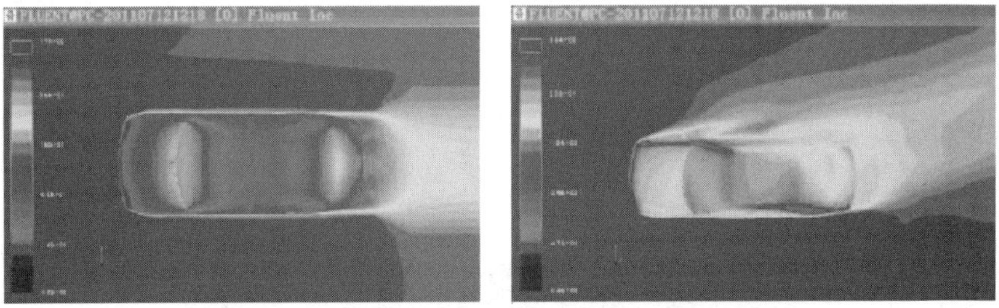

无侧风 有侧风

图 8.12 有无侧风条件下汽车尾流场的变化

由于受到山区特有的地形、气候、海拔等的影响，当汽车通过有地形变化的道路时，如峡谷或山脉的隘口，其风速常常会达到周围风速的 10 倍左右。汽车在山区行车、从隧道驶出的瞬间或驶向风力贯穿的桥梁、高路堤等路段时，往往会遇到突如其来的山风，时间短而风力强，吹动车辆偏离行车路线。由于风速和风向的非连续变化，驾驶员会感到汽车发飘。而由横向强风引发的交通事故主要有：车辆偏离车道，冲向路边护栏或中央分隔带，发生侧翻；偏离行驶路线，用转向盘校正方向时被后面的车辆追尾等。

另外，处于峡谷之中的桥隧连接段会产生“狭管效应”，导致桥隧连接段的风速比其他路段要大很多，车辆行驶在桥隧连接段时将承受更大的气动力。桥隧结合段处侧风行车安全也是山区高速公路安全运营所面临的又一个关键问题(图 8.13)。

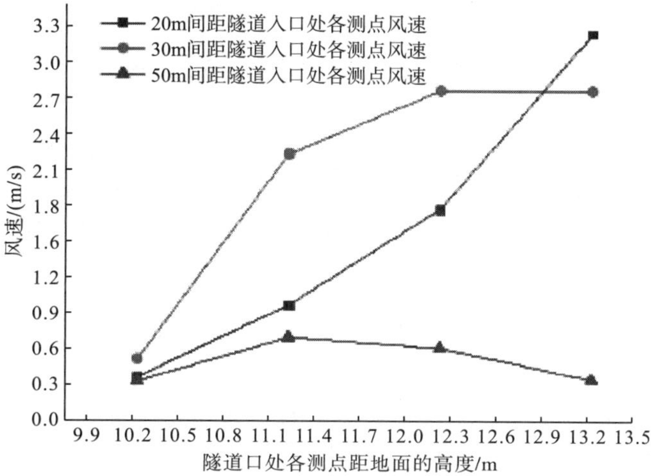

图 8.13　隧道入口不同距离处风速实测结果

为合理利用地形、缩短路线长度、减小地质灾害，特别是灾害链的不利影响，减轻地质灾害的影响，相比于已有的川藏国道 318 线和 317 线，川藏高速公路多处采用高线位方案，路线处风速相对较高；同时汽车设计时速也远远大于国道 318 线和 317 线，高速运行的汽车更容易出现侧向倾覆问题。由于救援条件有限，一旦出现侧向倾覆问题势必造成高速公路的大面积严重拥堵。因此汽车高速行驶时的侧风安全也将成为未来川藏高速公路运营中需要关注的关键问题。

8.4　现有桥梁结构耐久性防护措施的适宜性

8.4.1　桥梁混凝土耐久性的机理研究不够深入

建设部在“七五”和“八五”期间都专门设立课题研究混凝土的耐久性问题。“七五”攻关课题为“大气条件下钢筋混凝土结构耐久性及其使用年限”，包括结构的耐久性调查、钢筋锈蚀、混凝土碳化、温湿度对碳化的影响等；“八五”攻关课题为“预应力混凝土结构及混凝土耐久性技术”，包括拟建钢筋混凝土结构耐久性设计方法，服役钢筋混凝土结构的耐久性检测和评估方法，在一定条件下诸因素对钢筋混凝土结构耐久性的综合影响以及建立钢筋混凝土结构耐久性数据库等，目前都已取得了一定成果。1995 年，国家科学技术委员会正式批准并启动了攀登计划项目“重大土木及水利工程安全性与耐久性的基础研究”，这是一项为期 5 年，对结构的安全性与耐久性有更高要求的项目，它的实施将把我国结构安全性与耐久性的研究水平提高到一个新的高度，从而推动我国结构设计理论的发展。

8.4.2 基于耐久性的桥梁混凝土设计规范不够全面

1982 年，国际材料与结构实验室联合会和国际建筑研究文献委员会联合组成了建筑材料及构件使用寿命预测委员会 CIB W80/RILEM71-PSL，共同研究结构的寿命预测问题，1987 年又成立了一个新的委员会 CIB W80/RILEM100-TSL，以进一步推进委员会的工作和贯彻已取得的成果。美国混凝土学会 1957 年成立了委员会 ACI201，负责并指导混凝土耐久性方面的研究，1991 年 ACI 委员会提出了“已有混凝土房屋抗力评估”的最新报告，制定了检测试验的详细方法和步骤。日本从 1980 年就组织进行“建筑物耐久性提高技术”的开发研究，并于 1985 年提交了研究成果概要报告，1986 年日本颁布了《考虑耐久性的建筑物设计、施工和维修规程》，该规程以建筑物的一生管理为基础，强调建筑物的全过程管理，重视预防性维修，延长建筑物的使用寿命，随后又编制了《混凝土耐久性鉴定规程》等一系列的耐久性设计、鉴定规程和方法。日本建筑学会(AIJ) 1988 年推出了《建筑物使用指南》，1992 年又推出《建筑物现状调查、诊断、维修指南》。同年，欧洲国际混凝土委员会颁布了《耐久性混凝土结构设计指南》，反映了当今欧洲混凝土结构耐久性研究的水平。

相比较而言，我国桥梁结构的耐久性设计水平相对较低。很多的桥梁设计仅仅考虑成桥时刻桥梁的强度和承载能力，即保证了桥梁在建成时刻的性能，而对于桥梁在运营期间外荷载作用和环境有害物质的侵袭而导致的使用性能下降缺乏明确的考虑。《公路桥涵设计通用规范》(JTG D60—2004)明确规定“公路桥涵结构的设计基准期为 100 年”，设计基准期主要是通过可变荷载的统计分析确定的，《公路钢筋混凝土及预应力混凝土桥涵设计规范》仅在构造措施和选用材料质量上考虑了结构的耐久性，在规范设计计算和验算中并没有考虑耐久性因素的影响，所以设计出的混凝土桥梁结构在耐久性因素作用下其运营状况是不明确的，其设计基准期也是无法实现的。要保证实现设计目标必须在现行的设计计算理论中考虑耐久性因素的影响。

我国结构耐久性专用规范，有大体相同的基本框架(表 8.1)：①根据结构的重要性，确定结构的设计使用年限；②进行环境作用等级划分；③根据设计使用年限与环境作用等级，确定给出材料要求；④给出构造要求，主要为混凝土保护层厚度和裂缝控制宽度；⑤特殊环境和条件下的防腐蚀附加措施。

表 8.1　混凝土桥梁耐久性国内外相关规范分类

规范	中国		国外规范简称
	规范全称	在本书中简称	
耐久性专用规范	《混凝土结构耐久性设计规范》(GB/T 50476—2008)	《耐久性国标》	欧洲 DuraCrete
	《铁路混凝土结构耐久性设计规范》(TB 10005—2010)	《铁路耐久性规范》	
	《混凝土结构耐久性设计与施工指南》(CC ES01—2004)	《耐久性指南》	
结构设计规范(涉及耐久性)	《公路钢筋混凝土及预应力混凝土桥涵设计规范》(JTG 3362—2018)	《公路混凝土桥规》	美国 AASHTO 欧洲 Eurocode-2

虽然，各种耐久性专用规范的基本框架比较相似，但在设计使用年限、环境分类、材料要求、腐蚀附加措施等方面的规定却不完全一致(表 8.2)。

这类规范以桥梁或结构设计为主，也包含耐久性设计的要求，相对于前述专用规范而言，有关耐久性设计的内容比较分散。但是，有关桥梁规范在设计使用年限、环境划分及保护层厚度等方面的规定亦不尽相同，反映了其耐久性设计的差异。在中国、美国和欧洲规范中，对于桥梁使用年限的规定不完全相同(表 8.3)。我国《公路混凝土桥规》使用的年限概念为“设计基准期”，定义为“在进行结构可靠性分析时，考虑持久设计状况下各项基本变量与时间关系所采用的基准时间参数”。美国 AASHTO 采用的年限概念为“设计寿命”(design-life)，定义为“临时荷载的统计学推导所基于的时间段”。我国《公路混凝土桥规》根据各种环境作用的严重程度划分为 4 个等级，且其材料要求和抗冻性能要求都是根据环境分类规定的；美国 AASHTO 桥梁设计规范虽没有明确环境分类，但从保护层厚度规定中，可以总结为 6 种环境类型；欧洲的 Eurocode-2 将环境分为 6 类，每类环境下还有细分的作用等级。

表 8.2　我国有关桥梁使用年限规定的比较

规范简称	对设计使用年限的规定		
	级别	设计使用年限	适用范围(有关桥梁的示例)
《耐久性国标》	一	不低于 100 年	城市快速路和主干道上的桥梁及其他道路上的大型桥梁
	二	不低于 50 年	城市次干道和一般道路上的中小型桥梁
《耐久性指南》	一	不低于 100 年	大型桥梁，高速和一级公路上的桥涵，城市干线上的大型桥梁、大型立交桥，城市地铁轻轨系统等

续表

规范简称	对设计使用年限的规定		
	级别	设计使用年限	适用范围(有关桥梁的示例)
	二	不低于 50 年	二级和二级以下公路以及城市一般道路上的桥涵
	三	不低于 30 年	不需较长寿命的结构物及可替代的易损结构构件
《铁路耐久性规范》	一	不低于 100 年	桥梁主体结构
	二	不低于 50 年	20km/h 及以上铁路桥头路基排水结构
	三	不低于 30 年	其他铁路桥头路给排水结构，可更换小型构件

表 8.3 桥梁结构设计规范中使用年限规定的比较

规范简称	关于设计使用年限的规定			所用年限概念
	级别	年限规定	适用范围(有关桥梁的示例)	
我国《公路混凝土桥规》	一	100 年	公路钢筋混凝土及预应力混凝土桥涵	设计基准期
美国 AASHTO	一	75 年	桥梁	设计寿命
欧洲 Eurocode-2	一	50 年	普通桥梁	设计使用年限
	二	100 年或以上	重要桥梁	

同时，DuraCrete 倡导基于性能的耐久性设计方法，在传统的承载能力和正常使用极限状态之外，还定义了一些新的性能指标，包括钢筋脱钝、混凝土保护层剥落、维护和大修等。在定量化设计方面，将环境作用和材料参数加以量化，给出劣化机理模型，建立相关耐久性设计方程，如氯化、碳化以及保护层开裂剥落的设计方程，进行混凝土结构设计、质量评价、耐久年限验算(图 8.14)。

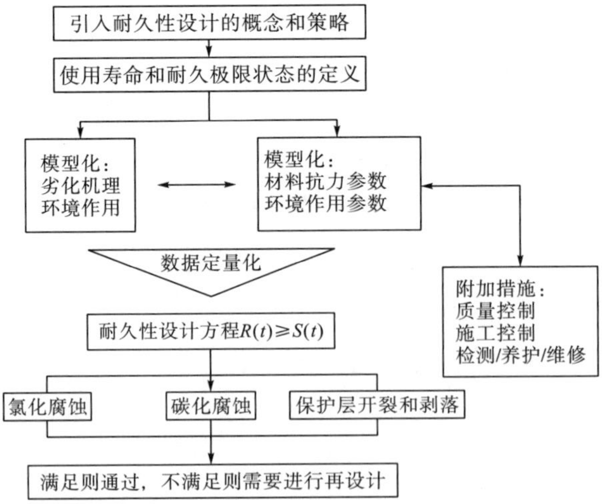

图 8.14 DuraCrete 的耐久性设计框架

一般来说，提高混凝土结构的耐久性措施包括：在设计施工图和相应说明中，必须标明水胶比等与耐久混凝土相关的重要参数和要求；结构耐久性有关的结构构造措施与裂缝控制措施；结构耐久性有关的施工质量要求，特别是混凝土的养护方法(包括温度和湿度控制与养护期限)以及保护层厚度的质量控制与质量保证措施；结构使用阶段的定期维修与检测要求；采用的结构类型、结构布置和结构构造应尽可能有利于阻挡或减轻环境对结构的作用，便于施工并有利于保证施工质量，便于工程今后使用过程中的检查和维修。

实际上，目前的桥梁设计中，对于耐久性更多只是作为一种概念受到关注，既没有明确提出使用年限的要求，也没有进行专门的耐久性设计(从材料、结构措施及设计程序上保证耐久性，并明确声明在何种维护和使用条件下，桥梁具有哪种程度的耐久性)。这些倾向在一定程度上导致了当前工程事故频发、结构使用性能差、使用寿命短的不良后果；许多设计人员往往只满足于规范对结构强度计算上的安全度需要，而忽视从结构体系、结构构造、结构材料、结构维护、结构耐久性以及从设计、施工到使用全过程中经常出现的人为错误等方面去加强和保证结构的安全性。有的结构整体性和延性不足，冗余性小；有的计算图式和受力路线不明确，造成局部受力过大；有的混凝土强度等级过低、保护层厚度过薄，钢筋直径过细，构件截面过薄；这些都削弱了结构耐久性，会严重影响结构的安全性。不少桥梁虽然满足了设计规范的强度要求，但仅用了 5～10 年就因为耐久性出了问题影响结构安全。

总体来说，我国有关混凝土桥梁的耐久性设计规范，目前主要有两类：一类是耐久性专用规范，另一类是包含有耐久性规定的结构设计规范。实际上，我国的《混凝土结构耐久性设计规范》(GB/T 50476—2008)、《铁路混凝土结构耐久性设计规范》(TB 10005—2010)和《公路钢筋混凝土及预应力混凝土桥涵设计规范》(JTG 3362—2018)分别由住房和城乡建设部、原铁道部和交通运输部编制，都是行业桥梁标准。但是，通过比较不难发现它们在设计使用年限、环境分类等方面却不尽相同。不仅会给行业交叉管理的桥梁设计带来不便，也不利于我国桥梁设计技术的进一步提升。另外，各种规范虽然有定性的环境分类描述，但在面对具体桥位条件时，桥梁设计人员或业主在确定环境类别归属时，可能仍缺乏定量依据，尤其是对特殊环境情况下耐久性设计缺乏足够指导。欧洲发达国家强调基于性能的耐久性理念和定量化设计方法，其代表着混凝土结构耐久性设计的发展方向。

第 9 章　进藏高速公路与铁路桥梁面临的挑战和战略思考

9.1　进藏高速公路与铁路的桥梁面临的挑战

挑战一：复杂地质环境、多种频发地质灾害、人类活动对进藏高速公路与铁路的桥梁安全提出了严峻的挑战！

进藏高速公路与铁路沿线地区具有其独特的区域环境特征，复杂的地形地貌——海拔高，高差大；复杂的地质条件——断层多、地震带地质构造活跃、岩层复杂、岩性变化多；复杂的气候条件——高寒、地域温差大、降雨降雪多、冰川地带；严重的自然灾害——崩塌、滑坡、泥石流频发；脆弱的生态环境——珍稀动植物多，水土流失严重，环境恢复困难。

这些区域环境特征给桥梁的建设带来了大量的挑战，如施工条件复杂、难度大，适应性公路技术标准缺乏；结构物抗震隔震减震要求高；结构物耐久性问题严重；易诱发地质灾害，防灾减灾任务重，全天候运营保障难度大；环境保护难度和运营安全风险大等。

挑战二：构造活动强烈、潜在强震区域广、抗震要求高对进藏高速公路与铁路的桥梁安全提出了严峻的挑战！

进藏高速公路与铁路沿线区域是我国及邻区地震强度最大、频度最高的地震带，自有地震记载历史以来，共记录到 8 级以上地震 4 次，7.0～7.9 级地震 29 次，6.0～6.9 级地震 127 次。在未来 100 年之内，该区域极有可能再次受到 8 级以上地震的强烈作用而产生大规模的山地灾害，线路工程通过帕隆藏布河谷必须考虑地震触发山地灾害的影响。

沿线区域内地形复杂、地貌多变，地震震级大，由于地震及由地震所引起的次生地质灾害对公路工程所产生的破坏巨大，因此，对于进藏高速公路的建设，地震及由地震引起的次生地质灾害的防治工作是本线路安全风险防控的重点工作之一。

挑战三：高山峡谷风环境对进藏高速公路与铁路的桥梁安全提出了严峻的挑战！

我国目前的《公路桥梁抗风设计规范》(JTG/T 3360-01—2018)及关于风场的研究成果，主要是在沿海和地势平坦地区取得的，目前对川藏高速公路沿线的风场特性的认识程度还相当有限，这种有限的认识可能会为川藏线上大跨桥梁的建设和运营带来未知风险。

山区强风(风向多沿着山谷方向)与跨越山谷的桥梁轴线方向垂直，且山区风攻角一般较大，这些特点将对处于施工阶段尚未形成结构体系的大跨桥梁安全产生极大威胁。

由于山区风的紊流度大，阵风风速高，极有可能会对桥梁附属设施(如灯塔、交通指示牌、广告牌)的安全产生威胁，并由于附属结构的倾覆、倒塌造成主体结构的损伤。以上因素都对进藏高速公路与铁路桥梁的抗风能力提出了新的挑战。

挑战四：极端天气、恶劣自然环境条件对桥梁结构的耐久性提出了严峻的挑战！

进藏公路铁路沿线地区气候条件复杂，气候变化无常，昼夜温差很大，寒冻风化强烈；沿线辐射强烈，日照多，气温低，积温少，气候垂直分带明显。

因此如何解决高寒、温差大、有害离子多造成的混凝土结构随时间劣化的问题？了解现有高寒、大温差地区高速公路施工、养护条件下的影响混凝土耐久性的多因素机理分析？研发适宜于高寒、大温差地区桥梁、隧道和涵洞混凝土的新型复合型多功能材料等一系列关键技术的攻克，都对进藏公路与铁路桥梁结构的耐久性和安全性提出了严峻的挑战！

9.2　提高进藏高速公路与铁路的桥梁抗灾能力的战略思考

9.2.1　指导思想

以保障进藏高速公路与铁路安全建设和全天候安全运行为目标，协同交通、国土、水利、建设部门，从宏观战略布局到具体对策措施，借助信息化技术手段，构建桥梁防灾监控体系，提升进藏高速公路与铁路桥梁防灾能力。

9.2.2　战略思考——尽快实施“三布局”和“三标准”战略

1. 从国家层面做好三个布局

1)进藏高速公路与铁路区域带地质灾害监控体系布局

地质灾害的发生和影响往往是区域性的，而且源头一般在离路带的一定范围内，包括滑坡、泥石流等，建议从国家层面，交通、国土、水利、建设等部门协同工作，借助GPS、北斗系统等现代技术手段，布局进藏高速公路与铁路区域带的地质灾害监测、预警和控制体系，提高区域内公路、铁路、水坝、房建的地质灾害防范能力。

2) 进藏高速公路与铁路区域带桥梁结构抗震体系布局

进藏高速公路与铁路沿线经历众多断裂带和高烈度区，为了确保沿线众多桥梁的抗震安全，从宏观整体上把控桥梁结构的抗震体系，合理选用桥型、合理分配抗震资源就显得至关重要。运用当前国内外最先进的抗震设防理念、抗震设计方法和减隔震技术，以确保某“路段”、“区域”或某“断裂带”内震后交通的可恢复性为总体目标，采用“多水准设防”、“多道防线”等理念进行抗震体系布局。

3) 进藏高速公路与铁路区域带峡谷风资料观测站布局

针对目前对峡谷风场特征认识的局限性，建议从国家层面联合交通、气象、环境等部门，积极推动川藏线走廊内风速较高的区域内风速观测站的布局工作，在已有风速观测站的基础上合理添置测风塔，捕捉山区强风时间序列，借助无线通信手段实现对强风特性的即时分析把控，明确深大峡谷小区域局部风的类型和机理，探索基于梯度风速或地区基本风速确定主梁高度处风速标准的方法，为进藏高速公路与铁路的建设提供技术储备和技术支撑。

2. 从技术措施上建立三个标准体系

1) 制定进藏高速公路与铁路沿线地质灾害防范技术标准

进藏高速公路与铁路沿线地质构造条件之复杂，灾害种类之繁多，规模之巨大，在我国乃至全世界都是独一无二的。因此必须因地制宜地制定多灾与高寒高海拔大梯度耦合条件下的地质灾害防范适宜性技术标准，为进藏高速公路与铁路沿线地质灾害评价、远程实时监测与预警、防治工程设计施工提供指导和参考，保证进藏高速公路与铁路的长期安全性。

2) 制定进藏高速公路与铁路大跨高墩桥梁抗震设计技术标准

国内外对高墩、大跨、非规则桥梁的抗震设计标准并不成熟，国内规范主要针对9°以内地区且墩高40m以内、跨径不超过150m的普通桥梁，除此之外的桥梁仅给出了抗震设计的指导原则。进藏高速公路与铁路全线高墩大跨桥梁数量庞大、地震烈度高(部分区域超过9°)，专门提出并采用针对性的抗震设计技术标准，甚至突破现行“三水准、两阶段”设计方法的桎梏尤为必要。在川藏沿线现有地震环境参数的基础上，进一步界定设计地震的合理超越概率水平，专门制定高墩大跨桥梁相应的地震设防水准、设防性能目标和抗震设防措施等级。

3) 制定进藏高速公路与铁路桥梁抗风设计技术标准

针对我国目前的《公路桥梁抗风设计规范》(JTG/T 3360-01—2018)对山区峡

谷桥梁抗风安全针对性不强的问题，建议加快推进进藏高速公路与铁路桥梁抗风设计技术标准的编制工作，从峡谷地区设计基本风速、紊流特性、山区桥梁风洞试验标准、侧风条件下安全行车的交通措施等方面针对性地提出建议指标，为进藏高速公路与铁路安全建设和全天候安全运行提供保障。

9.2.3　技术思考——积极推动进藏高速公路与铁路桥梁灾害防范“四大工程”

1. 进藏高速公路与铁路桥梁灾害防护工程

1) 进藏高速公路与铁路桥梁线路选择

进藏高速公路与铁路沿线经青藏高原东南边缘，横跨横断山、念青唐古拉山及喜马拉雅山三大山脉，穿过长江、澜沧江、怒江和雅鲁藏布江四大水系，沿线地形陡峻，山高谷深，地质条件复杂，地质灾害种类多、分布广。在这样极其复杂的地形地质水文条件下，如何合理布线及应用公路平纵技术标准是值得研究的问题。

例如，康定至林芝段八宿怒江大桥，高线位方案采用主跨 1064m 的钢桁梁悬索桥跨越怒江，较低线位方案采用 360m 拱桥跨越怒江，减少线路展线长度 36.6km，大幅规避了滑坡、危岩落石等多种地质风险，节省工程投资约 26 亿元。

2) 桥梁地质灾害防护工程

地质灾害主要类型有：崩塌、滑坡、泥石流、水库坍岸等。崩塌(危岩落石)危害为直接撞击桥梁导致梁体或墩身破坏甚至垮塌。在铁路选线中必须绕避大型崩塌区，对确实无法绕避的中小型崩塌区则线路宜骑山脊而行并辅以支撑、锚固、清除、拦挡等措施。

滑坡危害为直接导致桥梁墩台移位甚至垮塌，造成线路中断；滑坡通常还伴随着次生灾害，滑坡体堵塞河道形成堰塞湖，淹没上游桥梁，溃坝后对下游桥梁安全造成重大危害。对于大型滑坡体必须绕避，对中小型滑坡体可采取清方减载、抗滑结构、防排水等综合措施。

泥石流主要危害有冲击、磨蚀、冲刷、淤埋等，严重时造成桥梁被泥石流冲毁，通常采用排导为主，辅以设置抗滑桩、拦渣坝等治理措施。

3) 桥梁地震灾害防护工程

进藏高速公路与铁路桥梁的抗震精细化建造要求在桥梁选型、构造设计、抗震措施、抗震分析手段和施工过程等各个环节做到精细化。

桥梁选型：规避具有抗震缺陷的结构体系，如简支梁桥、斜交桥、固结体系斜拉桥等，选用创新抗震潜力突出的结构体系。

构造设计：重视延性设计、塑性铰的合理分配和构造细节、基脚和节点的优化，重视新技术的运用如钢管混凝土桩技术等。

抗震措施：针对性开展防落梁装置、连梁装置、搭接长度、防碰撞措施等细节研究。

抗震分析手段：从地震动输入、弹塑性动力分析模型、减隔震装置的合理力学模型等各个环节进行精细化的分析。

施工过程：要确保延性构件的施工质量，比如塑性铰区的套箍作用、纵筋的锚固长度等都应加强，不能因施工质量的问题而造成桥梁结构构件抗震能力的下降。

4) 桥梁风灾害防护工程

在精细化模拟风场特殊地形条件下，通过风洞试验优化比选大跨桥梁主梁断面的气动选型及各种气动控制措施(导流板、稳定板、挡风板、风嘴、翼板)，发展大攻角、大风向角、不均匀非平稳风场情况下桥梁风致振动分析方法。

针对风场特征精细化设计施工方案，精细化设计抗风缆、浪风索的空间姿态和张拉索力以保障桥梁施工期安全(图 9.1)。

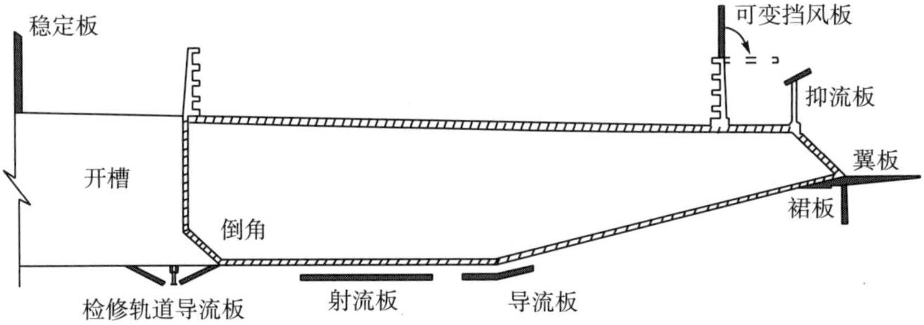

图 9.1 桥梁抗风精细化设计

2. 灾害防范建管养立体化、信息化监控体系构建工程

在区域灾害评估的基础上，利用高精度、长寿命、智能化监测装备，针对灾害区域桥梁，构建从建设期到营运期的全寿命、立体化、集群化的灾害监测和控制体系。

(1) 基础设施。基础设施建设是系统建设的基础，是地质灾害信息化建设的前提。具体包括六个部分：地质灾害网络中心建设、现场采集环境建设、自动监测环境建设、移动应急平台建设、指挥会商室建设和视频会议系统建设。

(2) 地质灾害数据中心。地质灾害数据中心是地质灾害信息化工作的基础与内容保障，其数据来源于各级国土部门与地环单位等，主要包含遥感影像数据、高程数据、外部数据、地质灾害空间数据、地质灾害业务数据及多媒体数据。

(3)地质灾害共享服务平台。地质灾害共享服务平台以信息软件为核心支撑平台，融合多种前沿技术，基于 OGC 标准，建立一体化的数据共享机制，为地质灾害数据集成与共享提供统一的服务接口；基于地质灾害共享服务平台提供的多层次服务，实现国家级、省级、市级、县级节点的数据共享与汇交，实现地质灾害服务集成和功能共享。

(4)应用系统。

3. 全天候灾害应急保障技术与装备建设工程

建立天地一体的全天候灾害应急保障技术与装备建设工程。该工程是以空间基础设施、计算机软硬件和网络通信平台为依托，以政策、法规、规范、标准、信息化机构以及安全体系为保障，以数据中心为枢纽，以 3S、物联网、XML 等技术为支撑构建台风灾害应急信息服务系统，在良好的支撑环境下，为防灾领域内的专业应用提供服务。

系统建设将利用各类卫星遥感数据和物联网感知数据，获取地质灾害、地震、风、受灾情况、水情、雨情等数据，通过多源数据的融合应用，建立完善的水、灾、物等各类受灾对象的实时监测体系；通过数据的提取、处理、分析、统计，形成各种灾害预报产品和应急处理预案；基于多级共享网络，建设灾害应急指挥体系，实现灾害信息在国家、省、市的快速共享；通过移动通信网络，实现灾害图像和应急信息在便携终端(如智能手机、平板电脑等)上的发布，面向政府、企业和公众发布实时的应急信息。

4. 耐久性桥梁建造工程

从我国目前的耐久性研究成果和技术水平来看，与确保混凝土桥梁结构的耐久性的目标还有相当的距离。其中，有混凝土材料耐久性基础研究方面的欠缺，但更突出的问题是针对混凝土桥梁结构层次上的耐久性研究不足。掌握混凝土材料的耐久性劣化过程仅仅是混凝土桥梁耐久性的基础，要确保建成的混凝土桥梁在使用期限中有足够的耐久性，还必须从混凝土材料组成、桥梁结构耐久性设计与构造、桥梁混凝土施工质量控制、耐久性检测与监测、桥梁混凝土耐久性指标评价以及后期的成桥结构的管理养护等各个环节来保证耐久性，最终建立涵盖以上各个环节的混凝土桥梁耐久性保证技术体系。

1)加强混凝土耐久性的基础研究

混凝土结构的耐久性是一个十分复杂的结构工程问题，虽然众学者已在这方面进行了许多工作，但仍有许多不完善的地方有待解决。

了解材料的耐久性能是研究钢筋混凝土结构耐久性能的基本前提。目前我国已颁布有关结构材料耐久性实验的标准，这对研究材料耐腐蚀、耐老化的机理，以及不同材料耐久性能的对比无疑是有益的。但实际环境与实验室中的标准实验有很大的差别，如自然环境中的温度、湿度时刻都在发生变化，有其规律性，也有难以预测的随机性，这种环境条件的随机变化导致了实际环境中混凝土结构耐久性能与实验室试验结构的很大不同，在结构耐久性分析和设计中如何考虑这种变化值得深入研究。氯离子和硫酸盐侵蚀是导致混凝土结构耐久性失效最主要的原因之一，现有的离子渗透模型可以预测钢筋锈蚀开始时间和锈蚀程度，但考虑到硫酸盐和氯离子渗入和混凝土碳化等因素的共同作用对混凝土耐久性的影响，以及钢筋所在位置对氯离子侵入混凝土的影响，还需要进一步深入研究。

在自然环境、使用环境中，由于腐蚀介质的侵蚀及材料的老化，结构的性能不断劣化，其结果是结构的使用寿命缩短。从可靠度的角度讲，结构的使用寿命评估是一个概率问题，目前对结构使用寿命的预测已有较多的研究，但这些研究或者只根据结构当前的状态推断结构未来的状况，没有考虑结构性能随时间的变化，或者根据假定的结构性能退化规律推断结构的使用寿命。实际上，结构性能随时间的衰减规律极其复杂，由于受材料制作、施工、养护等因素影响，同一地域不同结构，甚至同一结构不同部位材料的性能随时间的变化都相差很大。因此，结构使用寿命的评估应以结构或构件本身的性能随时间的变化规律为依据，但如何根据为数不多的检测资料来揭示结构性能随时间的变化规律是一个难度较大的课题，需要进行深入的研究。

同时，针对桥梁结构混凝土在服役状态下耐久性劣化基本规律的研究，既有的混凝土耐久性研究基本上是在实验室人工模拟的腐蚀环境下展开的，不足以用来反映真实结构材料的劣化规律。只有开展混凝土在结构真实服役条件下(多因素环境因素、荷载状态)的劣化规律的研究，才能使混凝土耐久性从实验室研究提升到混凝土桥梁结构的层次上。

2) 提高混凝土结构耐久性设计水平

基础理论的研究只能从机理上分析如何提高桥梁混凝土结构的耐久性，要真正应用到实际工程中，还应提高或改进我国现有混凝土结构耐久性设计、施工和维护的水平。

设计阶段是保证结构耐久性的关键步骤，在以混凝土耐久性为设计思想的指导下，工程和结构才能有效保证其设计使用年限。除了共性要求以外，应针对不同功能、不同使用环境区别对待，积极采用提高混凝土结构耐久性的措施。随着材料科学和工艺技术的日趋发展，混凝土结构设计时采用掺入矿物的高性能混凝土，或者在混凝土中加入阻锈剂等措施都能大大提高混凝土结构的耐久性。采用环氧树脂钢筋、阴极保护和混凝土表面处理也是发展较为成熟的措施，但是由于费用较高，这些措施的广泛使用受到一定的限制。

3) 提高桥梁混凝土结构耐久性施工、管理水平

建立桥梁混凝土的耐久性施工质量控制技术体系。现浇混凝土桥梁的耐久性需要通过现场混凝土的拌和、浇筑与养护等施工环节来实现。针对关键施工技术环节制定符合耐久性要求的质量管理体系和使用符合耐久性原则的施工技术是成桥结构耐久性的根本保证。

加强施工管理、提高施工质量。对混凝土结构耐久性有重大影响的混凝土密实度、混凝土保护层厚度的变异性，在很大程度上取决于施工质量。完善施工管理工作，提高施工队伍素质，对施工过程进行监督检查，加强工程质量验收制度、确保工程质量，对提高混凝土结构耐久性有非常重要的作用。

重视混凝土桥梁耐久性的检测、监测技术。确定混凝土桥梁的真实耐久性状态、跟踪混凝土桥梁的性能演化是了解结构在运营期间的性能状态和使用功能的重要技术内容，也是桥梁混凝土耐久性质量控制的技术手段。重视使用阶段的维护和管理。在混凝土结构的使用阶段，应重视对结构的正常维护和管理。鉴于我国原有混凝土结构对耐久性考虑不周，应重视对服役混凝土结构的检测和评估，必要时进行修理和加固，以保证结构在使用期内的安全。对于混凝土结构用途改变、结构改造的行为必须严格管理，并进行设计或加固计算，以确保在荷载或结构条件变化时结构的安全。

第10章 内容归纳

进藏高速公路与铁路桥梁沿线不仅自然环境条件恶劣，地质构造条件也十分复杂，灾害种类繁多，规模巨大，灾害线密度大、发生频次也高，实属罕见。沿线山高谷深，地形切割破碎，地质构造复杂，断裂褶皱发育，新构造运动活跃，地震活动强烈，气候恶劣多变，致使侵蚀、重力、剥蚀、寒冻、冰蚀等外力作用强烈，产生的地质灾害的种类和规模空前。

通过对进藏高速公路与铁路地质灾害的现场调查及大量的文献资料收集检索，结合专家咨询，对进藏高速公路与铁路地质灾害形成的地质环境背景进行分析，明确了沿线地质过程与典型地质灾害发育关系；总结沿线地质灾害的时空分布特征及演变规律；基于进藏高速公路与铁路地质灾害发育的影响因素分析，建立了进藏高速公路与铁路地质灾害评价指标，对进藏高速公路与铁路地质灾害危险性进行评价。

(1) 详细梳理了进藏高速公路与铁路沿线地形地貌特征，分区段总结了进藏高速公路与铁路沿线地质过程，从内因和外因两个角度，分析了典型地质灾害形成的原因，明确了沿线地质过程与典型地质灾害发育关系。

(2) 在明确沿线地质灾害发育类型、规模及成因的基础上，分析了进藏高速公路与铁路沿线崩塌、滑坡、泥石流等地质灾害的时空分布特征及演化规律。

(3) 构建进藏高速公路与铁路地质灾害危险性评价的指标体系：以进藏高速公路与铁路沿线地质灾害为研究对象，根据沿线地质灾害的特点和对进藏高速公路与铁路的危害程度，选取灾害体、暴雨、年均降水量、路基位置、岩性条件、地貌类型、地震烈度、年均温度、植被覆盖率、地质构造作为地质灾害发育的主要影响指标，建立了进藏高速公路与铁路沿线地质灾害危险性评价的指标体系。

(4) 基于结构安全性和服役安全性，从突发性灾害环境(地震、地质灾害、洪水、冰害等)和长时性灾害环境(冻融、氯离子/硫酸盐侵蚀、碳化等影响结构耐久性的环境因素)两个角度出发，分析了各灾害环境对进藏高速公路与铁路沿线桥梁结构的影响。

参 考 文 献

[1]骆银辉，胡斌，朱荣华，等. 崩塌的形成机理与防治方法[J]. 西部探矿工程，2008，12：1-3.

[2]申少华. G31 国道林芝-波密段堆积体特征及边坡破坏模式研究[D]. 成都：西南交通大学，2016.

[3]刘鑫. 喜马拉雅山西部地区地质灾害易发性评价[D]. 长春：吉林大学，2010.

[4]高鹏. 藏东南地质灾害危险性评估及预测[D]. 北京：中国地质大学(北京)，2010.

[5]徐雨晴，何吉成. 中国铁路滑坡崩塌灾害分析[J]. 防灾科技学院学报，2014，12：40-46.

[6]张开. 滑坡国内外研究概况的综述[J]. 科技创新导报，2012，4：102-103.

[7]边江豪，李秀珍. 川藏铁路旺北村特大型滑坡特征及对铁路危害分析[J]. 铁道标准设计，2018，2：53-57.

[8]廖秋林，李晓，董艳辉，等. 川藏公路林芝-八宿段地质灾害特征及形成机制初探[J]. 地质力学学报，2004，3：33-39.

[9]陈剑，王全才，李波. 西藏樟木滑坡特征及成因研究[J]. 自然灾害学报，2016，4：103-109.

[10]唐杰. 基于 GIS 的川藏铁路加查-郎县段滑坡易发性评价[D]. 北京：中国地质大学(北京)，2018.

[11]季新友，刘运平，吴臻，等. 川藏公路迫龙沟泥石流形成机理及处置方案[J]. 中外公路，2017，5：43-48.

[12]武素琴，祝建，刘运平. 国道 318 线川藏公路松宗至古乡段泥石流灾害成因与防治措施[J]. 中外公路，2018，5：78-84.

[13]田小平. 川藏公路然乌-波密段泥石流发育特征及危险性评价[D]. 绵阳：西南科技大学，2016.

[14]王启国，张良平. 西藏中波河段大型碎屑流成因机制及防治对策[J]. 岩石力学与工程学报，2011，11：2293-2302.

[15]阙云，王成华，张小刚. 川藏公路典型溜砂坡形成机理与整治[J]. 山地学报，2003，03：595-598.

[16]易树健. 川藏铁路跨板块结合带区段基于 GIS 的工程地质[D]. 成都：成都理工大学，2018.

[17]韩用顺，崔鹏，朱颖彦，等. 汶川地震危害道路交通及其遥感监测评估——以都汶公路为例[J]. 四川大学学报(工程科学版)，2009，41(03)：273-283.

[18]刘孜学，曾永平，周帅，等. 川藏铁路峡谷风特性监测系统的方案研究及实现[J]. 高速铁路技术，2017，8(02)：29-34.

[19]徐洪涛. 山区峡谷风特性参数及大跨度桁梁桥风致振动研究[D]. 成都：西南交通大学，2009.

[20]马雯. 数字城市中的气象灾害预警分析[J]. 环境科学，2018，12：128.

[21]次旦巴桑，格央，丹增卓嘎. 2014 年西藏地质灾害风险预报现状与思考[J]. 西藏科技，2015，5：65-68.

[22]王晓军，程绍敏. 西藏主要气候特征分析[J]. 高原山地气象研究，2009，12：81-84.

[23]贺新星. 考虑紫外线辐射影响的高寒区面板混凝土耐久性研究[D]. 西安：西安理工大学，2017

[24]黄科锋. 考虑温度影响的钢筋混凝土结构施工过程安全分析与计算机实现[D]. 上海：上海交通大学，2014.

[25]索朗白玛，拉巴卓玛，尼穷，等. 西藏公路交通气象灾害风险普查结果分析[J]. 高原气象，2018，10：64-66.

[26]王亚锋. 青藏铁路地质灾害分布特征研究[D]. 成都：西南交通大学，2016.

[27]德庆卓嘎，格央，布穷次仁. 西藏地质灾害防治气象服务效益评估调查结果分析[J]. 西藏科技，2013，7：27-30.

[28]孟旭芹，童俊. 我国气候特征分析[J]. 科技风，2016，02：211-213.

[29]凌新鹏，叶伟. G30 新疆果子沟段高速公路路基水毁研究[J]. 现代交通技术，2018，10：6-11.

[30]朱平一，汪阳春. 西藏公路水毁灾害[J]. 自然灾害学报，2001，11：148-152.

[31]赤列江村. 西藏地区公路水毁机理分析研究[D]. 重庆：重庆交通大学，2009.

[32]刘鸿源. 青藏铁路地质灾害主要类型及危险性评价研究[D]. 成都：西南交通大学，2016.

[33]金鑫. 山区公路水毁的成因及防护措施探讨[J]. 交通世界，2018(32)：32-33.

[34]魏玉光，杨浩，韩学雷. 青藏高原铁路沿线雪崩危险度评价方法[J]. 中国安全科学学报，2004，4：40-42.

[35]蔡汉成，李勇，杨永鹏，等. 青藏铁路沿线多年冻土区气温和多年冻土变化特征[J]. 岩石力学与工程学报，2016，7：1434-1444.

[36]赵鑫，程尊兰，李亚军，等. 川藏公路安久拉山至古乡段雪崩分布规律[J]. 山地学报，2015，7：480-487.

[37]赵鑫，张富贵，陈祥方. 川藏公路安久拉山至古乡段雪崩灾害形成条件分析[J]. 公路交通科技，2017，10：67-69.

[38]刘成志，周志祥. 西藏公路涎流冰基本特征与危害分析[J]. 公路交通科技，2015，10：69-71.

[39]李友余，王道永，吴德超，等. 四川二郎山地区构造变形特征及成因探讨[J]. 地质学刊，2013，37(01)：54-60.

[40]周琳雄，王道永，吴德超，等. 雅康高速公路二郎山隧道隧址区主要断裂活动性及其对工程的影响[J]. 华北地震科学，2013，31(01)：8-15.

[41]许志琴，侯立玮，王宗秀，等. 1992. 中国松潘-甘孜造山带的造山过程[M]. 北京：地质出版社，1992.

[42]潘桂棠，王培生，徐耀荣，等. 青藏高原新生代构造演化[M]. 北京：地质出版社，1990.

[43]陈国星，周荣军，黄金莉，等. 2001. 川滇活动构造区晚新生代以来的构造变形、块体运动与强震破裂[A].

[44]卢演俦，高维明，陈国星，等. 新构造与环境[M]. 北京：地震出版社，2001.

[45]唐荣昌，韩渭宾. 四川活动断裂与地震[M]. 北京：地震出版社，1993.

[46]黄崇福，张俊香，陈志芬，等. 自然灾害风险区划图的一个潜在发展方向[J]. 自然灾害学报，2004(02)：9-15.

[47]马宗晋，高庆华，陈建英，等. 减灾事业的发展和综合减灾[J]. 自然灾害学报，2007(01)：1-6.

[48]Brabb E E. Innovation approaches to landslide hazard and risk mapping[J]. Proc. of 4th ISL，Toronto，1984：307-323.

[49]Brabb E E，Taylor F A. Maps showing distribution and cost by counties of structurally damaging landslides in the San Francisco Bay region，California，winter of 1968-69[J]. Miscellaneous Field Studies Map，1972.

[50]Nilsen T H，Wright R H，Vlasic T C，et al. Relative slope stability and land-use planning. Selected examples from the San Francisco Bay region，California[J]. US Geological Survey Professional Paper，1979，944：96.

[51]Kienholz H. Maps of Geomorphology and Natural Hazards of Grindelwald，Switzerland：Scale 1：10，000[J]. Arctic and Alpine Research，1978，10(2)：168-184.

[52]Varnes D J. logic of geological maps，with reference to their interpretation and use for engineering purposes[J]. Professional Paper，1974.

[53]Varnes D J. Slope movement types and processes[J]. Landslides Analysis & Control，1978.

[54]Varnes D J，Keaton J R. Trends in engineering geologic and related mapping 1972–1983[J]. Environmental & Engineering Geoscience，1984，xxi(3)：255-267.

[55]Whitman R V. Evaluating calculated risk in geotechnical engineering[J]. Journal of Geotechnical Engineering，1984，110 (2)：143-188.

[56]Einstein H H. Special lecture：landslide risk assessment procedure[J]. Landslides. Proc. 5th symposium，Lausanne，1988，2：1075-1090.

[57]Einstein H H. Landslide risk - Systematic approaches to assessment and management[J]. Proceedings of the Workshop on Landslide Risk，1997.

[58]Fell P. Satellite Geodesy-Foundations，Methods，and Applications[J]. Eos，Transactions American Geophysical Union，1994，75(21)：238.

[59]Leroi E. Landslide hazard-risk maps at different scales：Objectives，tools and developments[J]. VII International Symposium on Landslide，1996.

[60]Kvalstad T J，Andresen L，Forsberg C F，et al. The Storegga slide：Evaluation of triggering sources and slide mechanics[J]. Marine and Petroleum Geology，2005，22(1)：245-256.

[61]Düzgün H S B. Analysis of roof fall hazards and risk assessment for Zonguldak coal basin underground mines[J]. International Journal of Coal Geology，2005，64(1)：104-115.

[62]Metternicht G，Hurni L，Gogu R. Remote sensing of landslides：An analysis of the potential contribution to geo-spatial systems for hazard assessment in mountainous environments[J]. Remote Sensing of Environment，2205，98(2)：284-303.

[63]Saldivar-Sali A，Einstein H H. A Landslide Risk Rating System for Baguio，Philippines[J]. Engineering Geology，2007，91(2-4)：85-99.

[64]Calvo B，Savi F. A real-world application of Monte Carlo procedure for debris flow risk assessment[J]. Computers and Geosciences，2009，35(5)：967-977.

[65]Corominas J，José M. A review of assessing landslide frequency for hazard zoning purposes[J]. Engineering Geology，2008，102(3-4)：193-213.

[66]Kawagoe S，Kazama S，Sarukkalige P R. Assessment of snowmelt triggered landslide hazard and risk in Japan[J]. Cold Regions Science and Technology，2009，58(3)：120-129.

[67]Westen C J V. Spatial data for landslide susceptibility，hazard，and vulnerability assessment：An overview[J]. Engineering Geology. 2008，102(3-4)：112-131.

[68]罗元华. 泥石流堆积数值模拟及泥石流灾害风险评估方法研究[D]. 武汉：中国地质大学，1998.

[69]张梁. 减轻地质灾害与可持续发展[J]. 地质灾害与环境保护，1999(04)：1-5.

[70]张梁，张业成. 地质灾害经济损失评价方法研究[J]. 中国地质灾害与防治学报，1999(02)：97-103.

[71]黄崇福，白海玲. 模糊直方图的概念及其在自然灾害风险分析中的应用[J]. 工程数学学报，2000(02)：71-76.

[72]刘希林，苏鹏程. 四川省泥石流风险评价[J]. 灾害学，2004(02)：25-30.

[73]刘希林. 沟谷泥石流危险度计算公式的由来及其应用实例[J]. 防灾减灾工程学报，2010，30(03)：241-245，261.

[74]黄润秋，李曰国. 三峡工程水库岸坡稳定性预测的逻辑信息模型[J]. 水文地质工程地质，1992(01)：15-20.

[75]黄润秋，向喜琼，巨能攀. 我国区域地质灾害评价的现状及问题[J]. 地质通报，2004(11)：1078-1082.

[76]李渝生，黄润秋. 中国汶川特大地震损毁城镇恢复重建选址的工程地质评价[J]. 工程地质学报，2008，16(06)：

764-773.

[77]向喜琼. 区域滑坡地质灾害危险性评价与风险管理[J]. 地球与环境，2005(S1)：136-138.

[78]任鲁川. 自然灾害综合区划的基本类别及定量方法[J]. 自然灾害学报，1999(04)：41-48.

[79]任鲁川. 区域自然灾害风险分析研究进展[J]. 地球科学进展，1999(03)：31-35.

[80]宁宝坤. 遥感技术在地震灾害风险评估中的应用研究[C]. //中国灾害防御协会风险分析专业委员会. 中国灾害防御协会——风险分析专业委员会第一届年会论文集. 北京：中国灾害防御协会风险分析专业委员会，2004：6.

[81]吴树仁，石菊松，张春山，等. 地质灾害风险评估技术指南初论[J]. 地质通报，2009，28(08)：995-1005.

[82]石菊松，石玲，吴树仁. 滑坡风险评估的难点和进展[J]. 地质论评，2007(06)：797-806.

[83]石菊松，石玲，吴树仁，等. 滑坡风险评估实践中的难点与对策[J]. 地质通报，2009，28(08)：1020-1030.

[84]Varnes D J. Slope-stabikity problems of Circum-Pacific Region as related to mineral and energy resources:Abstract[J]. AAPG Bulletin，1978，62(12)：610-612.

[85]Hutchinson J N，Waltham A C，Foundations of Engineering Geology(1994) Blackie Academic & Professional，London0-7514-0071-871 pp，(PB) £9. 50[J]. Proceedings of the Geologists Association，1995，106(3)：229-230.

[86]Fell R，Ho K K S，Lacasse S，et al. A framework for landslide risk assessment and management[J]. International Conference on Landslide Risk Mana，2005，13 (6)：599-600.

[87]Aleotti P，Chowdhury R. Landslide hazard assessment：Summary review and new perspectives[J]. Bulletin of Engineering Geology and the Environment，1999，58(1)：21-24.

[88]Bell R，Glade T. Multi-hazard analysis in natural risk assessments[J]. Risk Analysis，2004，9：1-10.

[89]Cruden D，Fell R. Landslide risk assessment[J]. Proceedings of International Workshop on Lands，1997，37 (12)：2239-1826.

[90]Leroi E. HYCOSI - Impact of hydrometeorological changes on slope instability[J]. Hydrological And Hydrogeological Risks，1996：285-322.

[91]Elnashai A S，Sarno L D. Fundamentals of Earthquake Engineering [M]. New York：John Wiley & Sons，2008.

[92]中国地震局. 我国的强震活动有什么特点. http://www. cea. gov. cn/publish/dizhenj /468/807/100653/index. html[2019-03-15].

[93]Newmark N M，Rosenblueth E. Fundamentals of Earthquake Engineering [M]. New Jersey：Prentice Hall，1971.

[94]中国地震局. 地震灾害有哪些特点. http://www. cea. gov. cn/publish/dizhenj/468/807 /100653/20170714 111425381358796/index. html[2019-03-15].

[95]丁国瑜. 有关活断层分段的一些问题[J]. 中国地震，1992，8(2)：1-10.

[96]王建，姚令侃，黄艺丹. 汶川地震道路震害及对新建川藏交通干线的启示[J]. 土木工程学报，2013，46(SII)：272-277.

[97]安艳芬. 鲜水河断裂带地震破裂段落的边界特征研究[D]. 北京：中国地震局地质研究所，2010.

[98]Wen X Z，Ma S L，Xu X W，et al. Historical pattern and behavior of earthquake ruptures along the eastern boundary of the Sichuan-Yunnan faulted-block，southwestern China [J]. Physics of the Earth an Planetary Interiors，2008，168：16-36.

[99]马丹，吴中海，李家存. 川西理塘断裂带的空间展布与第四纪左旋走滑活动的遥感影像标志[J]. 地质学报，2014，88(8)：1417-1435.

[100]中交公路规划设计院. 2019 公路桥梁抗风设计规范(JTG/T 3360-01—2018)[S]. 北京：人民交通出版社，2018.

[101]刘健新，李加武. 中国西部地区桥梁风工程研究[J]. 建筑科学与工程学报，2005(04)：32-39.

[102]李永乐. 大跨度山区桥梁桥址区风场特性数值模拟研究[C]. 中国土木工程学会桥梁与结构工程分会风工程委员会. 第十四届全国结构风工程学术会议论文集(上册). 北京：中国土木工程学会，2009：8.

[103]朱乐东，任鹏杰，陈伟，等. 坝陵河大桥桥位深切峡谷风剖面实测研究[J]. 实验流体力学，2011，25(04)：15-21.

[104]刘峰，许德德，陈正洪. 北盘江大桥设计风速及脉动风频率的确定[J]. 中国港湾建设，2002(01)：23-27.

[105]揭晶. 西部山区某钢桁拱桥桥址处的风特性研究[D]. 重庆：重庆大学，2010.

[106]庞加斌，宋锦忠，林志兴. 四渡河峡谷大桥桥位风的湍流特性实测分析[J]. 中国公路学报，2010，23(03)：42-47.

[107]郭增伟，袁航，王小松. 青草背长江大桥桥位风速脉动特性实测分析[J]. 华中科技大学学报(自然科学版)，2018，46(05)：121-126.

[108]郭增伟，袁航，王小松. 三峡库区青草背长江大桥桥位风速非平稳特性研究[J/OL]. 建筑结构学报，2019(11)：11-18

[109]黄国庆，彭留留，廖海黎，等. 普立特大桥桥位处山区风特性实测研究[J]. 西南交通大学学报，2016，51(02)：349-356.

[110]Powers T C. Freezing effects in concrete [C]//Durability of concrete，CI Special Publication. Detroit，USA：American Concrete Institute，1975：1-11.

[111]Power T C. A working hypothesis for further studies of frost resistance of concrete [J]. Journal of ACI，1945，16(4)：245-272.

[112]赵世轶，李智，王边军，等. 混凝土冻结原因及防治措施研究[J]. 陕西建筑，2007，6(144)：30-33.

[113]Zhou Y X，Cohen M D，Dolch L W. Effect of external loads on the frost- resistant properties of mortar with and without silica fume[J]. ACI Materials Journal，1994，91(6)：595- 601.

[114]慕儒，严安，严捍东，等. 冻融和应力复合作用下 HPC 的损伤与损伤抑制[J]. 建筑材料学报，1999(04)：359-364.

[115]慕儒. 冻融循环与外部弯曲应力、盐溶液复合作用下混凝土的耐久性与寿命预测[D]. 南京：东南大学，2000.